世[illegible]人カップル

Murderous Couples of the World

愛欲と支配と絶望の果てに——。

【編著】鉄人ノンフィクション編集部

TETSUJINSYA

日々、
世界中で
起きる殺人事件。
その中でも、男と女、
あるいは同性愛のカップルが犯す殺人行為は残虐性を極める。
両者間の愛情が歪んだ欲望に発展し、主従関係と支配の下、人間の尊厳を損なうまでの危害を加えるケースが多いからだ。本書は古今東西、非道の限りを尽くした31組の記録を取り上げた1冊である。彼らはなぜそこまで鬼畜になれたのか。その歪でグロテスクな犯行を正確に伝えるため、残酷な記述も厭わず用いている。閲覧にはくれぐれもご注意を。　鉄人ノンフィクション編集部

※本書掲載の情報は2024年5月現在のものです。

目次

Chapter 1 | Before the 1960s

Chapter 2 | 1970s～1980s

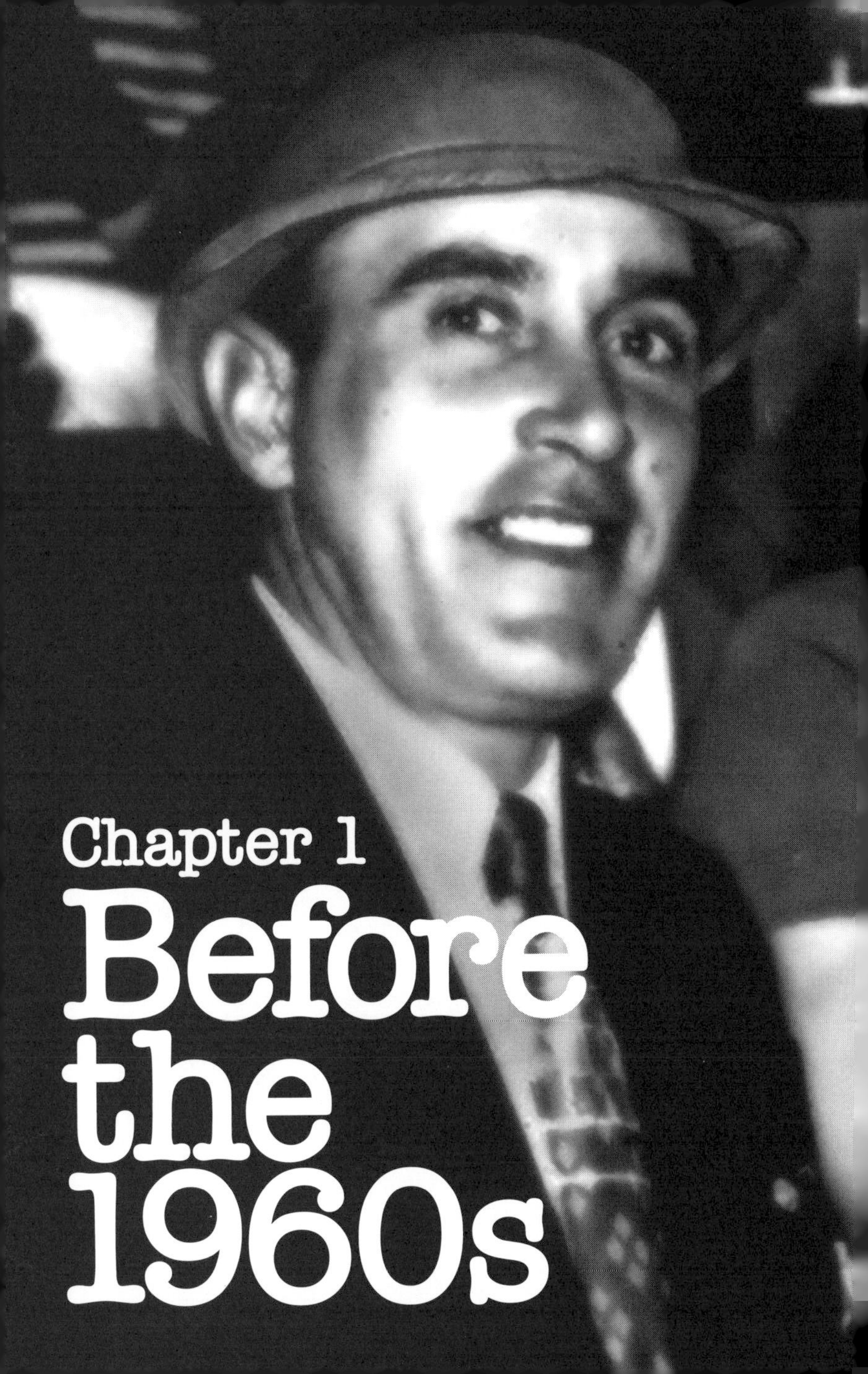

Chapter 1
Before the 1960s

ジョン&サラ・メイキン

オーストラリア私生児大量殺人事件

養育費目当てに里子12人を殺めた鬼畜な夫婦

1892年10月11日、オーストラリア・シドニー近郊のニューサウスウェールズ州マクドナルドタウンの住居の裏庭で、下水の詰まりを修理していた男性が衣服にくるまれた赤子の遺体2体を発見した。通報を受けた警察が捜索したところ、同じ裏庭の土中から他に5つの遺体を見つける。いずれも生後3～5ヶ月の赤ん坊で、腐敗がかなり進んでいた。

この住居のかつての借り主がジョン・メイキン(1845年生。当時47歳)とサラ(1845年生。同46歳)の夫婦である。2人が結婚したのは、ジョンがビール醸造所で荷馬車の御者《ぎょしゃ》を生業《なりわい》としていた1871年。その後、男の子5人、女の子5人の計10人の子宝に恵まれるが、1885年、ジョンが仕事中に4歳の子供を車ではね、大怪我を負わせたことで人生が狂い始める。この事故により自身も負傷したジョンは失職、生活にも事欠くようになったメイキン夫妻は、助産師だったサラの提案により、当時住んでいた同州レッドファーンで「ベイビー・ファーム＝託児所」を開業する。何らかの事情で非嫡出子(私生児)として産まれた子供を引き取り実の親に代わって育てる里子ビジネスである(オーストラリアでは1998年まで人工中絶は非合法)。

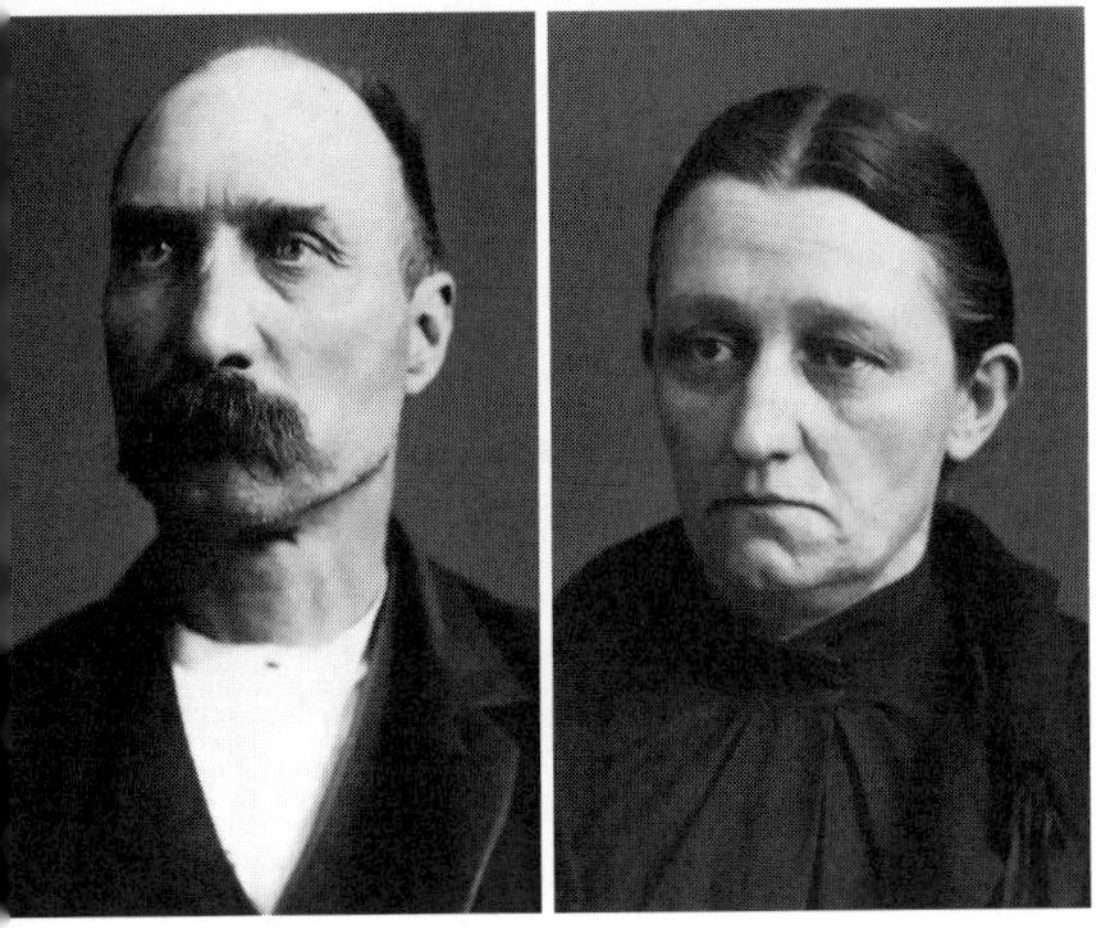

ジョン・メイキン（左）と妻サラ。
1892年10月、逮捕時に
撮影されたもの

夫婦がいつ頃から殺人に手を染めるようになったのかは定かではないが、後の裁判によると、1892年2月に当時19歳の家政婦アグネス・ウォードが産んだチャールズという男児が最初の犠牲者らしい。アグネスは出産2ヶ月後の同年4月、地元の新聞に「我が子の里親を求む」という広告を出す。これに応じたのがメイキン夫妻で、彼らは前金5ポンド（現在の貨幣価値で10〜15万円）、週10シリングで子供を養育する旨を提示。家政婦女性はこの条件で納得し、チャールズを手渡す。このとき、ジョンは「最近、我が子の1人を亡くし、死の悲しみを埋めるためにも、チャールズを大切に育てることを約束する」と口にしたうえで、近々、マクドナルドタウンに転居する予定なので新住所がわかりしだい教える、チャールズに会いに来てほしいと告げたそうだ。しかし、その約束が守られることはなく、チャールズは後にレッドファーンの住宅の裏庭から遺体となって発見される。死因は特定できなかった。

当時、私生児の養育に困った女性は、前出の家政婦のように新聞に広告を出し里親を募るのが一般的で、この後、同年6月から8月にかけて新聞広告を介してメイキン夫妻に引き取られた11人が命を奪われる。もっとも、彼らは事がバレないよう、大半の親に一度は我が子と面会させ、その後、風邪で寝込んでいると連絡をしたうえで、急に体調が悪くなり死亡したと

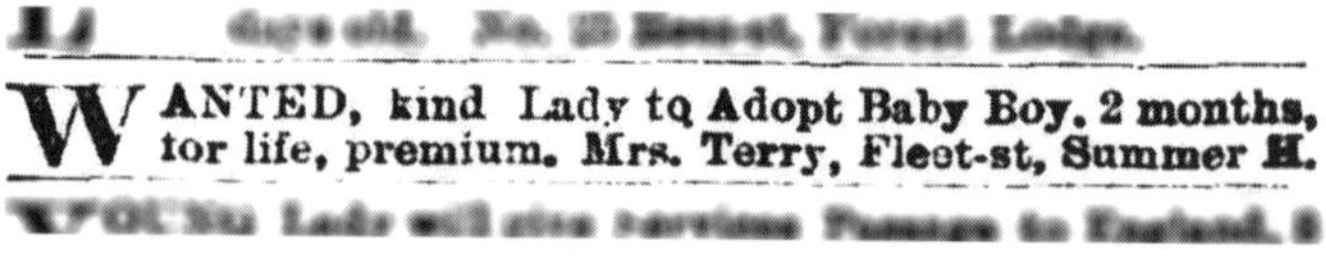
WANTED, kind Lady to Adopt Baby Boy. 2 months, for life, premium. Mrs. Terry, Fleet-st, Summer H.

1892年4月27日、2ヶ月前に男児を出産した19歳の家政婦が新聞に出した「里親求む」の広告

電報を打つのが定番の手口で、実際に死んだ子供の遺体に会わせる場合も少なくなかったという。

しかし、前記のとおり、同年10月に最初の遺体が見つかり事態発覚。ほどなくメイキン夫妻が殺人罪、死体遺棄罪で逮捕され、１８９３年３月から裁判が始まった。夫婦の弁護人は、子供たちは全員が病気による死で被告が問われるべきは死体遺棄罪のみであると主張する。実際、彼らが殺した物的証拠は何もなかった。が、いったん逮捕された

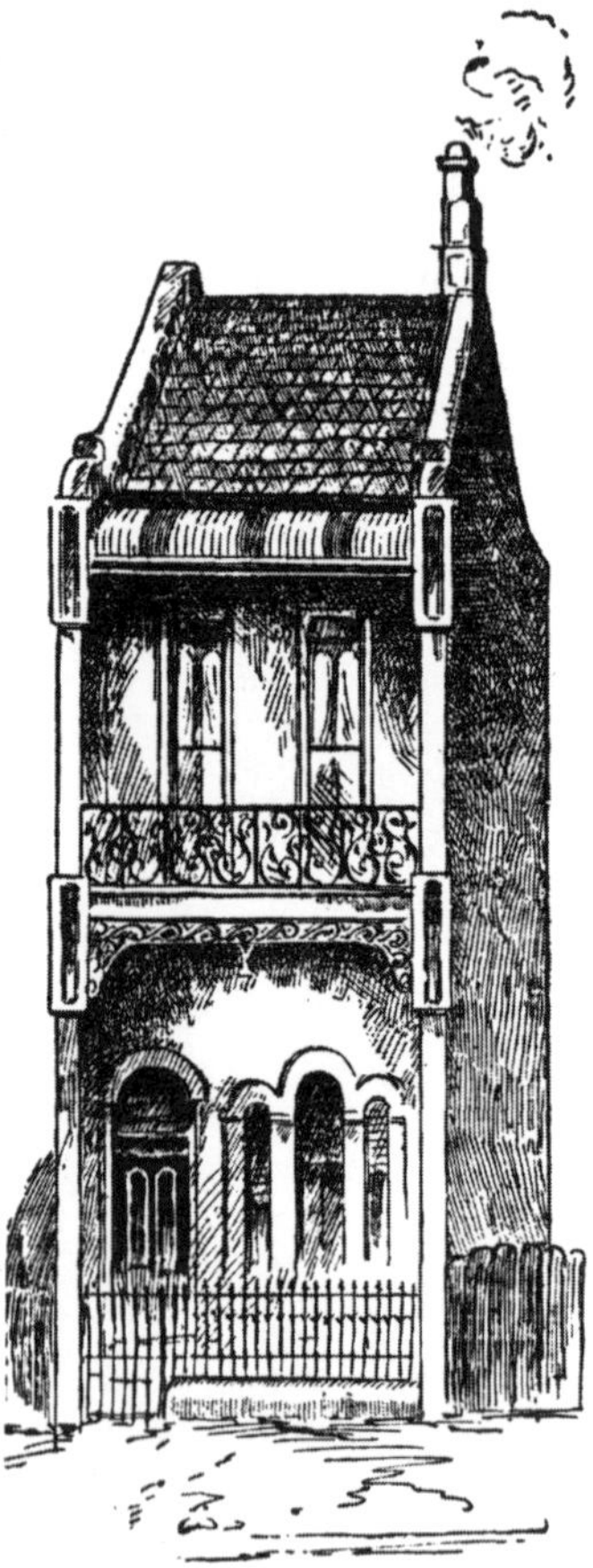

腐敗した乳児7人の遺体が見つかった
シドニー近郊マクドナルドタウンの
メイキン夫妻の住宅

ものの起訴されなかったメイキン夫妻の娘らが「死んだ赤ん坊の首に衣類が巻き付いているのを目撃した」「母親はウソばかりついている」などと証言。陪審員らはこれを重くみて同月8日に有罪判決を下した。納得のいかないメイキン夫妻が控訴したものの、裁判官は「あなた方は利益のために幼児たちの命を奪い、この極悪で地獄のような取引を行っていた」と断罪し控訴を棄却、2人に絞首刑を宣告する。それを聞いたサラは「ああ、私の赤ちゃん。ああ、私の赤ちゃん」と叫び法廷で倒れたという。

公判中のジョンを描いた法廷画

その後、夫妻は枢密委員会に上訴。ジョンは供述を変え、妻サラは悪魔のような女で、犯行を主導し、自分はそれに従っただけだと主張。対し、サラは夫の主犯説を訴え、結果、彼女だけが終身刑に減刑される。

ジョンは死刑回避のため首相にまで恩赦を求める嘆願書を送ったが、それが認められるはずもなく、1893年8月15日、ダーリングハースト刑務所の敷地内の絞首台で刑執行（享年48）。一方、サラは同刑務所に18年収容された後、1911年4月に仮釈放となり、その7年後の1918年9月、心不全により72歳で亡くなった。

ルース・スナイダー＆ジャッド・グレイ

高額の生命保険金をかけた夫を、不倫相手の男と共謀し亡き者に
アルバート・スナイダー殺害事件

ルース・スナイダー（旧姓ブラウン）は１８９５年、米ニューヨーク・モーニングサイドの貧しい家庭に生まれた。13歳で電話交換手となり7年が過ぎた１９１５年9月、20歳になっていた彼女は電話を繋ぐ相手先を間違え、依頼した男性から叱責される。それが後にルースが殺害することになるアルバート・スナイダー（当時33歳）だった。彼はもう一度電話をかけてきて、先ほどの非礼を詫びたうえで、もっと良い仕事を紹介しようという。どうやらルースの声に魅了されたらしい。アルバートは彼女を積極的にレストランやナイトクラブ、観劇に誘った。世間知らずなルースにとっては初めて体験する大人の世界。デートを重ねていくうち一回り年上のアルバートに魅力を感じ、知り合って1年2ヶ月が過ぎた１９１６年11月、アルバートのプロポーズを承諾する。決め手は前年のクリスマスにプレゼントされたダイヤモンドの指輪だったそうだ。

ルースは結婚後も、夢のような生活が続くものと何の疑いを持っていなかった。が、現実は違った。アルバートは『モーター・ボート・マガジン』という雑誌のア

W不倫の関係だった
ルース・スナイダー（左）と
ジャッド・グレイ

ートディレクターを生業にしており、週に100ドル（現在の貨幣価値で約70万円）を稼ぐやり手だった。結婚前はルースの気を引くため大盤振る舞いしていたものの、夫婦になった途端、倹約家となり、妻に贅沢をさせなくなった。さらに、ルースが活発で社交的なのに対し、アルバートは質素で控えめと性格も真逆。結婚3年目の1918年に娘ロレインを授かったものの、夫婦喧嘩が絶えず、その溝が埋まらないまま、ルースは母に娘の世話を頼んでは外で男友達と遊び歩いた。客観的にみて非難されるべきは明らかにルースである。

結婚10年目の1925年6月、30歳のルースはマンハッタンのレストランでの会食中、友人の紹介でニュージャージー郊外に住むコルセットのセールスマンであるジャッド・グレイ（同32歳）と知り合う。彼もまた既婚者だったが、2人はすぐに男女の関係となる。とはいえ、それは恋愛関係ではなかった。自由奔放で男を支配下に置きたがるルースに対し、ジャッドは大人しく従属的。平たく言えば、セックスでSMを楽しむパートナーで、ジャッドはルースを「マミー」と呼び彼女にのめり込んでいく。

毎週のようにホテルで情事に浸っていたある日のこと、ジャッドは想像もしないことをルースから依頼される。夫アルバートを殺害してほしいというのだ。最初は単なる冗談かと思ったが、聞けば、ルースは以前から夫

ルースの夫で、
被害者のアルバート・スナイダー

一人娘のロレイン（事件当時8歳）

の殺害を企てており、ガレージで睡眠薬入りのウイスキーを飲ませ意識朦朧とさせたり、アルバートがソファでうたた寝している隙にガスストーブのチューブを引き抜いたり、アスピリンと称して塩化水銀を飲ませたりしたことがあるのだという。いずれも未遂に終わったものの、ジャッドと知り合って3ヶ月が過ぎた1925年9月、アルバートが自動車の下に潜って修理をした際、ジャッキが外れ彼が死にかけたそうだ。これもルースによる殺人未遂の可能性が高いが、この一件で、彼女は夫に最高額4万5千ドル、事故や犯罪で死亡すれば9万6千ドルが支払われる生命保険の契約書にサインさせたのだそうだ。

当初はまったく乗り気でなかったジャッドだったが、ルースの本気と、威圧的な態度を前に後に引けなくなった。そして1927年3月20日、実行の時が訪れる。

犯行現場となったスナイダー邸

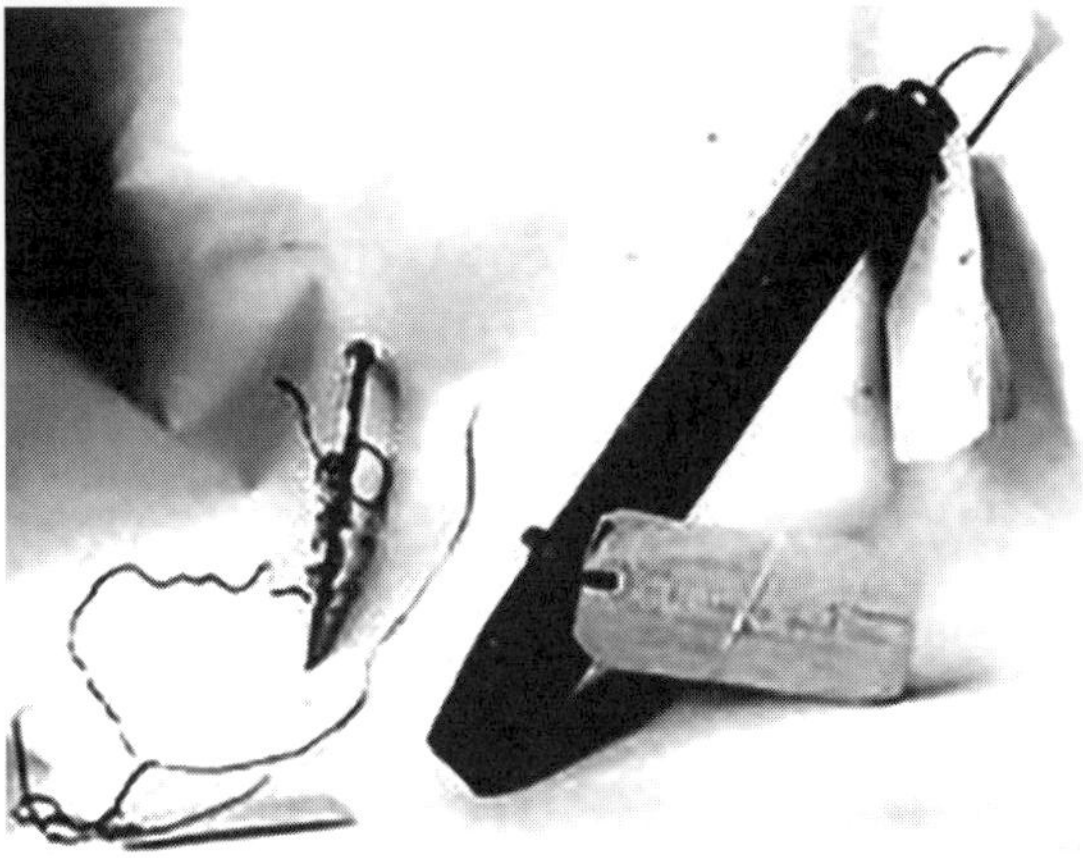

凶器の分銅と針金

気合を入れるため大量のウイスキーを飲んだジャッドは、同月19日の夜、スナイダー邸に忍び込み、パーティーに出かけている一家の帰りを待った。午前2時、娘を含む一家3人が帰宅する。ルースから事前に、その夜はいつもより夫に多く酒を飲ませると聞かされていたとおり、アルバートは泥酔状態で、帰るなりベッドに向かい高いびきをかき出した。娘のロレインが寝たことを確認すると、ルースは隠れているジャッドを呼び出す。ジャッドもウイスキーで泥酔状態だったものの、なんとか夫婦の寝室へ向かい、寝ているアルバードの頭に凶器の分銅を振り降ろした。

しかし、分銅は彼のこめかみを掠《かす》っただけで、結果としてアルバートを起こし反撃に遭う。ネクタイを掴まれ首を絞められた挙げ句、分銅を落としてしまうジャッド。それを拾ったルースが背後から夫の後頭部めがけて力まかせに振り降ろすと、アルバートは途端に床に崩れ落ちた。その後、ルースは夫が二度と生き返らないよう、クロロフォルムを浸した布を口と鼻孔《びこう》に突っ込み、針金を喉に巻いて食い込ませた。

さらに、強盗の仕業に見せかけるため、アルバートと自身の手足を縛るようジャッドに依頼。彼は素直に指示に従った後、現場を後にする。
翌20日朝、ロレインは自分の寝室のドアを叩く音で起こされた。開けると、手足を縛られた母ルースが廊下の床に転がっている。驚愕したロレインは母の言うとおり隣家に駆け込み助けを呼んだ。この時点で、彼女は父親が寝室で殺されていることなど、全く知らなかった。

隣家からの通報でスナイダー邸に到着した警察は、アルバートの死を確認した後、ルースに事情を聞いた。なんでも、昨夜、家に何者かが忍び込み、夫を殺害後、現金を奪って逃走したのだという。が、彼女の言葉は明らかに矛盾していた。ルースが言うように強盗の仕業なら家に侵入した形跡があるはずなのに、どこを探しても見つからない。遺体の状況にも違和感があった。後頭部に一撃を加え現金を奪えたのであれば即座に逃走すべきところを、なぜクロロフォルムを嗅がせて針金で首を絞めるなど面倒な細工を施したのか。さらに、血に染まった分銅が家の工具箱から発見されたのも不可解だった。強盗がわざわざ凶器を工具箱にしまうだろうか。

決定的だったのは「JG」のイニシャルが入ったネクタイピンが現場の寝室の床で発見されたことだ。警察はこれが被害者と揉みあった際に犯人が落としたものとみて、ルースに話を聞いたところ、それはアルバートが自分と結婚する前に婚約していた女性「ジェシー・ギシャード」のもので、夫は彼女が若くして死んだ後も形見のように持っていたのだという。実際、家の壁にはジェシーの写真が貼ってあった。しかし、そのネクタイピンが男性のものであることは明白。すでにルースの言葉を信用していなかった警察は、彼女の住所録を調べ、そこに「ＪＧ」のイニシャルを持つジャッド・グレイがいることを突き止める。これを問われたルースは沈黙するよりなかった。

状況から、ジャッドが実行犯とにらんだ警察はほどなく、ニューヨーク州シラキュースに潜伏していた彼を拘束。当初こそ犯行を否定したものの、捜査員の追及にあえなく自供。これを受け、ルースも逮捕され、２人は殺人罪で起訴される。

逮捕・拘束されたルース（中央）

裁判で、ルースとジャッドは互いに罪をなすりつけ合い、自分は相手の指示に従ったまでだと主張した。しかし、下った判決は両者ともに死刑。１９２８年１月12日、ニューヨーク州オシニングのシンシン刑務所で執行の時を迎える。最初に電気椅子に座らされたのはジャッドで、その数日前に妻から許しの手紙を受け取っていた彼は「思い残したことも、恐れることも何もない」と言い残し死へと旅立った。

　静かに死を迎えたジャッドに対し、ルースは激しく抵抗し、電気椅子に座らせるために刑務所の職員が鎮静剤を注射しなければならないほどだった。同時に、彼女の死刑は全米の注目の的になっていた。32歳の主婦が不倫相手の男と共謀し夫を殺害したという事件はそのスキャンダルさもあいまって新聞が連日のように写真付きで報道。ルースのもとに164件もの結婚申し込みが殺到するほど世間は熱狂していた。この人気に乗っかったのが地元紙『ニューヨーク・デイリー・ニュース』である。当時、新聞社の記者が死刑の場に立ち会うのは珍しくなかったが、同紙は最期の瞬間を写真に収めようと計画する。もちろん、刑務所側の許可は得られないので『シカゴ・トリビューン』のトム・ハワードというカメラマンを雇用。ハワードは自分の右足のくるぶしに使い捨てカメラを取りつけ、ズ

法廷で撮影されたルース

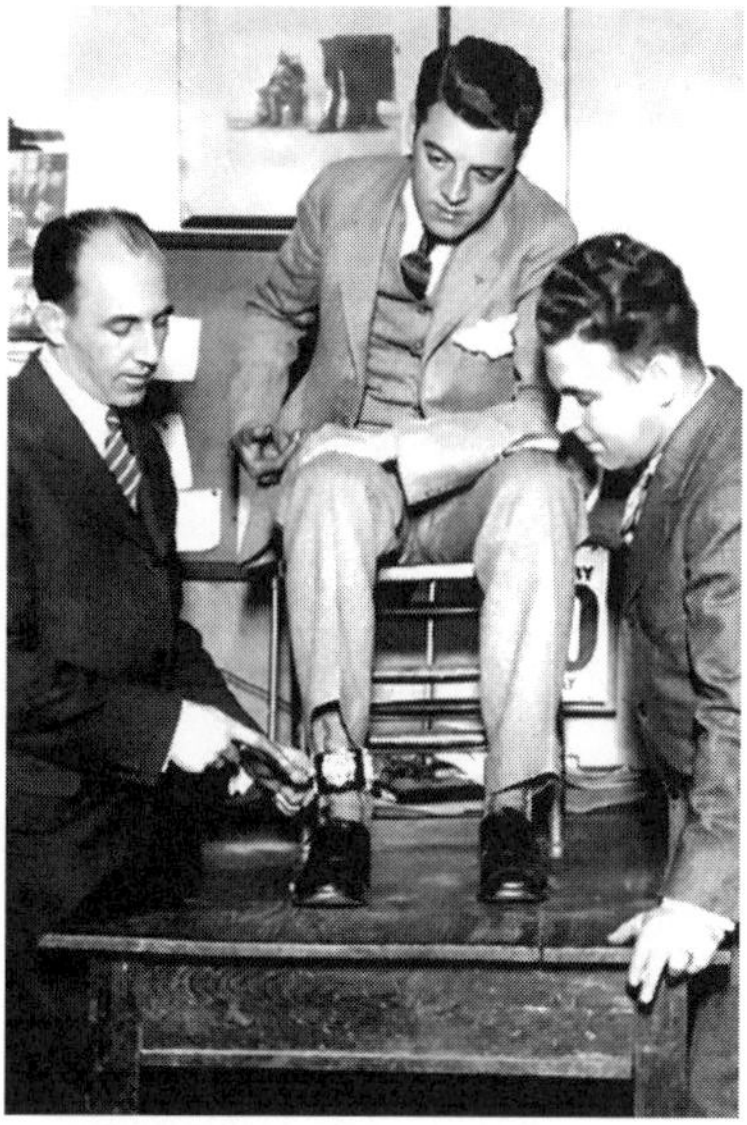

処刑を密かに撮影するため、足首にカメラを縛り付けた『シカゴ・トリビューン』のカメラマン、トム・ハワード（中央）

ボンの上の方からシャッターを押せるよう細工し、まんまと刑場へ。部屋の端から電気椅子に向かって爪先を伸ばし、ルースが処刑される瞬間を撮影する。彼女が最期に残した言葉は、聖書のキリスト磔刑《たっけい》の場面から引用した「父よ、彼らをお赦しください。彼らは自分がなにをしているのか、知らないのです」というものだったそうだ。

フィルムはその夜のうちにすぐに現像に回され、翌13日の一面を飾った。写真は大きな衝撃を与え、新聞は飛ぶように売れた。ちなみに、ハワードは、この写真を撮った功績で１００ドルのボーナスを手にしたが、これ以来しばらく、死刑に立ち会う者は皆、ズボンの裾を上げてカメラを所持していないかチェックされることになったという。

DAILY NEWS EXTRA EDITION

DEAD!

ルースの最期のときを捉えた写真が一面を飾った
1928年1月13日発行の『ニューヨーク・デイリー・ニュース』紙

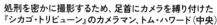

ボニー・パーカー&クライド・バロウ

映画「俺たちに明日はない」のモデルになった伝説の強盗殺人カップル「バロウ・ギャング」事件

1967年公開の映画「俺たちに明日はない」は、1930年代のアメリカ中西部を舞台に銀行強盗を働きながら逃避行を続ける男女の生き様を描いたアメリカン・ニューシネマの金字塔である。それまでハリウッド映画ではタブー視されてきたセックスと暴力をストレートに描写し、特に2人が一斉射撃を浴びて絶命するエンディングシーンは観る者の度肝を抜いたが、重視すべきは、本作が犯罪集団「バロウ・ギャング」を率いて数々の悪行を働いたボニーとクライドの実話を基にしている点だ。凶悪で残忍と評される一方、その鮮やかな犯行手口から英雄ともてはやされた強盗カップル。彼らの生い立ちから出会い、犯罪の詳細、壮絶な死までの経緯を詳しく紹介しよう。

ボニーことボニー・パーカーは1910年、テキサス州ローウェナで3人兄妹の2番目として生まれた。4歳のときレンガ職人だった父が死去し、母の実家のある同州セメントシティへ転居。1925年に地元の高校へ進学する。成績は優秀で、特に文才に長け作文コンクールで表彰されることもしばしば。性格も基本的に温和だったが、同級生にからかわれると逆上する一面も持ち合わせており、クラスメイトが彼女の鉛筆を盗んだ際には、放課後相手を呼び出し容赦なく暴力を振るうこともあった。

愛車フォードV8の前でカメラに収まるボニー(左)と、
ブローニングM1918自動小銃を手にしたクライド

映画「俺たちに明日はない」でボニーを演じた
フェイ・ダナウェイ(左)とクライド役のウォーレン・ベイティ

1926年、16歳のときに同じ高校に通う2歳年上の男性と恋に落ち学校を中退、家を出て夫婦となる。が、夫は正業に就かなかったばかりか犯罪に手を染め、ボニーが18歳のときに銀行強盗を働き逮捕、刑務所に収監されたことで結婚生活は破局(ただし、籍は抜いていない)。1929年、実家に戻りレストランでウエイトレスとして働き始める。当初は真面目に仕事をこなしていたものの、代わり映えのしない暮らしに徐々に嫌気を覚え、将来への不安や孤独を日記に綴る毎日。ちなみに、レストランの常連客の1人だった郵便局員のテッド・ヒントンは1932年にダラス郡保安官に転職し、結果的に1934年のボニーとクライドの殺害を実行したメンバーの一員となった。

一方、クライドことクライド・バロウは1909年、同州エリス郡の農家の5男（7人兄妹）として生まれる。優等生のボニーとは対照的に、その生い立ちは荒《すさ》んでおり、1920年代初頭、第一次世界大戦後のあおりで多くの家庭が貧困に直面、バロウ一家も機会を求めてダラスに向かい、スラム街の「無料キャンプ場」でテント生活を送ることとなる。働き詰めの両親に子供に躾《しつけ》をする余裕はなく、クライドはろくに学校も通わず、動物を虐待するなど、近隣住民から素行の悪い少年として認識される。そんな彼の夢はアメリカ海軍に入隊すること。軍に入れば、貧しい暮らしから抜け出せ、周囲の評価も変わるものと信じていた。しかし、左腕に「USN（USネイビー）」のタトゥーを彫り、やる気満々で入隊試験を受けたものの、健康診断をクリアできず不合格に。厳しい現実を突きつけられた結果、不良性がエスカレートし、17歳のときにはレンタカーを返却しなかったことで初逮捕。18歳で七面鳥を盗み、またも逮捕される。いったん、まともな

10代半ばのボニー（左）と、17歳で初逮捕された際に撮影されたクライドのマグショット

クライドが囚人から性的暴行を受けたテキサス州のイーストハム刑務所

仕事に就いたものの長続きせず、その後は金庫破り、強盗、自動車窃盗など悪の道を突き進むことになる。

ボニーとクライドが運命的な出会いを果たすのは1930年1月のこと。腕に怪我をしウェイトレスの仕事を休んだその日、ボニーは友人女性の家でお茶を楽しんでいた。そこに、偶然、友人女性の知り合いだったクライドが訪ねてくる。ここでボニーがクライドに一目惚れ。彼女の熱烈なアタックにより、交際が始まる。ボニー19歳、クライド20歳のときだ。

前述したように、クライドはこの時点で二度の逮捕歴があり、街の荒くれ者として名を馳せていた。一方、ボニーは犯罪とは無縁の女性。そんな彼女がなぜクライドに惚れたのかはわからないが、退屈な日々に飽き飽きとし刺激を求めていたボニーにとって、危険な匂いをまとったクライドは魅力にみちみちていたようだ。

付き合って3ヶ月後の1930年4月、クライドは自動車泥棒の罪で逮捕され、テキサス州のイーストハム刑務所に送られる。同刑務所は広い敷地に農場を擁し、囚人たちはそこで過酷な農作業を強いられていた。クライドはこれに耐えられず、収監後まもなく脱獄を計画。ボニーが密かに差し入れた武器を使いまんまと塀の外に逃げるが、数日も経たぬうちに捕まり、今度は懲役14年の刑で刑務所に戻される。そこで彼を待っていたのは地獄の日々だった。脱獄に失敗したことによりいじめの対象となり、囚人たちに性的暴行を受け続けたのだ。当初は我慢して屈辱に耐えていたものの、限界に達するまでに時間はかからず、自分を襲ってきた囚人を鉄パイプで滅多打ちにし撲殺してしまう。しかし、この殺人は正当防衛とみなされ、特に咎められることはなかった。こうして囚人の性奴隷から解放されたクライドだが、皮肉なことに、この体験により彼は男性にも興味を持つバイセクシュアルになってしまう。さらに、クライドは日々科される過酷な農作業から逃れるため、作業用の斤で自ら左足の指２本を切断。精神が極めて不安定な状態と判断され、故意の自傷から６日後の１９３２年２月２日、仮釈放となる。ある意味、思惑どおりの結果だったが、この行為により彼は生涯足を引きずって歩くことになり、またイーストハム刑務所での体験はそれまで陽気だったクライドの性格を陰鬱《いんうつ》なものに一変させてしまう。

出所後、クライドは囚人仲間のラルフ・ファルツやボニーと組んで、雑貨店やガソリンスタンドで強盗を働き始める。これはクライドが刑務所で受けた辱めに対する復讐のための武器や資金集めを目的としていたが、強盗を続けていた１９３２年４月19日、ボニーとラルフが銃器強盗未遂の容疑で逮捕される。結果、ラルフのみ実刑判決が下され刑務所送りに。ボニーは起訴に至らず、勾留されている間、得意な詩を書いていたそうだ。

ボニー釈放後、強盗を再開したクライドは同月30日、押し入った店の主人を射殺。刑務所で一度殺人を犯したことでタガが外れていた。このとき、店主の妻が現場でクライドの顔を見たと証言したことから、以降、クライドが実行犯、ボニーが共犯として警察に追われるようになる。しかし、その後も２人は行く先々で仲間を増やしながら強盗を重ね、いつしか彼らには「バロウ・ギャング」の異名が付く。

同年8月5日、クライドが仲間とともにオクラホマ州ストリングタウンで密造酒を飲み泥酔状態で帰ろうとしたところ、保安官と副保安官が近づいてきて尋問を始めた。対して、クライドらは容赦なく発砲し、副保安官を殺害、保安官に重傷を負わせる。この警官殺しによりバロウ・ギャングは本格的な指名手配を受けるが、過酷な逃亡生活の中、クライドは同年12月に幼少期から家族ぐるみの付き合いがあったウィリアム・ジョーンズ（当時17歳）を、翌1933年3月には恩赦により刑務所を出た実兄バック（同30歳）と妻のブランチ（同22歳）を仲間に加え、ここからは基本的にク

バロウ・ギャングの主要メンバー。左からウィリアム・ジョーンズ、クライド、ボニー、バック（クライドの兄）、ブランチ（バックの妻）

映画「俺たちに明日はない」のメインキャスト。左からマイケル・J・ポラード（ウィリアム・ジョーンズとヘンリー・メスビンのキャラクターを合体させたC・W・モス役）、フェイ・ダナウェイ（ボニー役）、ウォーレン・ベイティ（クライド役）、エステル・パーソンズ（ブランチ役）、ジーン・ハックマン（バック役）

1933年4月13日、ボニーとクライドらが潜伏し警察と銃撃戦になったミズーリ州ジョップリンの隠れ家（上）と、彼らが残していったフィルムを現像し新聞に掲載されたボニーとクライドの写真

ライド、ボニーを含む5人が行動を共にしていく。

4月13日、ミズーリ州ジョップリンの隠れ家に潜伏していた彼らを近隣住民が見つけ通報、急襲した警察と銃撃戦となる。ここでバロウ・ギャングは警官1人を射殺し逃亡するものの、隠れ家から大量の武器、ボニー手書きの詩、未現像フィルムが入ったカメラなどが見つかり、後に現像されたボニーが歯で葉巻をくわえ手にピストルを持ったり、ボニーとクライドが互いに銃を向け合う写真が新聞の一面に掲載され世間の度肝を抜いた。

その後も5人はミネソタ州やインディアナ州の銀行や商店を襲撃し続ける。逃亡の際にあらかじめ誘拐した人質を連れていくことで、警察の銃撃を回避し、カーチェイスの果てに州をまたいで逃げ切るのが定番の手口だった。当時のアメリカは州警察の連携が取れておらず、州境を越えると警察はそれ以上の追跡ができないことをクライドらは熟知していた。強盗の実行犯はクラウド、バック、ウィリアムで、逃走用の車で待機しているのがボニーたち女性の役割。犯行及び逃走に使われたのは当時最強レベルの馬力を誇っていたフォードV8で、強盗の際クラウドはブローニングM1918自動小銃を愛用していた。

殺人も厭《いと》わぬバロウ・ギャングは警察にとっては最も憎悪すべき存在だった。しかし、1930年代のアメリカは禁酒法と世界恐慌で暗雲が立ち込めていた時代。不況にあえぎ酒でストレスを発散できない国民の一部は、ボニーとクライドが自分たちの代わりに鬱憤を晴らしてくれるアンチヒーローのような感覚に陥り、彼らに称賛の声を上げる。賛否両論はあるものの、連日のように新聞紙面を賑わす彼らが全米の注目の的であったことは間違いない。

1933年6月10日、テキサス州ウェリントンにてボニーとウィリアムを乗せフォードV8を運転していたクライドが橋の建設中であるとの警告標識を見逃し、車ごと渓谷に転落する大事故を起こした。クライドとウィリアムは奇跡的に軽傷で済んだものの、ボニーは事故の際に発生した火災に巻き込まれ右足に重度の火傷を負うことに。結果、彼女は歩くことも困難となり、以降、バロウ・ギャングは各地の宿泊施設に潜伏し、ボニーを治療しながらの逃亡を余儀なくされる。

7月20日、ミズーリ州プラットシティのレッドクラウンという宿に身を隠し、クライドとウィリアムがボニーの包帯や薬剤を購入していたところ、気づき通報。警察は2人を追跡し、宿泊先を特定したうえでカンザス州から装甲車を呼び、同月20日、宿の客室に向け攻撃を開始すると、バロウ・ギャングも対抗し銃撃戦に発展。クライドらが放った銃弾で装甲車の電気系統がショートし車の警笛が鳴り響くと、警察はこれを攻撃中止の合図と勘違いし発砲を取りやめる。バロウ・ギャングはこの機を逃さず、車で逃走。またも警察は一味を取り逃がすが、この銃撃戦でバックは頭部に被弾、脳が露出するほどの重傷を負う。妻のブランチも両目を負傷し視力を失った。

レッドクラウンでの銃撃戦から4日後の同月24日、一味はアイオワ州テクスターの遊園地廃墟に逃げ込む。この際も住民に目撃され、現場を包囲した警察と銃撃戦となる。ボニー、クライド、ウィリアムの3人はな

1933年7月24日、アイオワ州テクスターの遊園地の廃墟で逮捕されたブランチ（中央、サングラスの女性）。4日前の銃撃戦で両目を負傷、視力の大半を失っている状態だった

クライドの刑務所襲撃で脱獄し、バロウ・ギャング最後のメンバーとなったヘンリー・メスビン

ボニーとクライドの指名手配書。記された文章によれば、ボニーは身長165.1センチ、体重45.4キロ、クライドは身長170.18センチ、体重68.0キロと、2人とも当時のアメリカ人でも比較的小柄だったようだ

IDENTIFICATION ORDER NO. 1227
May 21, 1934.

DIVISION OF INVESTIGATION
U. S. DEPARTMENT OF JUSTICE
WASHINGTON, D. C.

NATIONAL MOTOR VEHICLE THEFT ACT

WANTED
MRS. ROY THORNTON, aliases BONNIE BARROW, MRS. CLYDE BARROW, BONNIE PARKER.

DESCRIPTION
Age, 23 years (1933); Height, 5 feet, 5 inches; Weight, 100 pounds; Build, slender; Hair, auburn, bobbed; originally blonde; Eyes, blue; Complexion, fair; Scars and marks, bullet wound left foot next to little toe; bullet in left knee; burn scar on right leg from hip to knee; Peculiarities, walks with both knees slightly buckled.

RELATIVES:
Roy Thornton, husband, Texas State Penitentiary
Mrs. J. T. (Emma) Parker, mother, 1216 South Lamar St., Dallas, Texas
Mrs. Billie Parker Mace, sister, 1216 South Lamar St., Dallas, Texas
Hubert (Buster) Parker, brother, Gladewater, Texas
Nellie Gonzales, half-sister, Norwood, Gonzales County, Texas.

CRIMINAL RECORD
Arrested sheriff's office, Kaufman, Texas, June 16, 1932; charge, burglary; released.

WANTED
CLYDE CHAMPION BARROW, aliases CLYDE BARROW, ROY BAILEY, JACK HALE, ELDIN WILLIAMS, ELVIN WILLIAMS.

DESCRIPTION
Age, 23 years; Height, 5 feet, 7 inches, bare feet; Weight, 150 pounds; Build, medium; Hair, dark brown, wavy; reported dyed black; Eyes, hazel; Complexion, light; Scars and marks; shield and anchor with "U.S.N." on right forearm, outer; girl's bust, left inner forearm; bullet wound through both legs just above knees.

RELATIVES:
Henry Barrow, father, Rural Route 6, Dallas, Texas
Mrs. Cumie Barrow, mother, Rural Route 6, Dallas, Texas
L. C. Barrow, brother, County Jail, Dallas, Texas
Marie Barrow, sister, Rural Route 6, Dallas, Texas
Mrs. Artie Winkler, sister, Sanger Hotel Apartments, Dallas, Texas
Mrs. Nellie Cowan, sister, Sanger Hotel Apartments, Dallas, Texas
Mrs. Jim Muckelroy, aunt, Martinsville, Texas
Mrs. Belle Briggs, aunt, Dallas, Texas
Frank Barrow, uncle, Eureka, Navarro County, Texas
Jim Barrow, uncle, Streetman, Texas
S. Brown, cousin, Martinsville, Texas
Bertha Graham, cousin, Tyler, Texas
Claud Linthicum, cousin, San Angelo, Texas
Tommie Linthicum, cousin, San Angelo, Texas.

CRIMINAL RECORD
Criminal record and fingerprints can be obtained from Identification Order No. 1211, issued October 24, 1933.

Clyde Champion Barrow and Bonnie Parker constantly travel together and extreme caution must be exercised by arresting officers as they are wanted in connection with assault and murder of officers.

Law enforcement agencies kindly transmit any additional information or criminal record to the nearest office of the Division of Investigation, U. S. Department of Justice.

If apprehended, please notify the Director, Division of Investigation, U. S. Department of Justice, Washington, D. C., or the Special Agent in Charge of the office of the Division of Investigation listed on the back hereof which is nearest your city.

(over)

Issued by: J. EDGAR HOOVER, DIRECTOR.

んとか徒歩で逃亡したものの、負傷していたバックとブランチはその場で逮捕。5日後の29日にはバックが搬送先の病院で息を引き取った（享年30）。

3人となったバロウ・ギャングはその後も逃亡を続けるが、ボニーは右足の火傷も癒えぬこともあり、行き先々で「自殺の物語」「ボニーとクライドの真実の物語」「旅の終わり」などと題した自らの死を予感するかのような詩を書き綴る。その予感どおり、彼らの最期はすぐそこまで来ていた。

1934年1月16日、クライドは以前から復讐の的にしていたイーストハム刑務所を襲撃、2人の刑務官を射殺し積年の恨みを晴らす。この際、数人の受刑者を脱獄させ、そのうちの1人であるヘンリー・メスビン（同21歳）をバロウ・ギャングに加入させる。

同じころ、テキサス州犯罪取締部は警察とは別に、数年前に解散させられていたテキサス・レンジャー（テキサス州公安局に属していたアメリカ最古の州法執行機関）の元捜査官フランク・ヘイマー（同50歳）にボニーとクライドを逮捕するよう要請する。ヘイマーはまずバロウ・ギャングが国内で英雄視されていることを問題とし、中でも特に人気の高かったボニーを失墜させるべく、彼女が保安官の頭を撃ちながら笑っていたなどとデマを流布した。ボニーは逃走経路を確保するのが役割で実際の強盗や殺人には加担していなかったが、こうした印象操作により、彼女をはじめとするバロウ・ギャングに批判の声が増していくことになる。さらにクライドらが殺害した保安官の婚約者が葬儀にウェディングドレスで参列したり、自身の孫を1人で育てていた60歳の巡査をも殺害した事実が公表され、バロウ・ギャングはより悪評を高め、どこに潜伏してもすぐに住民に発見・通報されるようになってしまう。

1934年5月23日午前9時過ぎ、ボニーとクライドは、ルイジアナ州ビヤンウィル郡アーケディアの154号線を愛車のフォードV8で南下していた。行き先は新たに仲間に加わったヘンリーの自宅。そこでしばらく匿ってもらう約束に

1934年5月23日、ボニーとクライドが最期のときを迎えた
ルイジアナ州ビヤンウィル郡アーケディアの田舎道

112発もの銃弾を受け蜂の巣状態となったフォードV8。助手席に息絶えたボニーの姿が見える。
下は映画「俺たちに明日はない」での再現シーン　©TM&cWarner Bros. Entertainment Inc.

なっていたのだ。ハンドルを握るクライドの隣には、助手席でサンドウィッチをほおばるボニー。まるで、つかの間のドライブを楽しんでいるかのようだった。ちなみに、この時点で2人は少なくとも警官9人、民間人4人を殺害していた。

目的地が近づいてきた道すがら、2人は路肩にトラックを止め立ち往生しているヘンリーの父親に遭遇する。クライドが車を停車させ、父親に歩み寄り事情を聞いたところ、なんでも、タイヤがパンクしたのだという。修理用の工具を車に積んでいないか？　クライドが尋ねると、なぜかヘンリーの父親が荷台の下に身を隠した。その瞬間、茂みの中から6人の警官が姿を現し、クライドに向け一斉に発砲。頭部を撃ち抜かれた彼は即死する。悲鳴を上げるボニーにお構いなく、警察は続いて彼女が乗るフォードV8にも銃弾を撃ち込む。果たして、ボニーは車ごと蜂の巣となり、9時15分ごろ、2人の死亡が確認された。彼テキサス州とルイジアナ州警察で構成されたボニーとクライドの殺害メンバー。前列右がリーダーのフランク・ヘイマー。後列左がボニーがレストランでウェイトレスとして働いていた当時の常連客だったテッド・ヒントン

らに向け放たれた130発以上の銃弾はクライドに17ヶ所、ボニーに26ヶ所命中し、フォードV8には112個の弾痕、事切れたボニーの手には食べかけのサンドウィッチが握られていた。

この殺害劇は言うまでもなく仕組まれたものだ。銃撃部隊を率いたフランク・ヘイマーは、彼らがバロウ・ギャングのメンバーの自宅を転々としながら逃亡生活を続けていることを事前に察知。次に向かうのはヘンリーの家であると確信し、彼の父親に、息子の命を救う見返りにボニーとクライドを罠にはめるための囮《おとり》になるよう依頼していたのだ。

2人の死後、現場には多くの野次馬が押し寄せ、警察では抑えきれないほどの騒ぎに発展。金品や衣服を盗む者、遺体から髪の毛や耳を切り落とそうする者まで現れた。そして、2人の最期を報じた新聞は50万部を売り上げ、ボニーの葬儀には約2万人、クライドの葬儀にも1万人以上が遺体を一目見ようと集まった。

凶悪犯罪者でありながら、金持ちに狙いを定め貧乏人からは巻き上げない「義賊的な姿勢」で多くの共感を得たボニーとクライドは今もアメリカ国民の記憶に残り続けている。それを証明するかのようの、クライ

ドの墓石には「この世を去ろうとも忘れ去られることはない」と刻まれている。ちなみに、1970年代半ばに全米で少なくとも30人以上の女性を殺害したテッド・バンディは、その見た目の良さから多くの女性ファンを生み、収監中にも数百のラブレターを受け取ったとされているが、こうした凶悪犯罪者に魅了される「ハイブリストフィリア（犯罪性愛）」の最初がボニーとクライドで、大衆文化においては「ボニーとクライド症候群」とも呼ばれている。

★

クライドの兄バックの妻ブランチは保安官殺害を目的とした暴行罪で6年間服役した後、1939年に釈放。1940年、29歳のときに再婚し1988年12月に肺がんにより他界した（享年77）。映画「俺たちに明日はない」で彼女を演じたエステル・パーソンズが1967年度のアカデミー賞最優秀助演女優賞を受賞したものの、劇中でヒステリックなキャラに改変されたことに死ぬまで不満を抱き続

殺害現場に群がる野次馬

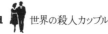

ボニー(左)とクライドの遺体

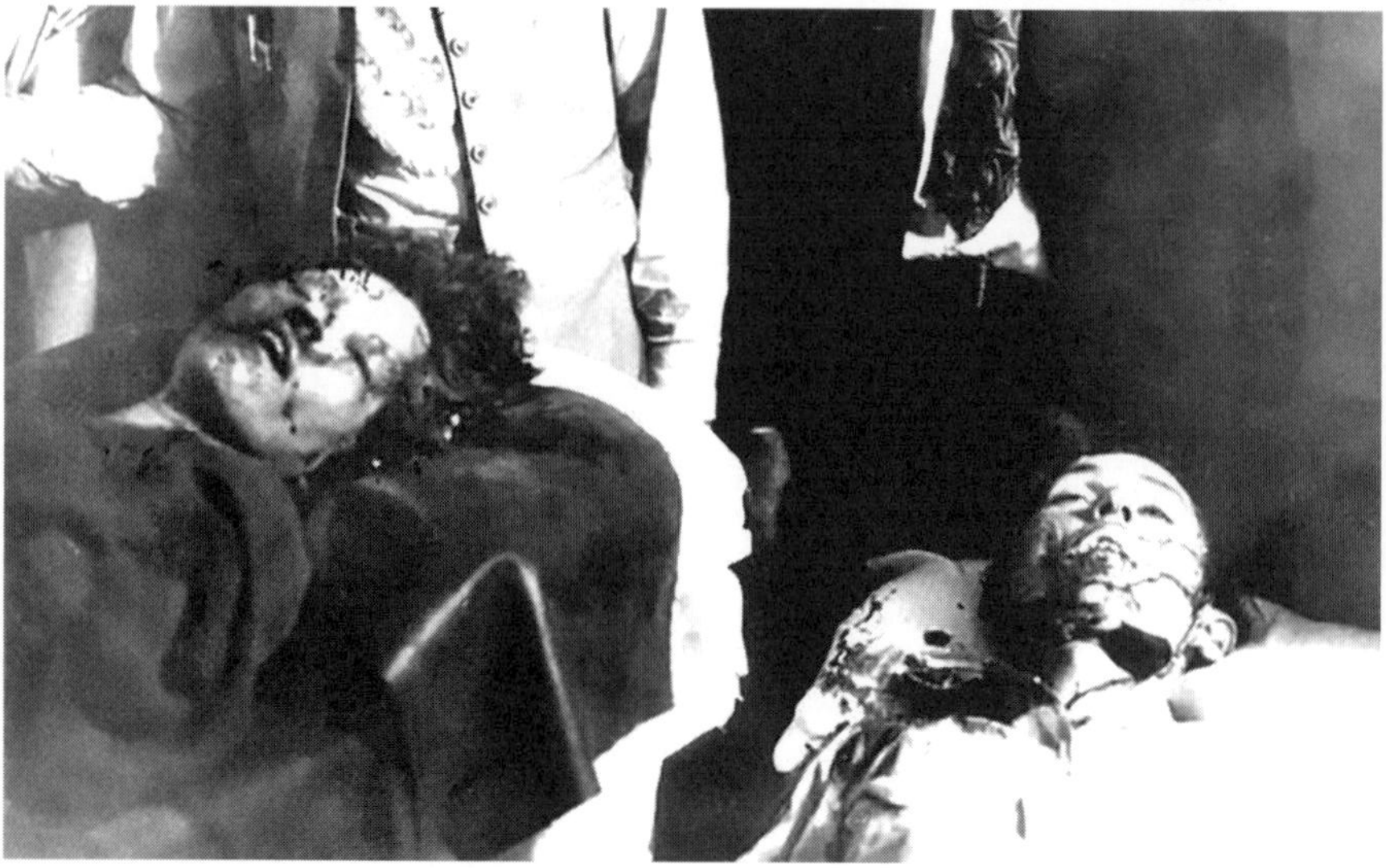

けていたそうだ。
17歳でバロウ・ギャングに加わったウィリアム・ジョーンズは1933年9月にグループを離脱。自宅に戻り農場で働いていたところ、同年11月に逮捕され懲役15年の刑に。テキサス州ハンツビル刑務所で6年間を過ごした後、仮釈放となり、後に結婚、母親の住むヒューストンの家で生涯を過ごした。映画「俺たちに明日はない」では、自分がさもボニーとクライドを裏切ったかのように描かれていることに憤怒、人格を中傷されたとして提訴したものの、主張は認められなかった。1974年8月、トラブルを起こした知人に射殺され死亡。享年58だった。
バロウ・ギャング最後のメンバーで、ボニーとクライド殺害に自身の父親を協力させたヘンリー・メスビンは、過去に犯した複数の殺人のうちの1件で起訴され、1935年12月に死刑判決を受けた。後に終身刑に減刑され、1942年3月に仮釈放。6年後の19

ボニーの葬儀には2万人以上が参列した

48年4月、酒に酔って線路を渡ろうとしたところを対向列車にはねられ死亡した（享年36）。

またボニーとクライド殺害チームのリーダー、フランク・ヘイマーは任務終了後、テキサス州で労働者のストライキを抑えたり、州知事選挙の妨害を阻む任務などに就き、1955年7月、熱中症により71歳で死亡。2019年公開のネットフリックス・オリジナル映画「ザ・テキサス・レンジャーズ」でケビン・コスナーが彼を演じ話題となった。

クライドと兄バックの墓石には「Gone but not forgotten（この世を去ろうとも忘れ去られることはない）」と刻まれている

レイモンド・フェルナンデス&マーサ・ベック

金持ちの未婚女性から結婚を餌に金品を奪い、少なくとも20人以上を殺害「ロンリー・ハーツ・クラブ」連続殺人事件

1940年代後半、アメリカで金持ちの独身女性を中心に20人以上を殺害したとされるサイコキラーカップルがいる。レイモンド・フェルナンデスとマーサ・ベック。2人はなぜ罪なき人々を殺したのか。その背景には異常者同士の歪《いびつ》な純愛があった。

レイモンド（通称レイ）は1914年12月、米ハワイ州でスペイン人の両親のもとに生まれた。3歳のとき、一家はコネティカット州ブリッジポートに移住、小さな農場を経営し生計を立てる。虚弱体質だったレイは父親に愛情を注がれず、農場でも一番辛い仕事をさせられ、学校での成績も悪くなかったものの、進学は許されなかった。さらに16歳のとき、友達とニワトリを盗んだ際、父親は息子の身元引き受けを拒否し、レイだけが少年院送りとなる。

1932年、世界大恐慌によりフェルナンデス一家は南スペインに移住。レイは叔父の農場で働き、20歳でエンカルナシオン・ロブレスという女性と結婚。4人の子供をもうける。地元に家を建て、村でも好青年として評判だった。1939年、

逮捕後に撮影された
レイモンド（レイ。左）とマーサ

第二次世界大戦が始まると、商人の護衛部隊として戦争に参加する傍ら、英国諜報機関でスパイの任務に就き、戦争終結後の１９４５年11月、新たな仕事を求め、故郷に妻子を残したままアメリカ行きの貨物船に乗船する。が、ここで思わぬ事態が起きる。甲板デッキに上がろうとした際に、スチール製のハッチカバーが頭上に落下したのだ。結果、頭蓋骨が激しく折れ、同年12月に船が目的地に到着してから翌年１９４６年３月まで入院生活を余儀なくされる。

退院後のレイは人格を一変させていた。それまで持ち合わせていた礼儀正しく社交的な側面や笑顔を失い、会話中に脈絡もなく暴れ出すようになった。学習・推論・論理性の調整を司《つかさど》る前頭葉を損傷したのが原因だったようだ。

１９４６年３月15日、改めて乗り込んだアラバマへ向かう船が港へ到着すると、レイは大量の衣服や道具を船倉から盗み、税関で逮捕される。窃盗を働いた理由について「俺は何も考えられない。なんでこんなことしたのかわからない」「ちょうど他の男がバッグにタオルを１、２枚入れてたから、俺もやった」と支離滅裂な動機を口にした。その後、１年間、フロリダ州タラハシーの刑務所に投獄され、ここでハイチ人の受刑者と懇意になる。この受刑者は古代ブードゥー教の信奉者で、信者になれば女性を意のままに操る魔力が備わるのだという。レイはこれをすっかり信じ、しだいに自分が霊から神秘的な力を与えられた司祭になったと信じるようになっていく。

出所後の1947年3月、姉と暮らすためニューヨークのブルックリンに移転。姉は久しぶりに会った弟を見て驚愕した。豊かだった髪は禿げ上がり、頭部に痛々しい傷が残っていた。また、何日も自室に閉じこもり割れるような頭痛を訴えるのも不安だった。

この間、レイは当時ニューヨークの新聞が掲載していた「ロンリー・ハーツ・

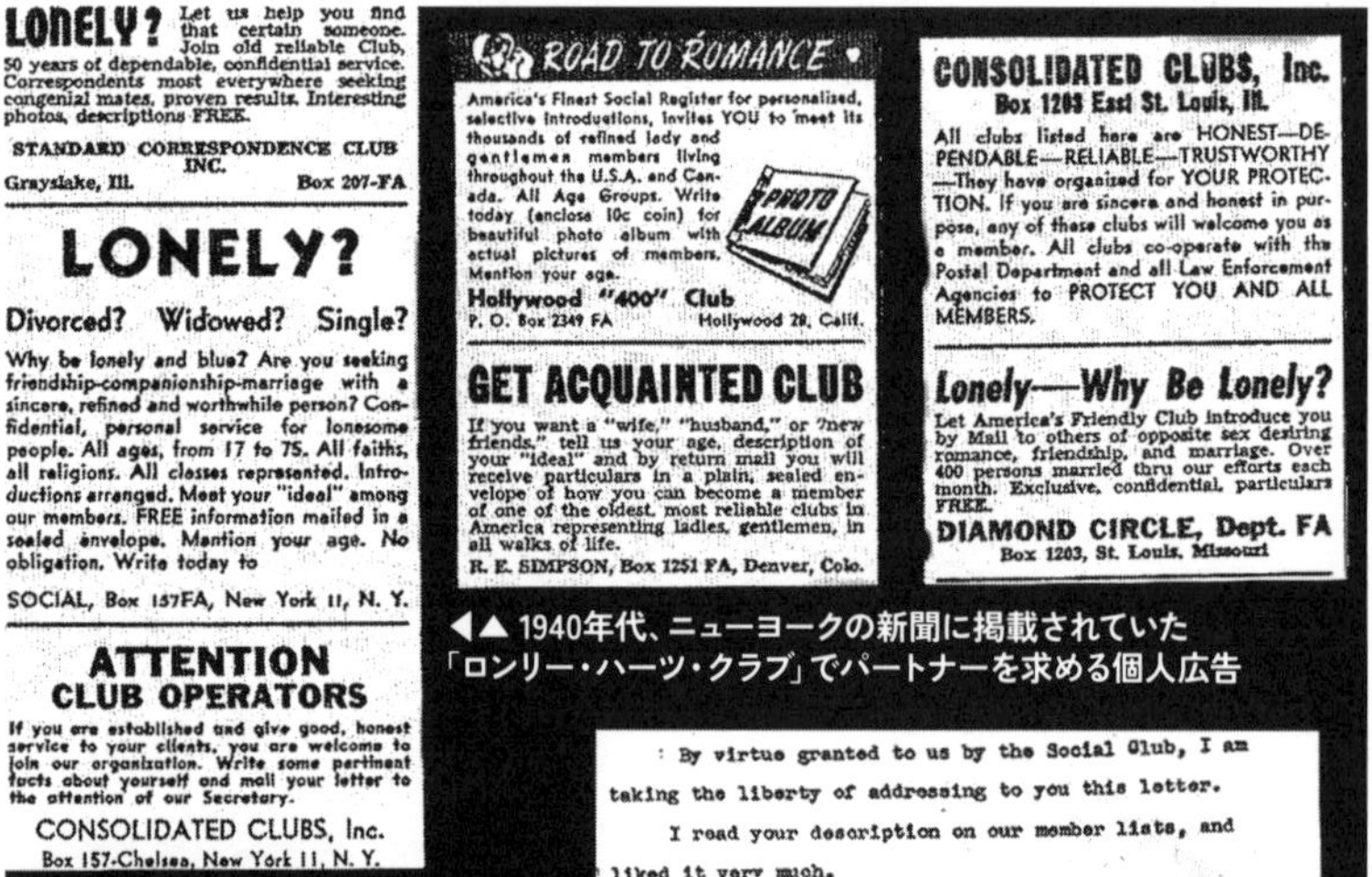

◀▲ 1940年代、ニューヨークの新聞に掲載されていた「ロンリー・ハーツ・クラブ」でパートナーを求める個人広告

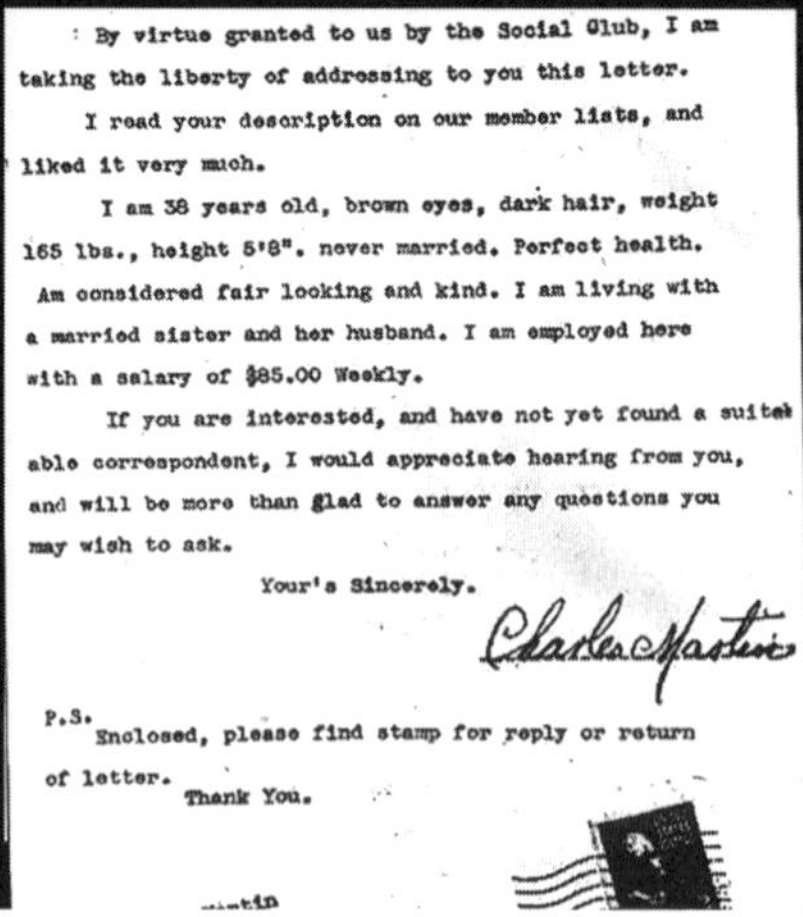

By virtue granted to us by the Social Club, I am taking the liberty of addressing to you this letter.
I read your description on our member lists, and liked it very much.
I am 38 years old, brown eyes, dark hair, weight 165 lbs., height 5'8". never married. Perfect health. Am considered fair looking and kind. I am living with a married sister and her husband. I am employed here with a salary of $85.00 Weekly.
If you are interested, and have not yet found a suitable correspondent, I would appreciate hearing from you, and will be more than glad to answer any questions you may wish to ask.
Your's Sincerely.
Charles Martin
P.S.
Enclosed, please find stamp for reply or return of letter.
Thank You.

▶ レイが実際に出した手紙。署名のCharles Martin（チャールズ・マーティン）は、彼がしばしば使用した偽名

レイがマーサと知り合う前に、不審死を遂げた女性教師のルシラ・トンプソン。レイに殺害されたものとみられている

クラブ」という名の、文通を介してパートナーを募集するコーナーに何十通もの手紙を書いていた。ここに集まるのは、その名のとおり孤独心を抱えた男女。とはいえ、レイが真面目に相手を求めていたわけではない。狙うは金を持った女性。第二次世界大戦が終わってまもないこのころ、国内には夫の訃報に悲しみに暮れる未亡人が数多くおり、そんな彼女たちをターゲットに結婚詐欺を目論んだ。

奥手でウブな独身男性を装い何通か手紙をやり取りする間に資産状況を聞き出し、相手が相応の金持ちだとわかるや実際に対面。頭髪の抜けた小柄な彼の外見は明らかに魅力に欠けていたが、それまでの真摯な手紙の交換と、持ち前の巧みな話術でデートを重ね、頃合いを見てプロポーズ。女性がすっかり心を許したとわかるや、現金や宝石を貢がせたり盗んだりして姿を消す。レイはこの手口でたった1年の間に50人以上もの女性をかもにしたそうだ。相手の年齢や美醜は一切関係なかった。

１９４７年10月、レイは突飛な行動に出る。ロンリー・ハーツ・クラブで知り合い関係を持ったバツイチの女性教師ルシラ・トンプソンを連れ、家族が暮らすスペインの実家に戻ったのだ。当然ながら本妻のエンカルナシオンとの間に険悪な空気が漂い、やがて耐えきれなくなったルシラは１人でアメリカに帰ろうとする。が、彼女は帰国予定の当日の朝に遺体となって発見される。地元の医師は「胃腸炎に基づく心不全」と診断したが、後にレイがルシラの死の２日前にジギタリス製剤１瓶を買っていることが判明。事件性が疑われたものの、捜査の手が及ぶことはなかった。

ほどなくニューヨークに戻ったレイはルシラのアパートを訪れ、同居していた彼女の母親に、自分がルシラの相続人である旨の偽造書類を見せ、強引に部屋に住み着く。そして、またもロンリー・ハーツでカモを探す日々を送るなか、目に止まったのがマーサ・ベックが掲載していたパートナー募集の個人広告だった。

マーサは1920年5月、フロリダ州ミルトンで生まれた。内分泌腺《ないぶんぴつせん》に異常があったようで、9歳で初潮を迎え、胸が膨らみ、体重がみるみる増加。さらには激しい性欲に苛《さいな》まれるようになる。後に彼女は当時、兄にレイプされたことがあると裁判所に訴えたが、下った判断はマーサに原因があるというもの。真偽は不明ながら、自ら兄を性行為に誘ったと言われている。10歳のとき父が家族を捨て家を出ると、マーサもまた家を飛び出し、短期間だけ巡回サーカスに参加する。このサーカス団には、後に『ティファニーで朝食を』『冷血』などの著作を残す幼きころのトルーマン・カポーティ(1924-1984)がいたそうだ。

学校を卒業したマーサは太った体型のせいで就職に苦労し、当初は葬儀屋の助手として働き、後に看護師試験に合格、単身でカリフォルニアに移住し陸軍病院で働き始める。が、自身の劣等感から簡単に男になびく奔放な性生活により未婚のまま一人目の子供を妊娠。相手の男性が自殺未遂を起こしたことで自身も神経衰弱を患い、やがて故郷のフロリダに戻り女の子を出産する。近所には、子供の父親は海軍将校で戦死したと嘘をつき、可哀想な若き未亡人として地元の新聞に紹介されたこともあるそうだ。

その後、自らが出産した病院で看護師として働き出したものの、同僚や患者の男性などと肉体関係を持ち数ヶ月で職場を解雇。ほどなくバス運転手のアルフレッド・ベックという男性と結婚し2人目の子供（息子）をもうけたものの、わずか半年で離婚してしまう。シングルマザーとして2人の子供と実母の面倒をみるべく、1946年に身障児施設に就職。仕事ぶりは優秀ですぐに師長に昇進する。しかし、ストレスは溜まる一方でアルコール依存に。そんなある日、同僚の男性がからかい半分、彼女の名でロンリー・ハーツ・クラブにパートナーを求める広告を出す。

当時33歳のレイがこれに目星をつけたのは、マーサが看護師で金を持っていると考えたからだ。数回の文通を経て、彼は電話で話したいと告げ、受話器越しにこう口にした。

「君の髪束をくれないか？」

これはレイが相手を落とすときに使う常套句で、マーサも例外なく舞い上がり、すぐに髪を切り、それに大量の香水を降りかけレイに送った。ちなみに、彼が髪を欲しがったのはブードゥー教の儀式に使用するためで、この秘術により自分の性的魅力から女性が逃れられなくなると本気で信じていたらしい。

レイが33歳、マーサが27歳だった1947年12月28日、フロリダ州ペンサコーラで2人は対面する。レイの目的はあくまで金。会ったその日にマーサの自宅で関係を持ち、それとなく聞いてみると、彼女に全く資産がないことがわかる。金のない女に用はない。レイは彼女の財布だけを盗みニューヨークの自宅へと舞い戻った。

一方、マーサは信じられないことに、会った途端、レイに夢中になった。当時ハリウッドで活躍していたフランス出身の俳優シャルル・ボワイエに似た風貌、母性本能をくすぐる仕草や口調。セックスも最高で、心身ともに骨抜きにされていた。必ず、私の男にする。確信した彼女は、自分を置き去りしたレイの気持ちなど考えずに毎日のようにラブレターを送り続ける。

限界に達したレイは、自分には愛情が持てないため二度と会わない方がいいと正直な手紙を返す。と、マーサは絶望し、オーブンに頭を突っ込みガス自殺を図ってしまう。その知らせを聞いたレイが警察沙汰になるのを恐れ、気分転換にニューヨークに遊びに来るよう伝えると、待ってましたとばかりにレイのアパートに転がり込むマーサ。とはいえ、レイにとって彼女が厄介者であることに変わりはない。2週間一緒に過ごした後、マーサを無事に故郷に帰し、これにて一件落着かと思いきや、そんなことであきらめる彼女ではなかった。自殺未遂を起こしたことで職場にも故郷にも居場所がなくなったマーサは、実母を捨て、2人の子供の手を引き再びレイのもとを訪れる。1948年1月のことだ。

食事や部屋の掃除など、甲斐甲斐しく世話をする彼女を見てレイは覚悟を決め、自分が既婚者かつ結婚詐欺師で、これまで多くの女性から金品を巻き上げてきたことを正直に話した。こんな悪党と一緒にいると、あなたにも迷惑が及ぶ。だから、あきらめてこの場を去ってほしい。レイなりの誠意だった。しかし、マーサは彼の正体を知っても全くぶれることがなかった。どころか、レイが関係してきた女性たちのトップに自分がいることに狂喜した。予想もしない態度に、レイは子供がいたら商売に差し障ると、なんとか気持ちを翻《ひるがえ》させようと試みる。と、マーサはさらに信じられない行動に出る。子供が邪魔と言うなら捨てると、娘と息子と救世軍の建物の前に置き去りにしたのだ。

ここにきて、初めてレイの心に変化が生じる。自分のために躊躇なく我が子まで捨てる女。なぜ、そこまで俺に尽くそうとするのか。そんな女性は生まれてから今まで1人もいなかった。幼いころ、父親から一片の愛情を注がれたことのなかったレイには新鮮かつ驚きで、その気持はマーサへの愛情へと変化していく。

こうしてレイとマーサの犯罪行脚が始まる。1948年2月、2人がまず向かったのはペンシルベニア州。レイがロンリー・ハーツ・クラブで知り合った戦争未亡人、エスター・ヘンネをカモにするためだ。レイはマーサを義理の妹と紹介したうえで、同月28日にエスターと結婚式を挙げ、前出のルシラが住んでいたニューヨークのアパートで暮らし始める。が、エスターはそこにマーサが同居することに違和感が拭いきれなかった。さらに元住人であるルシラが変死したことを知るや、怖くなり逃げ出す。後に彼女はこう語っている。

「レイはいつも苛立っていました。私が生命保険と年金の受取人を彼の名義にする書類にサインしないと、口汚く罵り始めたんです。結局、彼に車とお金を奪われました」

アパートを売り払い旅に出たレイとマーサは犯罪を重ねながら1948年8月、アーカンソー州グリーンフォレストにたどり着く。文通を介してレイと恋愛関係になったマートル・ヤングという女性を騙すためだ。同月14日、レイとマートルが結婚。マーサは義妹を騙りハネムーンに同行し、レイとマートルがセックスしないよう、夫婦と同じベッドで寝続けた。当然のように不平を漏らすマートルに2人は大量の睡眠薬を飲ませ、4千ドル（当時の日本円で約110万円）を奪った後、彼女に大量の睡眠薬を投与。意識が朦朧の状態でバスに乗せ逃亡する。マートルが搬送先の病院で死亡したのは翌日のことだ。

1948年12月末、ニューヨーク州オールバニーに住む66歳の未亡人、ジャネット・フェイがターゲット

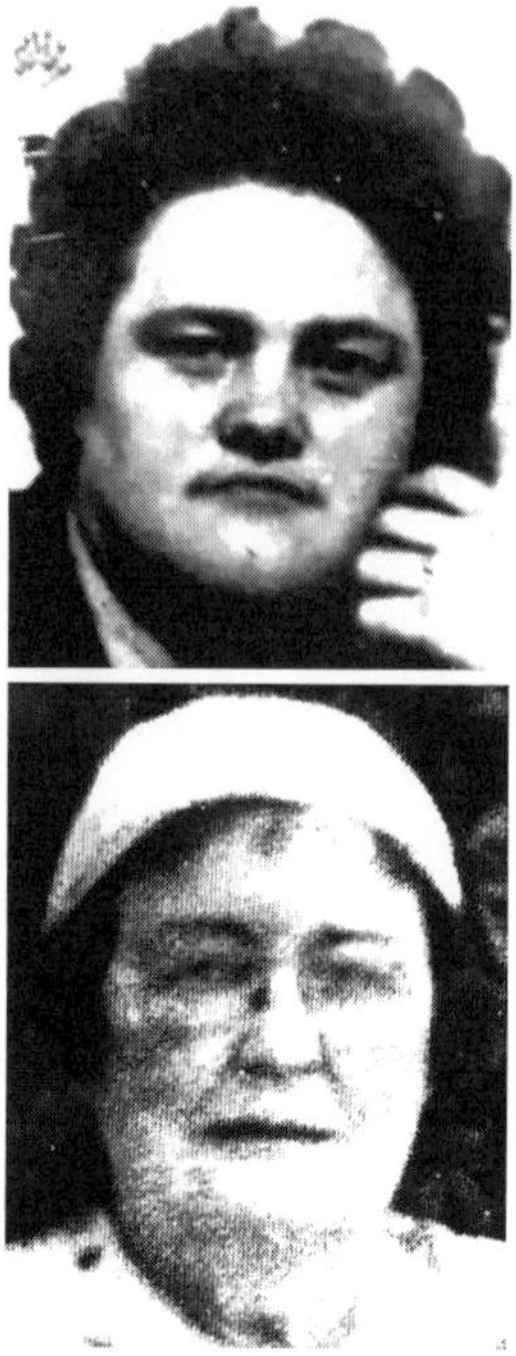

アーカンソー州に住んでいた犠牲者マートル・ヤング（上）。レイとマーサに大量の睡眠薬を飲まされ殺された。犠牲者ジャネット・フェイ（下）。ニューヨークの広いアパートに住む金持ちだった。嫉妬に狂ったマーサがハンマーで殺害

にされる。彼女は繁華街に建つ広いアパートに住む金持ちで、毎週日曜には教会に行く献身的なカトリック教徒だったが、かねてからロンリー・ハーツ・クラブを介して「チャールズ・マーティン」という男と文通していた。言うまでもなく、チャールズはレイの偽名である。

　年が明けた1949年1月、レイは花束を持ってジャネットの家を訪問。宗教問題について熱く語り合うほど親しくなったうえで、数日後にマーサを連れてきて義妹だと紹介する。ジャネットは彼らを自宅に泊め、食事し、散歩し、2人への信頼感を急上昇させる。レイの求婚にも快諾し、銀行口座から6千ドルを下ろしてロングアイランドに転居。3人での奇妙な同居生活が始まってまもなく、ジャネットは言葉巧みなレイにそそのかされ3千500ドル分の小切手を預ける。が、まだよく知らない相手に大金を渡したことに不安を感じ、小切手を返してほしいと騒ぎ始めた。レイに殺意が芽生えると同時に、マーサもジャネットに憎悪を抱き始める。ある夜、レイが裸のジャネットと腕を絡ませベッドで寝ている場面を見てしまったのだ。激しい嫉妬からマーサはわめきちらし、興奮のままハンマーでジャネットを滅多打ちにして撲殺。遺体をレイと

ともにタオルやシーツで包んでクローゼットに押し込んだ。そのまま一晩を過ごし、翌日、購入した大きなトランクに遺体を詰め込み車でレイの姉の自宅へ。10日ほどが過ぎた後、トランクを地下室に埋め、その上をセメントで覆った。

ジャネットから奪った小切手を即座に現金化した後、レイは彼女の家族にこんな手紙を書く。

「最高だわ！　こんな幸せ今まで感じたこと無い！　もうスグに結婚してフロリダへ行っちゃうわ！」

筆跡からばれないよう、タイプライターで綴られた手紙は無事に家族のもとへ届けられたが、家族はジャネットが何らかの事件に巻き込まれたことに気づく。なぜなら、家族はジャネットがタイプライター自体を持っていないことを知っていたからだ。

警察に通報されたことなど知るよしもないレイとマーサはその後、ミシガン州グランドラピッズへ向かう。この街に住むデルフィン・ダウニングという41歳の未亡人をカモにするためだ。彼女もまた、レイがロンリー・ハーツ・クラブで知り合った女性で、当時2歳の娘レイネルと2人で暮らしていた。

レイはデルフィンの自宅に電話をかけ言った。

「今、グランドラピッズの郊外に用があってこの街に来てるんだ」

デルフィンは驚き、すぐに会う約束をする。レイが「妹のマーサも連れて行く」と言っても意にも介す様子はなかった。こうしてレイと面会を果たしたデルフィンは彼の礼儀正しさや、レイネルに対する思いやりあふれる態度に好意を抱く。そして、マーサの見ていない隙にベッドイン。しかし、デルフィンはレイの後

判明している最後の犠牲者、デルフィン・ダウニング(左)と娘のレイネル

退した髪と頭部に残る醜い傷に失望し、彼のことを避けるようになる。対して、レイはあれこれと策を講じるも、彼女に気が変わる様子はない。そこで、レイは金を奪うべく、デルフィンに睡眠薬を飲ませるようマーサに指示する。ほどなく深い眠りにつくデルフィン。その様子を見てレイネルが大声で泣き出した。マーサはこれに怒り、彼女の首を絞め黙らせる。

レイとマーサは金目のものを見つけるため家の中を隅々まで探し回った。現金や通帳などはどこにもない。デルフィンが目覚めるのも時間の問題。どうしたらいいのか。困り果てた2人は、ほどなくデルフィンの元夫が所持していた銃を見つける。レイはためらうことなく銃を毛布に包み、デルフィンの額に発砲。血まみれになった遺体をシートで包み、地下室に掘った穴に埋める。その後、デルフィンの所持品を全て現金化したが、問題はレイネル。絶えず泣き叫び、食事を拒むこの子をどうするか。何度も話し合ったものの結論が出ず、レイは最後にあきらめたようにマーサに言う。

「俺を愛してるなら、おまえが殺れ」

マーサは命令に従い、バケツに溜めた水の中に泣き叫ぶレイネルを沈め溺死させた。

この後、2人は街で映画を見てからデルフィンの家に戻り、街を出る荷造りを始める。そこに現れた数人の警官。レイとマーサは気づかなかったが、デルフィンを殺害した際の銃声を隣人が聞いており、それを不審に感じ警察に通報していたのだ。こうして2人は逮捕される。1949年2月28日のことだ。

〝鬼畜な殺人カップル〟の逮捕に新聞は食いつき、連日のように報じた。特にマーサに対しては「デブ」「巨女」「笑うバツイチ」「ぶさいく」などと蔑称し、大衆の下世話な興味を煽った。

ほどなく2人はミシガン州からニューヨーク州に身柄を移され、裁判で両名ともに死刑判決を受ける。執行は1951年3月8日。同州シンシン刑務所の電気椅子に座らされたレイは、獄中から送られたマーサのラブレターを見て「マーサが俺を本当に愛していると聞けた事は、長い人生の中で最高のニュースだった。死ぬ用意はできた」と口にし死へと旅立った。対してマ

デルフィンと娘が住んでいた自宅（上）と、警察が捜索した際の様子。逃亡のために準備されたレイとマーサの荷物が映っている

1949年3月15日、捜査員に連れられミシガン州グランドラピッズからニューヨーク行きの飛行機に乗り込むレイ（左から2番目）とマーサ（右端）。ニューヨーク州への移送は、ミシガン州に死刑制度がなかったためだった

裁判中も2人は幸せそうで、
法廷でキスを交わすこともあった

1949年6月14日、弁護士のハーバート・S・ローゼンバーグを中央に挟み笑顔でカメラに収まるレイとマーサ

Daily Mirror 3¢

NEW YORK 17, N.Y., FRIDAY, MARCH 9, 1951

HEART KILLERS DIE CALMLY, MARTHA LAST

Stories on Page 3

1951年3月9日、2人の死刑執行を報じる新聞

ーサもレイから「俺が愛した最高の女だ」との手紙を受け取っており、それを読んだ彼女は最後に「これで安心して死ねる」と呟き処刑されたという。享年はレイが36歳、マーサが30歳だった。

レイとマーサが殺害したうち、彼らが自供したのは前記の4人だけだが、警察当局は2人が知り合ってから少なくとも20人以上の独身女性を亡き者にしたとみている。異常な愛の絆で結ばれたレイとマーサの物語は1970年に「ハネムーン・キラーズ」、2006年に「ロンリーハート」、2017年に「地獄愛」と、これまで3本映画化されている。

事件は後に3度映画化された。上は「ハネムーン・キラーズ」(1970)でレイを演じたトニー・ロビアンコ(左)とマーサ役のシャーリー・ストーラー。下は「ロンリーハート」(2006)でレイに扮したジャレッド・レト(左)とマーサ役のサルマ・ハエック

ジーン・リー＆ロバート・クレイトン

恋人の男とともに絞首刑に処されたオーストラリア最後の女性死刑囚
豪メルボルン・ブックメーカー殺害事件

1951年2月19日、オーストラリア・メルボルンのペントリッジ刑務所で3人の死刑が執行された。当時31歳の女性ジーン・リーと、彼女の恋人のロバート・クレイトン（同32歳）、その友人のノーマン・アンドリュース（同38歳）。2年前の1949年、ブックメーカーの男性を殺害した罪による処刑だった。ジーンはオーストラリア国内で死刑に処された最後の女性である。

ジーンは1919年、ニューサウスウェールズ州ダッボーで生まれた。鉄道員だった父の転勤に伴い1927年にシドニー郊外のチャッツウッドに移住し、ノースシドニーの修道院、ウィロビー・セントラル国内高等学校に進学。卒業後、帽子屋、速記者、缶詰工場の労働者など数多くの仕事に就く。1938年3月、18歳のときに7歳年上の男性と結婚し一女を授かるも、夫が大酒飲みのうえ自動車の窃盗を働くなど家庭を顧みず、1943年ごろに別居（離婚成立は1948年）。娘を実家に預けて単身でブリスベンに転居しレストランのウェイトレスとして働く。そこで

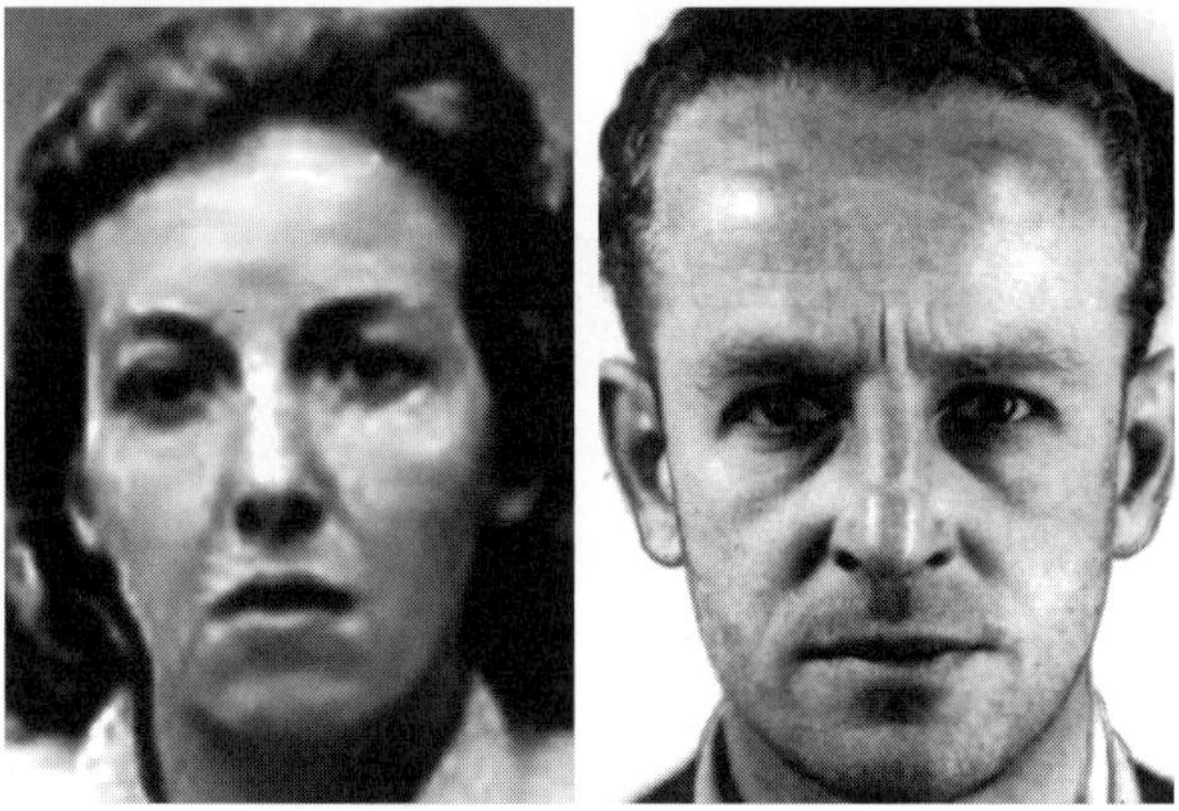

恋人同士だったジーン・リー（左）とロバート・クレイトン

知り合ったのがモリス・ディアスという前科者の男性で、彼の手配によりその後3年間、シドニーの売春宿で体を売り、一晩に約20ポンドを稼いだ。相手は主に米兵だった。

後に殺人の共犯となるロバート・クレイトンと出会うのはモリスと別れた後の１９４６年10月。ロバートは第二次世界大戦中、オーストラリア空軍の兵士として任務に就いていたものの、戦後まもなく4件の窃盗を働き当時は仮釈放の身分だった。ジーンは彼が犯罪者で暴力的な男性と知りながら恋仲となり、2人して商売を始める。美人局《つつもたせ》（オーストラリアでは「ジンジャー」と呼ばれる）だ。ジーンが臆病そうな男を誘惑し部屋に連れ込み、いざそのときに夫と称するロバートが登場。不貞行為を働いたとしてジーンを怒鳴るとともに、男性に賠償金を要求する。相手は大半が既婚者で、恐喝とわかりながら妻にばれることを案じて警察に通報することなく素直に金を出した。この美味いビジネスに、ほどなくロバートの犯罪者仲間であるノーマン・アンドリュースが加わり、犯行はますますエスカレートしていく。

１９４９年10月14日、美人局で稼いだ金でジーンとロバートはメルボルンで豪華なデート旅行を楽しむ。街を観光し、夜は美味い料理と酒。一番の目当ては競馬だった。が、予想はことごとく外れ、みるみる金が減って

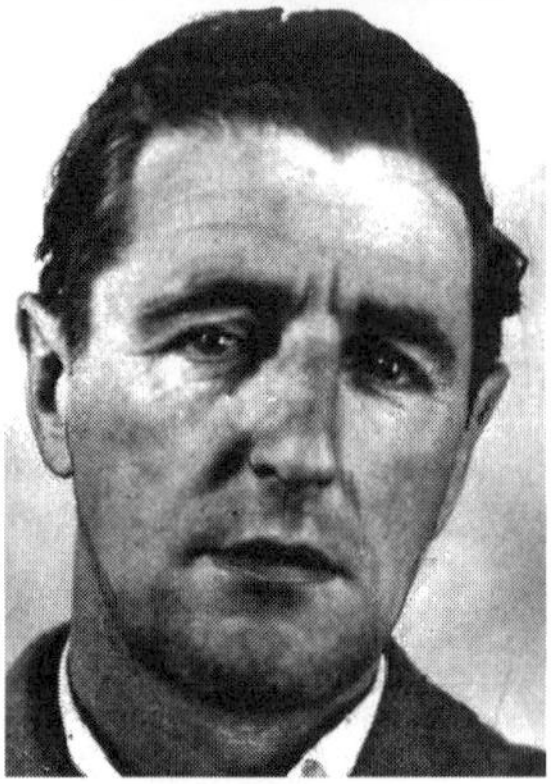

（上）夫と別居、売春婦として働き始めた1943年当時のジーン。（中）ロバートの犯罪者仲間で殺人に加担したノーマン・アンドリュース。（下）被害者のウィリアム・ケント

いく。それでも2人は賭けに熱中し、しだいに資金が底をついてきた。そこで、ノーマンを呼び寄せまたも美人局で金を脅し取っては競馬に注ぎ込む。

そんな日々が続いていた同年11月7日午後、ホテルで酒を飲んでいた3人に1人の老人が話しかけてきた。なんでも、近所で競馬のブックメーカー、早い話がノミ屋を営んでおり、名をウィリアム・ケント（同73歳）というそうだ。フレンドリーなウィリアムに、ジーンは自分はダンサー、ロバートは兄、ノーマンは兄の友人と名乗り、しばし会話を楽しんだ。食事が終わり、料金を支払うとき、ウィリアムがズボンのポケットからゴムバンドで縛られた分厚い紙幣のロールを取り出すのにロバートが気づいた。素早くジーンとノーマンに目配せすると、彼らもこの後の流れを瞬時に理解した。

店を出た18時ごろ、ジーンがウィリアムと腕を組み、あなたのアパートでもう少し飲みたいと囁く。美女

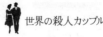

1949年11月15日、刑事に両脇を抱えられ警察に連行されるジーン

に誘われ悪い気のしないウィリアムは彼女をメルボルン・ドリット通りの自宅に案内する。通常なら、頃合いをみてロバートとノーマンが脅しに入るところだが、ホテルでの会話でウィリアムが裏社会にも通じていると聞いていたことから、いつもの手口は断念。ジーンと行為に及んでいる最中、密かに家に忍び込み金を盗むことにした。

しかし、いくら家探ししても金は一切見つからない。かくなるうえは脅し取るしか手はない。ロバートとノーマンは行為の最中、部屋に押し入り、ウィリアムを椅子に縛りあげ、札束のロールを奪った後、ナイフで切りつけたりタバコの火を体に当てるなど拷問を加えた。他に金の在処《ありか》を教えろと迫る2人に、ないものはないと突っ張るウィリアム。問答は1時間にわたって続いたものの、口を割らないウィリアムに業を煮やしたロバートとノーマンが彼を滅多刺しにして殺害。その断末魔の悲鳴が近所にも鳴り響いたことで、隣人がウィリアム宅を訪ねてきたが、ロバートとノーマンはパーティーを開いてるだけだと追い払った。

不審に感じた隣人の通報を受け現場に急行した警察はウィリアムの遺体を確認、聞き込み捜査により、同月15日朝、メルボルン市内のホテルに滞在していた3人を拘束。彼らが犯人であることは、部屋に血まみれの衣服が残されていたことが指し示していた。

ウィリアム殺害の容疑で逮捕・起訴された彼らの裁判は1950年3月20日、メルボルン刑事裁判所で始まった。実行犯のロバートとノーマンは起訴内容を否定、ウィリアムの自宅を訪問したことは認めたものの、暴力などはふるっておらず、血痕の付いた衣服は鼻血によるものだと苦しい弁明を行った。一方、ジーンは愛するロバートの指示に従っただけで、自分は殺人に一切関与していないと供述。その主張は正しかったが、陪審員は彼女が「共同正犯」であると認定、同月24日、3人全員に死刑判決が下る。裁判長が極刑を宣告したとき、ジーンは法廷で「私はやっていない！」と泣き叫び、その場に崩れ落ちたそうだ。一方、ロバートは陪審員に向かって唾を吐きながら「馬鹿野郎、この豚どもめ」と罵倒したという。

2ヶ月後の同年5月19日、刑事控訴裁判所は3人の有罪判決を取り消し再審を命じる。警察の取り調べに違法性があったとするのがその理由で、決定が発表されたとき、ジーンは被告席でロバートを激しく抱きしめたと言われている。しかし、原告側は高等法院に控訴し、全会一致の判決で有罪判決が支持され、同年12月1日、3人の死刑判決が正式に確定する。

その後、ジーンは精神状態を悪化させ、看守たちに暴力を働いたり、慈悲を乞うたりしながら、自分は無実であると主張し続けた。年が変わった1951年12月17日、シドニーから訪れた友人3人と面会。ここでも、彼女は自分が死刑になることを全く信じていなかった。翌18日、ロバートは母、ノーマンは妻と面会し、最期のときを過ごす。男たち2人はすでに覚悟ができている様子だったそうだ。

翌19日の朝、ジーンは独房から絞首台まで運ばれた。この期に及んでも彼女は無実を主張しながらヒステリックに暴れ、鎮静剤の投与が必要なほどだった。大人しくなったジーンの頭にフードが被され、両手を前に手錠をかけられ、午前8時に絞首刑執行。男2人の執行はその2時間後の午前10時で、処刑台に座った際、ノーマンは落ち着いた声で「さようなら、ロバート」と口にし、ロバートは穏やかに「さようなら、チャーリー（ノーマンのニックネーム）」と答えたという。全てが終わり、3人の遺体は処刑された囚人専用のペントリッジ刑務所の墓地に埋葬されたと伝えられている。

group inspects the control room.

Three Hanged at Pentridge

Jean Lee, 31, Robert Clayton, 32, and Norman Andrews, 38, were hanged at Pentridge gaol yesterday.

They murdered William Kent, 73, a Carlton starting-price bookmaker, in November, 1949, after beating him to force him to tell them where he kept his money.

Jean Lee, the first woman to be executed in Victoria since 1895, was carried from her cell to the gallows, five yards away, by the executioner and his assistant.

Wearing a hood, and with her hands handcuffed in front of her, she was placed on a chair before the sentence was carried out at 8.1 a.m.

Robert Clayton and Norman Andrews were hanged together at 10 a.m.

As they were seated together on the scaffold, Andrews said in a firm voice: "Good-bye, Robert."

Clayton replied softly: "Goodbye, Charlie." (His nickname for Andrews.)

The condemned persons made no statement before the death sentence was carried out.

The Governor of Pentridge Gaol (Mr. J. Edwards) said later that Lee had received nothing except a mild sedative on Sunday night.

Last Visits

Jean Lee received her last visit on Saturday, when three friends from Sydney spent half an hour with her and then flew home.

Andrews's wife and Clayton's mother, both from Sydney, spent half an hour with them on Sunday afternoon.

Uniform police and motor cycle patrols guarded the gaol from early morning. There were no demonstrations.

Small groups of people, mostly women, stood opposite the main gates of the gaol from 6 a.m. to midday.

（上）3人が投獄されたメルボルンのペントリッジ刑務所内と、ジーンが死までの時間を過ごした独房
（下）死刑執行を報じる1951年12月20日の新聞紙面

イヴ・エヴヌー＆シモーヌ・デシャン

SとMの主従関係にあった産婦人科医と愛人女性が起こした凶行
マリ＝クレール・ミルヴェ殺人事件

1957年5月31日、フランス・パリ郊外のショワジー・ル・ロウに瀟洒《しょうしゃ》な屋敷を構えるイヴ・エヴヌー（当時49歳）から警察に、妻のマリ＝クレール・ミルヴェ（同46歳）が使用人女性のシモーヌ・デシャン（同47歳）に殺害されたとの通報が入った。警察が現場に駆けつけると、マリ＝クレールは胸を複数刺され辺りは血まみれ。その場で死亡が確認された。殺害を認めたシモーヌを現行犯逮捕し取り調べたところ、意外な供述が得られる。殺したことは事実だが、犯行は全て主人のイヴの命令だったというのだ。

イヴはパリでも有名な産婦人科医で、過去には市長を務めたこともある地元では知らぬ者がいない名士だった。が、彼には裏の顔があった。「女を服従させたい」「虐げたい」というサディストとしての一面である。表には出なかったものの、以前から彼の院内では、夜になるとイヴが女性患者に性的暴行を働くとの噂が立っていたそうだ。

イヴは自身の性癖を隠しながら結婚と離婚と繰り返し、1947年に3番目の妻

殺害実行犯のシモーヌ・デシャン（左）と、犯行を命じたとされるイヴ・エヴヌー医師

マリ＝クレールと再婚。すぐに娘のフランソワーズを授かる。マリ＝クレールは知性と美貌を兼ね備えた文句のない女性だった。が、イヴの欲望を満たす相手でないことは、彼自身がよくわかっていた。そこで、イヴは患者の中からSMのパートナーを選出する。それがシモーヌだ。彼女の経歴は不明ながら、イヴと交際が始まったのは40代前半。マリ＝クレールに比べ外見は格段に劣るものの、彼のお眼鏡に叶う真性のマゾヒストだった。

性癖が合致した2人のプレイは、当初は大衆の面前で侮辱したり、ウェイトレスの前でイヴがシモーヌに卑猥な言葉を口にさせたり、丈の短いスカートを履かせて町中を歩かせたり、おしっこを我慢させたりするような他愛ないものだったが、次第に鞭打ちや三角木馬、行きずりの男を交えての3Pとエスカレート。そのうち、イヴはシモーヌを自宅の住み込みの使用人として雇い、家事全般の他、娘のためにドレスを縫わせたり、同居するイヴの母親のケアをさせた。ちなみに、事件当時は3階で母親、2階にイヴと妻と娘の3人、1階でシモーヌが暮らしていた。

奇妙な同居生活が続いていた1957年5月下旬、イヴはワインを6杯飲んだ後、シモーヌに、妻を殺害する

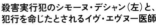

よう命令を下す。ご主人さまの指示に従うのがMの役目。彼女は素直に受け入れ折り畳み用のナイフを購入、実行の時を待った。

とはいえ、後にシモーヌはマリ＝クレール殺害はプレイの一環だったと供述している。それが証拠に、イヴが決行日に指定した同月31日、彼女は赤いハイヒールと革の手袋、そして毛皮のコート以外、何も身に着けない姿で、ご主人さまからの内線電話を1階で待っていた。そこにイヴから「睡眠薬が効いた。妻は眠っている」との連絡が入る。すぐさまシモーヌは2階に上がり、ポケットからナイフを取り出し、毛皮のコートを脱ぎ捨て全裸となった。ご満悦の表情で、妻の心臓を指差し「刺せ！」と命じるイヴ。ためらうことなくシモーヌは眠るマリ＝クレールにナイフを11回を突き刺し、死に至らしめた。絶命を確信したイヴとシモーヌは熱いキスを交わし、その一部始終を娘のフランソワーズが見ていたという。

こうしたシモーヌの供述を受け、警察はイヴを殺人教唆の容疑で逮捕する。が、彼は容疑を真っ向から否定。全ては妻に対する嫉妬に狂ったシモーヌの単独犯行であると供述した。取り調べで

1958年10月、裁判に出廷したシモーヌ

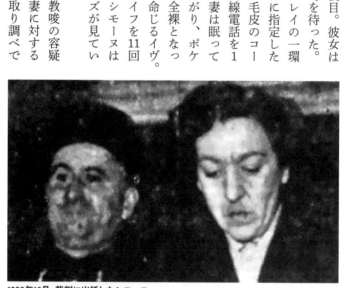

は、事件当時イヴが多額の借金を抱え、富裕層の家庭に生まれ育ったマリ＝クレールを殺害することで彼女名義の財産を奪う明確な動機があったことも追及されたが、これについても真っ向から否定し、身の潔白を訴えた。

真相は裁判で明らかになるはずだった。ところが、イヴは審理が始まる半年前の１９５８年４月に刑務所内で死亡してしまう。長年の深酒による肝硬変が死因だった。

１９５８年10月13日から開始された裁判で、シモーヌは事件後、イヴが警察に通報し、自分だけを犯人に仕立て上げたことに絶望したと述べたうえで、当時は完全にイヴの支配下にあり、責任無能力状態にあったとして無罪を主張した。しかし、犯行後にナイフと革手袋の血を自ら洗い流していること、ナイフをマットレスに自ら縫い込んで隠していることなどから、裁判所は完全な心神喪失は認められないと判断。死刑判決を下したものの、後に減刑し終身刑で確定させた。その後、シモーヌがどんな人生を歩んだのかは伝わっていない。

チャールズ・スタークウェザー＆キャリル・フュゲート

ジェームス・ディーンを気取った19歳少年と14歳恋人少女の地獄の逃避行

ネブラスカ10人連続殺人事件

傑作として名高い1973年の映画「地獄の逃避行」、名匠オリバー・ストーン監督が1994年にメガホンをとった「ナチュラル・ボーン・キラーズ」、シンガーソングライターのブルース・スプリングスティーンが1982年にリリースした「ネブラスカ」など数々の映画や楽曲に影響を与えた殺人カップルがいる。1958年1月のたった8日間で10人を殺害したチャールズ・スタークウェザーとキャリル・フュゲート。当時19歳と14歳の少年少女が起こした凶行は今も米犯罪史上に深く刻まれている。

チャールズは1938年、ネブラスカ州第2の都市リンカーンで生まれた。貧しい家庭だったが、両親は懸命に働き生活環境は決して悪くなかった。しかし、学校に進学すると状況は一変。実はチャールズは身長160センチ程度の小男でガニ股、近眼。さらに先天異常である外反母趾《がいはんぼし》と軽度の吃音を持っており、これが原因で校内で壮絶ないじめに遭う。ただ運動神経は抜群で、年を重ねるとともに腕力にも自

交際し始めたころのチャールズ・スタークウェザー（左）とキャリル・フュゲート

信を持つようになると、今度はいじめた相手に復讐を果たし、いつしか、近所でも有名な不良になっていた。そんな彼が憧れていたのが、1955年の映画「理由なき抵抗」の主演で孤独と犯行の象徴として崇《あが》められていた俳優のジェームス・ディーン。チャールズは服装や髪型、仕草をまね、反逆児を気取っていた。

友人のガールフレンドの紹介でキャリルと運命の出会いを果たすのは1956年。当時、彼女はリンカーン市内の中学校に通う13歳で、聡明な生徒として人気者だった。チャールズは友人カップルとダブルデートを重ねキャリルとの仲を深め、やがて恋人同士の関係を築く。当時チャールズは通っていた高校を中退したばかりで、新聞倉庫で働き、キャリルが学校を終えると毎日のようにデートを重ねた。しかし、父親の車でキャリルに運転を教えていたある日、彼女が車を衝突させたことに激怒した父親に家を追い出され下宿生活を余儀なくされる。その後、キャリルの下校時間に仕事を終えられるゴミ収集業に転職したものの、賃金は安くデート代どころか自分の暮らしもままならない。やがて家賃が払えなくなり、下宿を出ていく羽目に。彼は裕福な家庭の家のゴミを集めるなかで階級差を思い知らされ、考える。こんな底辺から抜け出すには大きな犯罪をしでかすしかない、死ねばみな平等だ、と。

その歪んだ考えが具現化されたのが1957年11月30日。この日、チャールズは近所のガソリンスタンドに立ち寄り、犬のぬいぐるみが売られているのを見つける。キャリルにプレゼントすれば喜ぶに違いない。しかし、財布にあったのはわずかな現金。仕方なくクレジットで支払いを申し出たところ、キャッシュしか受け付けられないという。邪険に追い返した男性従業員のロバート・コルバート（当時21歳）に怒りを覚えたチャールズは翌日の深夜、バンダナで顔を覆いガソリンスタンドを再訪問。ロバートを見つけると、背中にショットガンを突きつけ「金を出せ」と脅し、事務所から現金100ドルを奪う。それでも怒りは収まらず、車にロバートを乗せ、郊外の空き地で膝を地面に付かせてうえで頭部を撃ち殺害。後にチャールズは初めての殺人で多幸感を味わったと語っているが、この一件は、通りがかりの犯行と目され彼に嫌疑が向けられることはなかった。

最初に殺されたガソリンスタンド店員のロバート・コルバート

年が明けた1958年1月21日、チャールズは恋人キャリルの家を訪ねる。彼女の母親ベルダ・バートレット（同36歳）と再婚相手で継父のマリオン（同58歳）は、娘と街の不良との交際に当初から反対していた。

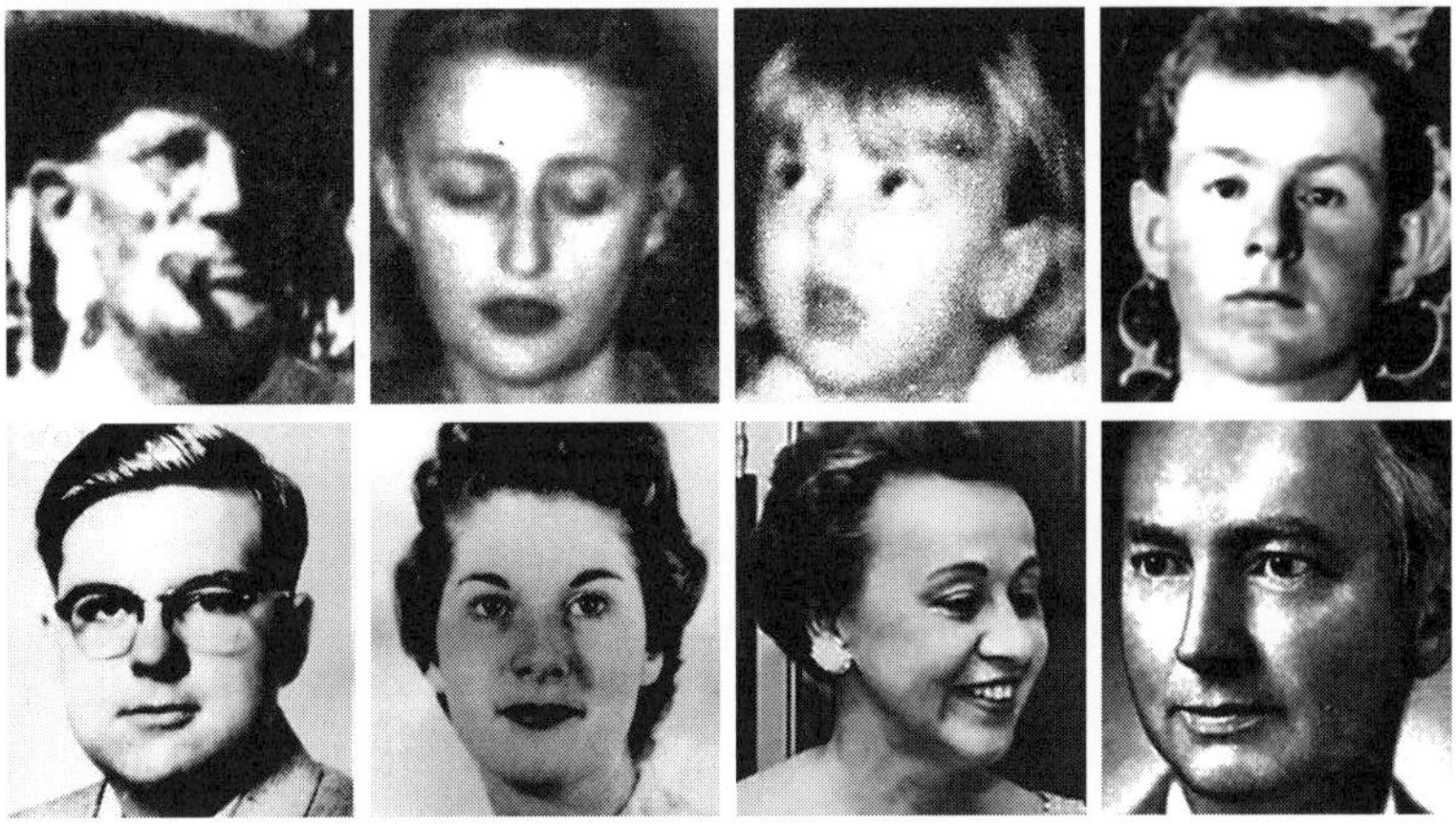

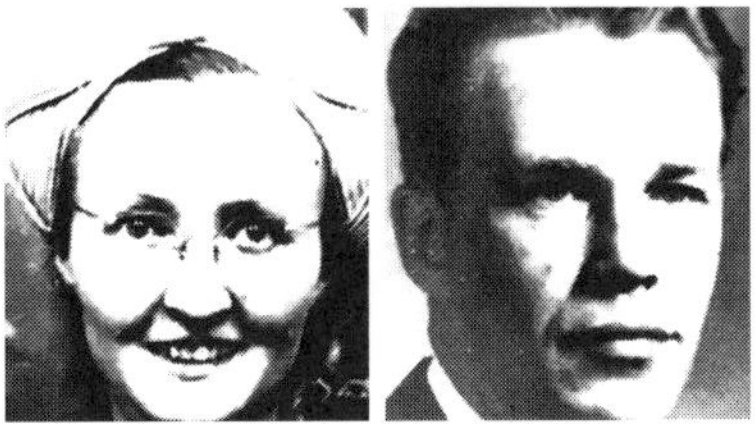

犠牲者（死亡順）。上段左からマリオン・バートレット（キャリルの継父）、ベルダ（キャリルの実母）、ベティ（キャリルの義妹）、オーガスト・メイヤー。中段段左からロバート・ジェンセン、キャロル・キング（ロバートの恋人）、クララ・ウォード、キャロル・ラウアー・ウォード（クララの夫）、下段段左からリリアン・フェンクル（ウォード家のメイド）、マール・コリソン

いくら、お嬢さんを愛していると言っても相手にされない。かくなるうえは殺すしかない――。

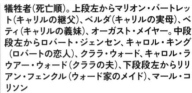

この日、22口径のライフル銃を手に玄関口に現れたチャールズにベルダは驚愕した。が、マリオンさんと狩りに行こうと誘いに来たという彼の言葉に気を許し家の中に入れてしまう。そこにキャリルが学校から戻ってきた。マリオンはチャールズの誘いを一蹴したばかりか、改めて娘にまとわりつかないよう警告。これに血が上ったチャールズはマリオンと口論となり、やがて揉み合いに発展。もはや制御がきかなくなりマリオンとベルダを射殺、さらに彼らの実子である2歳の幼女ベティ（キャリルの義妹）も撲殺してしまう。

驚くべきは、その後、チャールズとキャリルが3人の遺体をニワトリ小屋と納屋に隠してから、1週間にわたって家に居続け、さらには玄関に「全員、インフルエンザにかかっています。立ち去るべし。ミス・バートレット」と記した紙を貼ったことだ。心配した隣人や親類が訪ねてきた際には、キャリルが玄関に顔を出し「誰も家には入れてはいけないとお医者さんに言われてるの」と追い返した。どうにも様子がおかしい。違和感を覚えたキャリルの祖母が1月28日に警察に通報。まもなく到着した捜査員が屋内に突入し3人の遺体を発見したが、そこにチャールズとキャリルの姿はない。悪運が強いのか、彼らは警察が来る直前に車で逃亡していた。

ところが、ここでチャールズはミスを犯す。運転を焦り車をぬかるみに落とし身動きが取れなくなってしまったのだ。逃亡のために、どうしても金がほしかった彼は近所に住むオーガスト・メイヤー（同70歳）宅を訪れ、彼を射殺したうえで現金100ドルと拳銃と馬を強奪する。その足で、恋人同士のロバート・ジェンセン（同17歳）とキャロル・キング（16歳）を銃殺し、彼らが乗っていた車を奪った後、キャリルの家へ向かい、何台ものパトカーが止まっているのを見て、事件発覚を知る。もはや後戻りができないと悟った2人は、

母、継父、義妹が殺されたキャリルの自宅と、警察の現場検証の様子

次にリンカーンで一番の豪邸に住むキャロル・ラウアー・ウォード（同47歳）宅に押し入り、彼と妻のクララ（同46歳）、そしてメイドのリリアン・フェンクル（同51歳）を殺害、金を奪って逃走する。

殺人を繰り返しながら逃亡を続けるカップルに街はパニックに陥り、ついにはネブラスカ州知事が州兵を招集し、ＦＢＩも捜査を開始。チャールズに1千ドルの懸賞金がかけられる。そのころ、2人は街を出て隣接するワイオミング州へ車で向かっていた。途中、ラジオで自分たちが指名手配されていることを知ったチャールズは新たに車を奪うべく、車内で昼寝をしていたセールスマンのマール・コリソン（同34歳）を射殺。

母、継父、義妹が殺されたキャリルの自宅と、警察の現場検証の様子

主人、妻、メイドの3人が殺されたウォード邸から運び出される遺体

車を奪い発進させようとしたものの、非常ブレーキがかかり一向に動かない。と、そこにたまたま通りかかった保安官が近づいてきて職務質問を始めた。このとき、保安官は自分と相対しているのが指名手配のかかった男とは気づいていない。そこでチャールズが適当に答えていたところ、彼の想像外のことが起きる。後部座席からキャリルが飛び出し、保安官に「助けて！　彼はチャールズ・スタークウェザー。人殺しなの！」と叫んだのだ。

焦ったチャールズはキャリルを置き去りにしたまま元々乗っていた車に戻り時速160キロで逃亡。ここから保安官と応援の警察車両を交えたカーチェイスが始まる。しかし、ワイオミング州ダグラス付近で警官が撃った弾がチャールズの車のフロントガラスに命中。砕け散ったガラス片を頭部に受け血だらけのチャールズは運転不能となり、その場で逮捕される。1958年1月29日のことだ。

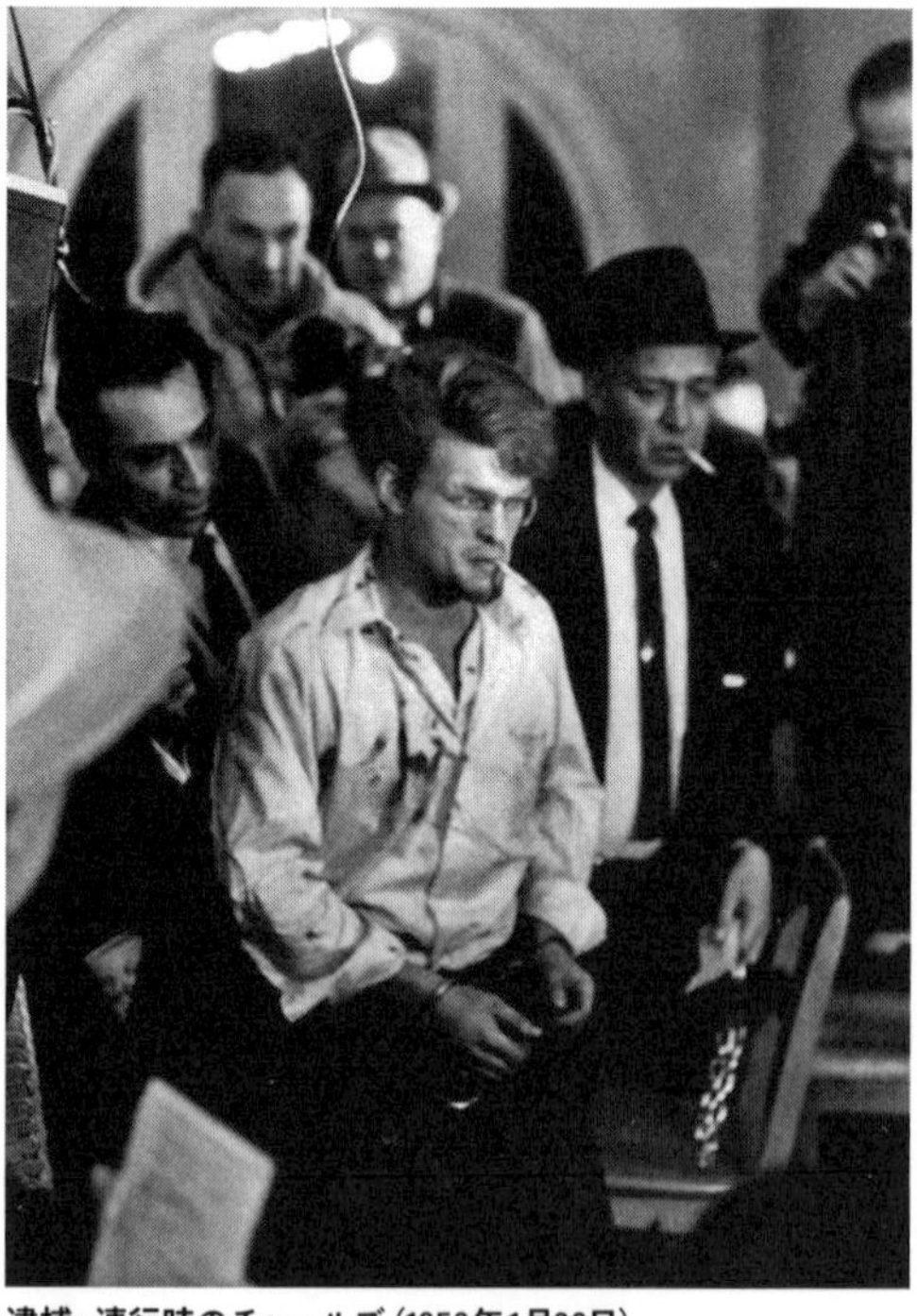
逮捕・連行時のチャールズ（1958年1月30日）

この後、チャールズはワイオミング州からネブラスカ州に移送される。これが運命の分かれ道だった。2つの州で殺人を犯したチャールズが、どちらの州で取り調べと裁判を受けるかは本人に選択権があった。逮捕された時点で自分が死刑になることを確信していた彼はさほど深く考えず、出身地であるネブラスカ州をチョイスしたのだが、チャールズは知らなかった。当時のワイオミング州知事、ミルワード・シンプソンは死刑制度反対派だったのだ。実際、1953年に同州で婚約者と牧場の従業員を殺害した罪で死刑判決を受けたハーシェル・リグルという男は一度死刑判決を下されたものの、同知事の命により終身刑に減刑されている。もし、チャールズがワイオミング州での裁判を望んでいたら、運命は変わっていたかもしれない。

ネブラスカ州リンカーンへ向かう途中で撮影されたキャリル（1958年2月3日）

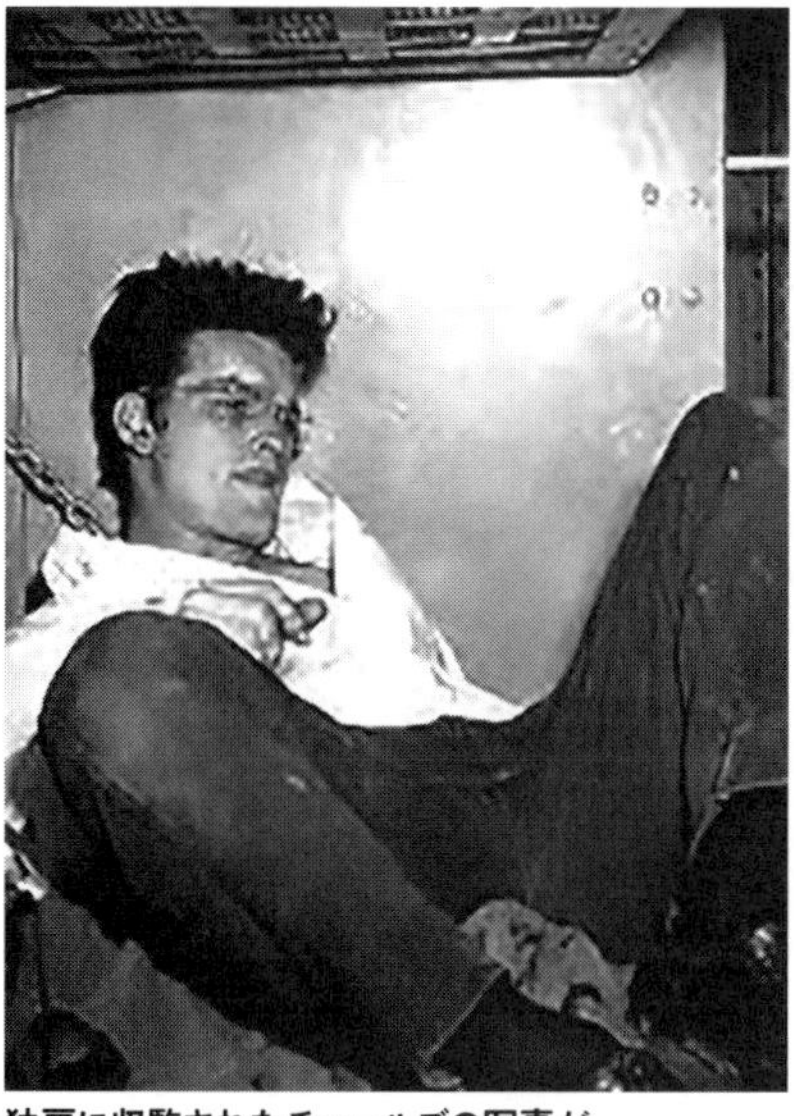

独房に収監されたチャールズの写真が新聞に掲載され、若い女性の人気に

取り調べで、チャールズはキャリルの家族殺しは認めたものの正当防衛を主張した。曰く、1月21日にキャリル宅を訪ねたところ、義父のマリオンに「おまえなんかと付き合う娘はここにはいない」となじられた。マリオンはしだいに激昂しハンマーで殴りかかってきたため、思わず彼を射殺。この後、キャリルの母ベルダにナイフで刺されそうになったため、自分の身を守るため彼女を撃った。泣き出した娘ベルダに反射的にナイフを投げたものの、その一撃では死なず、仕方なくライフルの柄で頭を潰した——。

見苦しい供述を行う一方、チャールズは一貫してキャリルの関与を否定した。全ては自分の犯行で彼女は一切関係ない。チャールズは心底、キャリルのことを愛していた。が、ほどなく彼は警察から衝撃的な言葉を聞かされる。キャリルが「自分はチャールズの恋人ではなく人質だったと証言している」と

「キャリルが2人殺害した」とチャールズが独房の壁に記した落書き

いうのだ。チャールズの心に絶望と怒りが渦巻く。

時を同じくして、チャールズが独房の壁に次のような文言を記していたのを新聞記者が見つける。

「これが読まれるころには、俺はすべての殺しの罪を負って死んでいる。奴らはキャリルを電気椅子送りにはできない」

「チャールズは9人殺した。キャリルは2人殺した」

この落書きは、翌日の朝刊のトップを飾った。対してキャリルはチャールズの嘘だと主張、彼に従ったのは家族を人質にしていると脅されたからだと弁明した。彼女の言い分は筋が通っていた。前述したように、彼女は自分の家族が殺された後、「全員がインフルエンザ。立ち去るべし。ミス・バートレット」と自身で張り紙を記している。当時、キャリルは実父のフュゲート姓を名乗っていたので「ミス・バートレット」ではなく、彼女の母親も「ミセス・バートレット」で、この署名に該当しない。となれば、残るはベティだけだが、2歳の赤ん坊に字が書けないことは明らか。つまり、この張り紙は外部に身の危険を知らせるためのメッセージだったとも読み取れる。そもそも、キャリルは最後に保安官にチャールズのことを告げ、助けを求めているのだ。

しかし、キャリルの主張には矛盾点もある。家族3人が殺されたのはチャールズが家を訪ねてきた当日。死んだ者を人質に脅されたとするのは辻褄が合わない。裁判が始まると、チャールズも彼女の裏切りに憤《いきどお》り、キャリルが家族殺害の間、寝そべってテレビを見ていたこと、犠牲者ロバートの恋人キャロルに自分（チャールズ）が興奮したことに嫉妬し、刺殺したと証言。実際、キャロルの遺体はジーンズとパンツを足首まで下ろされ、腹部と陰部を繰り返し刺された陰惨なもので、そこには激しい憎悪が感じられた。さらに、チャールズはキャリルが豪邸のメイド、リリアンも殺害したと供述。対してキャリルは最後まで自分は全ての殺人に関与しておらず、無罪であると主張し続けた。

裁判が進むにつれ、チャールズは若者たちの間でカリスマとなっていった。本人がそう望んだように、彼らはチャールズとジェームス・ディーンのイメージを重ね、そのTシャツは飛ぶように売れ、若い女性によるファンクラブまでも結成された。しかし、1958年5月23日、陪審員が下した判決は有罪・死刑。それから1年1ヶ月が過ぎた1959年6月25日、ネブラスカ州リンカーンのネブラスカ州刑務所で電気椅子により処刑された（享年20）。慌てふためく様子は一切なく、執行前には「電気椅子のベルトが緩すぎる」と担当者に告げ、ベルトを締め直させた後、感電死したそうだ。

一方、キャリルは1958年11月21日に有罪判決を下されたも

刑務所に収監されたキャリル

2007年、キャリルは機械工のフレドリック・クレアと結婚。フレドリックは2013年に死去

のの、事件当時14歳という年齢を考慮され終身刑に。ネブラスカ州ヨークのネブラスカ女性矯正センターで17年半服役、模範囚とみなされ１９７６年６月に仮釈放となった。その後は用務員助手や乳母として働き、２００７年に機械工の男性と結婚。ミシガン州ヒルズデールに居を構えた。この間、キャリルは無実を訴え、何度も恩赦を請求。支援者の中には、殺害された犠牲者の遺族もいたが、訴えは通らず、直近では２０２０年２月にネブラスカ州恩赦委員会によって恩赦を拒否されている。キャリルは２０２４年５月現在、81歳で存命である。

事件はこれまで何度も映画化されている。1973年公開の「地獄の逃避行」（右）のマーティン・シーンとシシー・スペイセク、1994年公開の「ナチュラル・ボーン・キラーズ」（左）のウディ・ハレルソンとジュリエット・ルイスは、それぞれチャールズとキャリルがモデルである

イアン・ブレイディー&マイラ・ヒンドレー

自分たちのサディスティックな欲望を満たすため5人の少年少女を惨殺 ムーアズ殺人事件

イングランド北西部にサドルワース・ムーア（通称ムーア）と呼ばれる湿地帯がある。1963年〜1965年に5人の少年少女が殺され、この広大な荒野に死体が遺棄された。犯人は恋人同士だったイアン・ブレイディー（逮捕当時27歳）とマイラ・ヒンドレー（同22歳）。ただ自分たちのサディスティックな欲望を満たすため、犠牲者をいたぶり殺害した彼らはイギリス犯罪史上最凶のカップルと言われている。

イアンは1938年1月、グラスゴーのスラム街ゴーバルズで、ウェイトレスの私生児として生まれた。当時のイギリスは階級差が激しく、幼いころから富裕層への嫉妬と憎悪を抱いていた彼は、ごく当然のようの非行の道へ走る。12歳のときに母親が結婚してマンチェスターに移ったものの、イアンはゴーバルズに残り、窃盗を繰り返しては警察の世話に。趣味は動物虐待で、猫をアパートの窓から放り投げたりウサギの首を切り落とすことなどを楽しみとしていた。

一方、頭脳は明晰で幼いころから難解な本を読み漁り、多感な少年期には18世

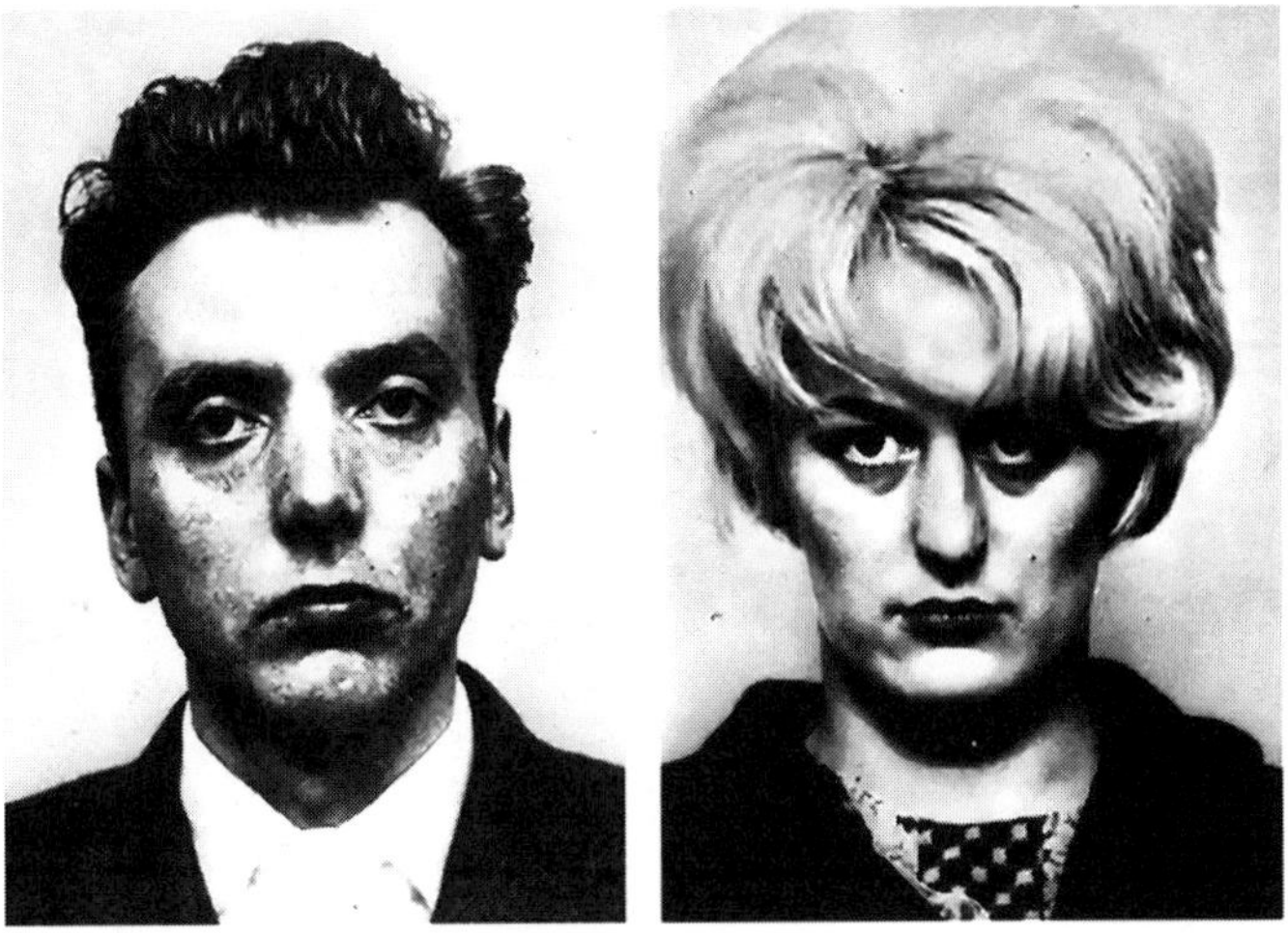

イアン・ブレイディー(左)とマイラ・ヒンドレー。1965年10月のマグショット

紀に活躍したフランスの作家、マルキ・ド・サドの著書に没頭。とりわけ傾倒したのは、作中に頻繁に登場する「サディズム」の描写だった。これは相手に苦痛を与えて快楽を得る性癖で、その名称は、自身も売春婦を苦しめ性的興奮を覚えていたサドの名前から取られたもの。サディズムは、自分が優れているので他者に苦痛を与える権利があるとするナチス・ドイツの「優生思想」にも通じており、その関連性からイアンはユダヤ人を迫害・虐殺してきたヒトラーにも心酔、彼の著書『我が闘争』を貪《むさぼ》るように読んだ。

1959年1月、21歳のときにマンチェスターにある化学薬品の卸を生業とするミルワーズ社に在庫管理係として入社。同僚からは物静かで時間を守る真面目な社員と思われていたが、その歪んだ思想や欲望は日に日に増大していく。もちろん、そんな自分の一面を周囲に漏らすわけもなく、彼が正体を顕《あらわ》にするのは入社から2年後、マイラが同じ会社に入ってきてからだ。

マイラは1942年7月、当時ビクトリア朝のスラム街が集中していたマンチェスターの労働者階級の地域ゴートンで生ま

10代後半のイアン

れ育った。父親はアルコール依存症で妻や子供に暴力をふるうことも日常茶飯事。家庭は貧しく、1946年8月に妹モーリーンが生まれると、祖母の家に預けられる。とはいえ、学校での成績は優秀で、スポーツの好きな少女として成長。15歳のころ親友を水難事故により亡くしたことで慈悲深いカトリック教徒となり、後に残虐な行為を犯すような兆しはどこにもなかった。ただ一点、特筆すべき事実がある。彼女が8歳のとき、近所の少年がマイラの頬に引っかき傷を作った。このことを泣きながら報告に来た彼女を見て、父親は「そいつを殴ってこい。やられたらやり返す。そうしないとおまえの顔の皮を剥ぎ取るぞ」と強制。言葉どおり復讐を果たしたマイラは後年、「私は初めて勝利を手にした」と語っており、この暴力による成功体験が事件に手を染めた遠因ともみられている。

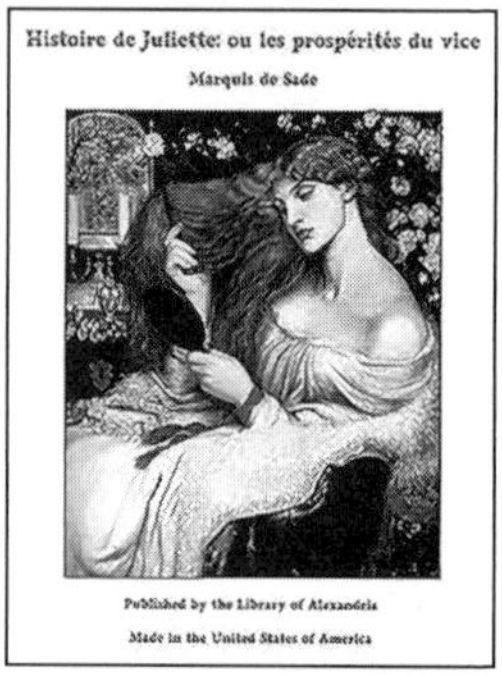

イアンが心酔したマルキ・ド・サドの代表作『悪徳の栄え』(上)と、アドルフ・ヒトラーの『我が闘争』

父親から虐待を受けていた少女時代のマイラ

16歳で地元の電気会社に就職し事務員として働く一方、かねてから交際していた男性と17歳で婚約。しかし、互いに未熟だったこともあり双方納得のうえで破談に。その後、エンジニアリング関連の会社で半年の就労を経て、1961年1月、タイピストとしてミルワーズ社に就職する。そこには運命を共にするイアンの姿があった。

マイラが働き始め、最初にタイプしたのがイアンの書類だった。彼女はどこかエルヴィス・プレスリーを彷彿とさせ、粗暴な父親と真逆の知的な雰囲気を漂わせる彼に一目惚れし、恋心を日記に綴った。一方、イアンはマイラに何の関心もなかったが、自分に対して積極的に好意を寄せる彼女を1961年12月22日、気まぐれで映画に誘う。観た作品はナチス・ドイツが第二次世界大戦で犯した大罪や戦犯を裁いたニュルンベルク裁判をドラマ化した「ニュールンベルグ裁判」。鑑賞後、イアンはマイラが何の興味もないことを知りつつ、彼女にナチスやヒトラーの偉大さをとうとうと語った。すると、マイラは予想に反し「素晴らしかっ

交際し始めたころのイアン(左)とマイラ

た」と映画を絶賛。好きな相手の好きなものに触れられたことへの純粋な喜びから発せられた言葉だった。対してイアンは自分の考え、思想に興味を抱く彼女を気に入り、その日のうちに肉体関係を結ぶ。

やがて恋人同士となった2人はマンチェスター市内のウォードルブルックアベニューで同棲を始め、愛を育《はぐく》む。といっても、それはイアンによる調教、洗脳だった。映画館でポルノ映画を観た後、ドイツワインを飲みドイツ語を教え、ヒトラーの『我が闘争』やマルキ・ド・サドの素晴らしさを語り、ナチスの残虐行為の正当性を説く。マイラは盲目的にイアンに従い、やがて感化されていく。アーリア人の理想を求めるかのように、ナチ強制収容所で悪名を轟かせた女看守、イルマ・グレーゼ（1923

マイラはイアンの好みに合わせ、
髪をブロンドに染め、
レザーのブーツを履いた

－１９４５。22歳で死刑に）を気取って髪をブロンドに染め、深紅の口紅を塗り、レザーのブーツを履いた。イアンは自分好みに変わっていくマイラを称賛し、自分が敬愛するナチスの大幹部ルドルフ・ヘス（１８９４－１９８７）になぞらえて彼女を「マイラ・ヘス」と呼んだ。

ただ、しだいにイアンはマイラに性的な興味を失っていく。彼が求めるのは、征服欲を満たすセックス。簡単に征服できるマイラは性交の相手ではなく、彼女との行為はイアンが自慰をしている最中、マイラが彼の肛門に蝋燭《ろうそく》を挿入するという変態的なものに変わっていった。

イアンの根底にあるのは、他人をいたぶり苦しむ姿を楽しみたいサディズムへの強い憧れである。そこで、彼は１９２４年にアメリカで発生した「レオポルドとローブ事件」について、マイラに詳しい説明を施す。これは同性愛の関係にあったシカゴ大学に通うネイサン・レオポルドとリチャード・ローブ（共に当時19歳）が完全犯罪を目論んで、富裕なユダヤ人実業家の息子を誘拐・殺害した事件で、２人が未成年だったことから死刑を免れたものの、自分なら誰にもバレない完全犯罪をやり遂げる自信があるとイアンは熱心に語った。

通常なら相手を制止するところだろう。が、この時点でマイラは完全にイアンの精神的支配下にあり、彼から少年少女に拷問を加え、その苦しむ姿を見たいと聞かされても一切驚かなかったばかりか、積極的に協力を買って出た。２人は鬼畜な妄想の世界にどっぷりはまり、そこから抜け出すことなど微塵も発想しなかった。こうして戦慄すべき犯行が幕を開ける。

２人が出会って２年半が過ぎた１９６３年７月12日、当時16歳の少女、ポーリン・リードがダンスパーティに出かけるため家を出たまま行方不明となった。ポーリンはマイラの妹モーリーンの友人で、この日、道を歩いていたところを車を運転するマイラに声をかけられていた。見知らぬ男に誘われ、付いていく子供はまずいない。が、声をかけてきた相手が女性だったら気を許す可能性は高くなる。それが手口だった。ポーリンも相手が友人の姉ということで安心して車の助手席に乗った。その後をバイクに乗ったイアンが追跡していることなど知る由もない。やがて車はサドルワース・ムーアで止まり、そこでイアンがポーリンを外に連れ出し強姦、ナイフで刺殺した。頭蓋骨は砕かれ脊椎《せきつい》は切断、首は千切れる寸前。その状態で彼女はムーアに埋められた。ポーリンの遺体が見つかるのは、それから22年後の１９８５年のことだ。

最初の犯行から４ヶ月後の１９６３年11月23日夕方、ジョン・キルブライド（当時12歳）がマンチェスターの市場で姿を消す。20代の若い女性と話しているのを見たというのが最後の目撃証言だった。言うまでもなく、その女性はマイラで、「日も暮れてきたので家まで送ってあげる」と車に誘い込んだ。向かった先はサドルワース・ムーア。ここでイアンが性的暴行を加えたうえで、

2人が同棲を始めたマンチェスター市ウォードルブルックアベニューの自宅。写真は1965年10月の家宅捜索時

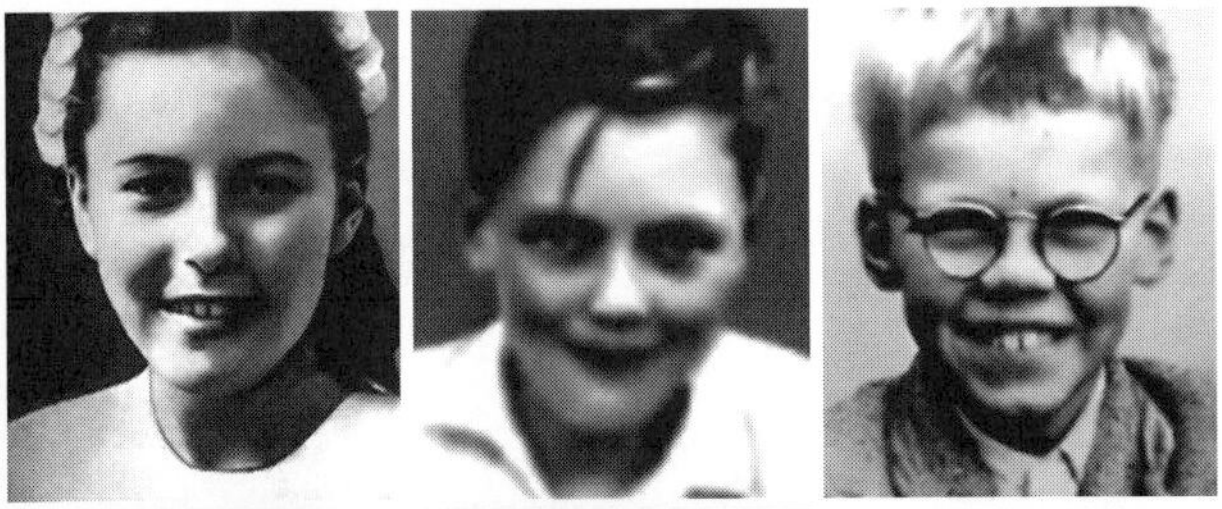

マイラとイアンの毒牙にかかった犠牲者。上段左からポーリン・リード（死亡時16歳）、ジョン・キルブライド（同12歳）、キース・ベネット（同12歳）。下段左からレスリー・アン・ダウニー（同10歳）、エドワーズ・エヴァンズ

遺体が埋められたイングランド北西部の広大な湿原地帯「サドルワース・ムーア」

ナイフで喉を切り裂き、靴紐で首を絞めて殺害。その後、ジョンの遺体は小さな墓に埋められたが、現場を立ち去る前、イアンは飼い犬を連れ墓の上に佇むマイラの姿を写真に収めている。一方、警察はジョンの行方を探して情報提供を求める５００枚のポスターを配布、２千人以上のボランティアの力を借り一帯を隈なく捜索したものの手がかりは皆無。彼の遺体は失踪から２年後の１９６５年10月に見つかった。

１９６４年６月16日、イアンとマイラは、マンチェスター市内の路上で、祖母の家に向かう途中だったキース・ベネット（同12歳）を車にピックアップする。このとき、イアンは後部座席に隠れて乗っており、そのままサドルワース・ムーアへ。以前と同じく性的拷問を加え、紐で首を絞め殺害し

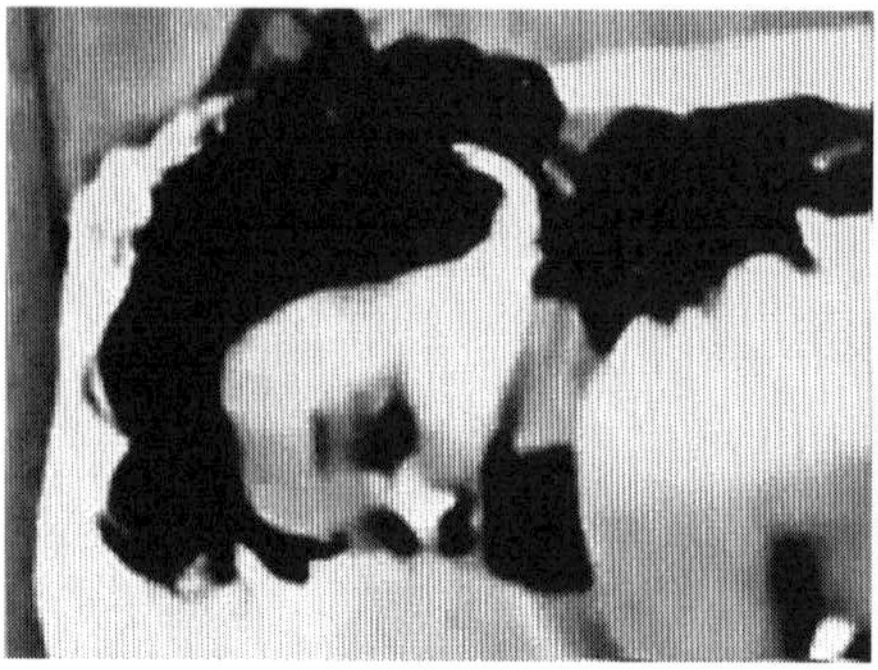

ジョン・キルブライドを埋めた場所に佇むマイラ(右)と、
拷問を受けたレスリー・アン・ダウニーの姿。いずれも写真が趣味だったイアンが撮影したもの

た後、遺体を大地に投棄する。彼の頭蓋骨が見つかるのは、それから58年後の2022年だった。

1964年12月26日、4人目の犠牲者となったのが当時10歳の少女レスリー・アン・ダウニーだ。この日、彼女はマンチェスター市内の自宅から1キロほど離れた遊園地を家族で訪れ、両親が目を離した隙に姿を消した。捜索が行われている間、彼女はイアンとマイラの自宅に拉致されていた。彼らはレスリーの服を脱がせ、猿ぐつわをかませた姿を撮影。この後、レイプ、殺害する様子を16分間にわたって録音する。そこには、彼らの生々しい犯行の様子や、母のもとに帰してほしいと命乞いをするレスリーの悲痛なうめきが記録されていた。翌朝、彼女の遺体はサドルワース・ムーアに運ばれ遺棄され、翌年10月に発見された。

彼らの犠牲者は若年層に集中していたが、性別は不問。刺殺、絞殺、撲殺など殺害手口にもこだわりはなく、イアンはとにかく命を弄ぶことができればそれで満足だった。実際に犯行は一向に発覚する様子はなかった。お手本としたレオポルドとローブも成し遂げれらなかった

警察に通報し事件解決に協力したデヴィッド・スミス(右)。
左は彼の妻で、マイラの妹のモーリーン

完全犯罪を成功させていることに自信さえ持っていた。

そこで、彼は1965年夏、マイラの妹モーリーンの夫であるデヴィッド・スミス（同17歳）を仲間に加えることにする。デヴィッドは札付きのワルで、それまで暴行や住居侵入などで幾度も逮捕経験があった。しかし、形式上はイアンの義理の弟。ヒトラーやマルキ・ド・サドの偉大さを教えるうち、自分を尊敬し畏敬の念を持っていることに気づいていた。そんな男に実際の殺人を見せつけてやったら、どんな反応を示すだろう。イアンの歪んだ興味は、実際の行動となって示される。

1965年10月5日、デヴィッドはマイラを車で彼女の自宅まで送った。そのまま帰る予定だったが、マイラに、せっかくだから家に寄ったらどうかと誘われ、そのまま部屋に通される。玄関に男物の靴があったことから、イアンが居ることもわかった。キッチンの椅子で座っていると、マイラが別の部屋を出たり入ったり忙しくしている。何か落ち着かない。心に言い知れぬ不安が襲ったそのとき、リビングから突然マイラの大きな悲鳴が響いた。慌ててリビングに足を運んだデヴィッドが見た光景は、その後何年も彼の脳裏にこびりつき、精神を蝕むことになる。

そこには両足を広げ、右手に持った斧を大きくふりかぶったイアンの姿があった。彼の前に座っていたのは当時17歳のエドワーズ・エヴァンズ。前日、イアンが街で拉致した少年だった。イアンの右手が渾身の力でエドワーズに振り落とされる。真っ二つに割れる頭部。飛び散る血しぶき。その傍らには笑みを浮かべるマイラの姿があった。放心状態のデヴィッドに対し、おまえも手伝えと言わんばかりに遺体を2階に運ぶ2人。デヴィッドはこのときイアンが「今回は厄介だったな」と口にしたのを鮮明に記憶している。

実はデヴィッドはこれまでにも、イアンが自分は人を殺したことがあると話すのを耳にし、時にマイラも一緒にサドルワース・ムーアに行き、ここには多くの遺体が埋まっていると聞かされたことがあった。そのときはイアンなりのブラックジョークだと思い聞き流していたが、話は本当だった。「遺体の処分は明日やるから今日は帰っていい」というイアンの言葉に、恐怖で止まらない体の震えを気づかれないよう家を後にするデヴィッド。自宅に戻り、妻のモーリーンに全てを話したところ、彼女は驚愕しつつも警察に連絡することで話がまとまり、翌10月6日朝、スタリーブリッジ警察署に通報。現場に急行した捜査員が寝室でエドワーズの無惨な遺体を発見し、その場でイアンを逮捕・連行した。マイラの逮捕は5日後の10月11日である。

1965年10月6日、逮捕・連行されるイアン

イアンはエドワーズの殺害を認めたものの、彼が襲ってきたための正当防衛だったと殺意を否定した。しかし、デヴィッドがその一部始終を見ており、これは言い訳にもならなかった。やがて、警察は彼らの家か

イアンの供述に伴いサドルワース・ムーアの捜索が行われ、ジョン・キルブライドとレスリー・アン・ダウニーの遺体が発見された

ら「ジョン・キルブライド」と名前が書かれた学習ノートを発見。1963年11月に失踪した少年と同姓同名だったことから、警察は彼らがエドワーズ殺害以外にも未解決事件に関与している疑いがあるとみて追及。イアンはシラを切ったものの、取り調べ中に彼が漏らした「鉄道の駅に興味がある」という何気ない一言に秘密があると疑い、マンチェスター市内の駅を捜索。結果、マンチェスター中央駅の手荷物預かり所から不審なスーツケースが見つかった。中に入っていたのはイアンとマイラの性行為中の写真、前記したジョン殺害後に彼を埋めた場所に佇むマイラ、裸で口にスカーフを巻いた少女など写真複数枚と、1本の録音テープ。そこにはレスリーが拷問されている様子が克明に記録されていた。決定的な証拠だった。

ジョン、レスリー、エドワード殺害の容疑で起訴された2人の裁判は1966年4月19日から始まった。新聞で事件を知ったイギリス国民の怒りは頂点に達しており、万が一を備え、イアンとマイラの証言台は防弾ガラスで囲まれた。そこで彼らは相変わらず無罪を主張したものの、証拠の録音テープが再生されると、法廷の雰囲気が一変する。「お願いだから服を脱がせないで、裸にしたらイヤ！　お願い」「止めて！　おばさん」というレスラーの哀願に対し、「お黙り、黙らないと何をするかわからないよ！」「叩かれたいのか！」「(イアンに対して) もっと激しくやって」と叫ぶマイラ。この後、テープは、レスリーが自ら口にハンカチを押し込むことをイアンに強要され、強姦、絞殺される音声を記録していた。

同年5月6日、2人に下った判決は仮釈放のない終身刑。日本では当然死刑が宣告される事件だが、イギリスでは裁判の前年、1965年11月に5年間死刑執行を停止する時限立法が議会で可決され、当時は終身刑が最も重い量刑だった。

判決を受け、イアンはダーラム州のダーラム刑務所、マイラはロンドンのホロウェイ刑務所に送られ、その後5年間文通で交流していたものの、1971年に関係は消滅。以降、マイラは「自分はすでに更生している」として何度も仮釈放を申請したが、一切認められることはなく、2002年11月15日、気管支炎のため60歳でこの世を去った。

法廷の証言台に立つイアン(左)とマイラ

イギリス最凶の女と呼ばれた彼女の遺体の火葬は、20社以上の葬儀屋が拒否したそうだ。対してイアンは1985年、『サンデー・ピープル』紙の取材に応じ、前記3人の他にポーリンとキースを殺害したことを告白し、警察の取り調べでも殺害の事実を認めた。が、このころから精神異常との診断を受け、アシュワース高度保安病院に移送。マイラとは対照的に「絶対に釈放されたくはない」「獄中で死なせてくれ」と繰り返し、2017年5月15日、拘束性肺疾患のため死亡した（享年79）。

イギリス中を震撼させ、死刑制度復活の声も叫ばれたイアンとマイラの事件は、後にカーディフ大学法精神医学部教授のマルコム・マクロッチが「『幼いころから暴力というものにさらされ続けて屈折した女』と『サディスト嗜好のサイコパス男』によって起きた『悪い要因の連鎖』によるもの」と分析している。

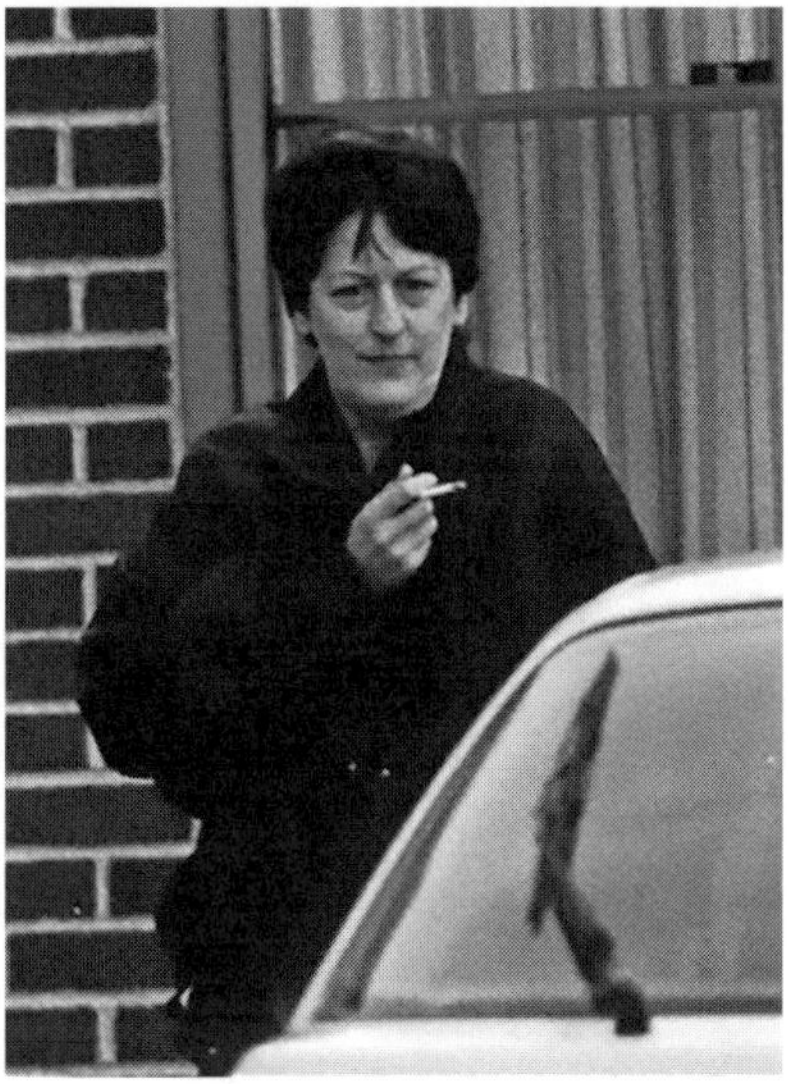

1994年、体調を壊し病院にかかった際に撮影された当時52歳のマイラ。生涯、喫煙をやめなかった

Scottish Daily Mail
SATURDAY, OCTOBER 1, 2022
£1.30 90p to subscribers*
BEAT RISING INTEREST RATES
WIN YOUR MORTGAGE PAID FOR A YEAR
SEE PAGE 46
To enter, visit mailsubs.co.uk

HAVE THEY FOUND KEITH AT LAST?

Dig: The search on Saddleworth Moor yesterday for the body of Keith Bennett who was just 12 when he was murdered in 1964

By Rebecca Camber
Crime and Security Editor

EXCLUSIVE: Police digging for Moors Murders victim as skull is found – 58 years after he was snatched by Brady and Hindley

THE family of Moors Murders victim Keith Bennett last night said they hoped his body would finally be found.
Police yesterday began the first dig in decades following the discovery of suspected human remains.
Fifty-eight years after Britain's most notorious serial killers abducted and
Turn to Page 4

キース・ベネットのものと思われる頭蓋骨発見を報じる2022年10月1日付けの『デイリー・メール』紙

Chapter 2
1970s ~1980s

フレデリック&ローズ・ウェスト

実の娘を含む12人の女性を殺害した世界最狂の夫婦
英クロムウェル・ストリート「恐怖の館」事件

1970年代を中心に、イギリスで12人を殺害した夫婦がいる。イングランド・グロスターの自宅である通称「恐怖の館」で、下宿人の女性や実の娘を徹底的にいたぶり殺害した挙げ句、遺体をバラバラにしたフレデリック&ローズマリー（通称ローズ）・ウェスト。彼らが起こした一連の犯行は世界犯罪史上でも類をみないほど凄まじく、まさに鬼畜の所業と言うよりない。

常識では考えられない事件を起こす人物には複雑で歪《いびつ》な成育歴を持つ者が多く、フレデリックとローズもまた例外ではない。

フレデリックは1941年、イングランドのウェスト・ミッドランズに位置するヘレフォードシャー州マッチ・マークル村に、6人兄弟姉妹（弟2人、妹3人）の長男として生まれた。ウェスト一家は農作業を生業としていたが、その家庭環境は常軌を逸するものだった。後年、フレデリックは語っている。

「親父は俺の妹たちを毎日のように犯していたんだ。風呂から出てきたところを捕

フレデリック（左）と
ローズ・ウェスト夫妻

まえてタオルを剥ぎ取り『俺がおまえたちを作ってやった。だから俺にはおまえたちとやる権利がある』ってね」

父ウォルターの言葉は後年、フレデリック自身の口癖となるが、母デイジーもまた狂っていた。「村のみんながそうしている」と、フレデリックは12歳のとき、母から性の手ほどきを受ける。早い話、近親相姦が日常化していた一家だったのだ。それは親子間のみならず、兄妹の間でも常態化し、フレデリックは１９６１年６月、19歳のときに13歳の妹キティを犯し妊娠させた罪で逮捕された際、「みんなやってることだろ？」と不思議がり、結局無罪になっている。ちなみに、前年の１９６０年、フレデリックはバイク事故で頭を強打してから、それまでの「蝿も殺せない、大人しいいじめられっ子」キャラが、突発的に癇癪《かんしゃく》を起こす激情型へ変貌したそうだ。

妹を妊娠させた件で実家を追い出された後、パキスタン人男性との間に子を宿していた売春婦のキャサリン・コステロ（当時19歳）と出会うのは１９６２年９月、21歳のとき。それまで多くの女性と性行為を繰り返してきたフレデリックだが、キャサリンと初めて体験した倒錯的なセックスに骨抜きとなり、同年11月に結婚。彼女の故郷であるスコットランド・グラスゴーの、ゴミ箱に排便するような貧《ひん》民窟《みんくつ》に移住する。フレデリックはそこでキャサリンに体を売らせ、客の男と寝る妻を覗き見するのを何よりの悦びとした。そのくせ異常までに嫉妬深く、商売以外でキャサリンが男と寝たら、容赦なく殴る蹴るの暴行を働いた。

フレデリックの父ウォルター(左)と母デイジー。父は娘たちに、母は息子たちに性的虐待を加えていた

そんな最悪の環境下、1963年3月に長女シャーメイン(フレデリックの義理の娘)、1964年7月に次女で実子のアン・マリーが誕生。このころのフレデリックは移動販売のアイスクリーム屋を生業としていた。仕事柄、若い女性と知り合う機会が多く、アイスクリームを餌に多くの娘をナンパし関係を結ぶ日々。彼は決して二枚目ではなかったが、しゃべりが達者で、人当たりも良かったため、面白いように女の子が落ちたそうだ。しかし、196

10歳のころのフレッド(中央)。19歳のとき7歳下の妹キティ(右)を犯し妊娠させた。左はキティの上の妹、デイジー

最初の犠牲者となったアン・マクフォール。一時期、彼女はフレデリックの愛人で、死亡時、彼の子供を宿していた

最初に結婚した妻キャサリン・コステロ（右）とフレデリック。キャサリンは1971年8月に殺害された

5年11月に誤って屋台の車で幼い男の子を轢き殺してしまったことで（訴追は免れた）、グラスゴーに居られなくなり、同年12月に妻子とともにイングランド南西部のグロスターに転居する。このとき彼らに同行したのが、キャサリンの不良仲間であるアン・マクフォール（当時18歳）とアイザ・マクニールだ。「広い家でベビーシッターとして同居してほしい」というフレデリックの言葉を信じた彼女たちだったが、グロスターの家は大人４人と赤子２人が暮らすにはあまりに狭いトレーラーハウスだった。ほどなく、フレデリックのDVが激しくなったこともあり、とてもじゃないがここでは暮らせないと、２人の子供を残し妻キャサリンとアイザが家を出る。結果、以前よりフレデリックに好意を抱いていたアンが彼の愛人の座に就くが、彼女こそがフレデリックが最初に殺害する相手だった。当時、フレデリックは近所の食肉処理場で働いていた。家畜を殺すことに性的な悦びを見出していたのだ。やがて、それに飽き足らず、欲望の刃《やいば》をアンに向け１９６７年７月に殺害し遺体をバラバラに解体。このとき、彼女はフレデリックの子供を身ごもっており、その遺体は27年後の１９９４年６月、トウモロコシ畑の土中から発見される。傍らにはアンの死後、彼女の腹か

らえぐり出された8ヶ月の胎児も埋められていた。
この時期、フレデリックは闇で堕胎手術を請け負っていたという。当時の友人が後に証言したところによれば、トレーラーハウス脇のガレージに「手術室」があり、トレイの上には酸素アセチレンバーナーや消毒瓶、ナイフや様々な器具の他に数枚のポラロイド写真が置かれていたそうだ。そこに映っていたのは、いずれも血みどろの女性。フレデリックはそれを見て自慰行為に耽《ふけ》っていたらしい。

１９６８年11月28日、27歳のフレデリックはグロスター・チェルトナムのバス停で当時15歳になったばかりのローズと運命的な出会いを果たす。といっても、当初、ローズは自分とは一回りも歳が上のフレデリックを気味悪がった。薄汚れた仕事着のまま同じバスに乗り込んできて、一緒にどこかに行かないかと誘ってくる。もちろん、断った。が、明くる日も明くる日もフレデリックはバス停で待ち、デートに誘ってきた。あまりのしつこさに根負けするか、ストーカー扱いし

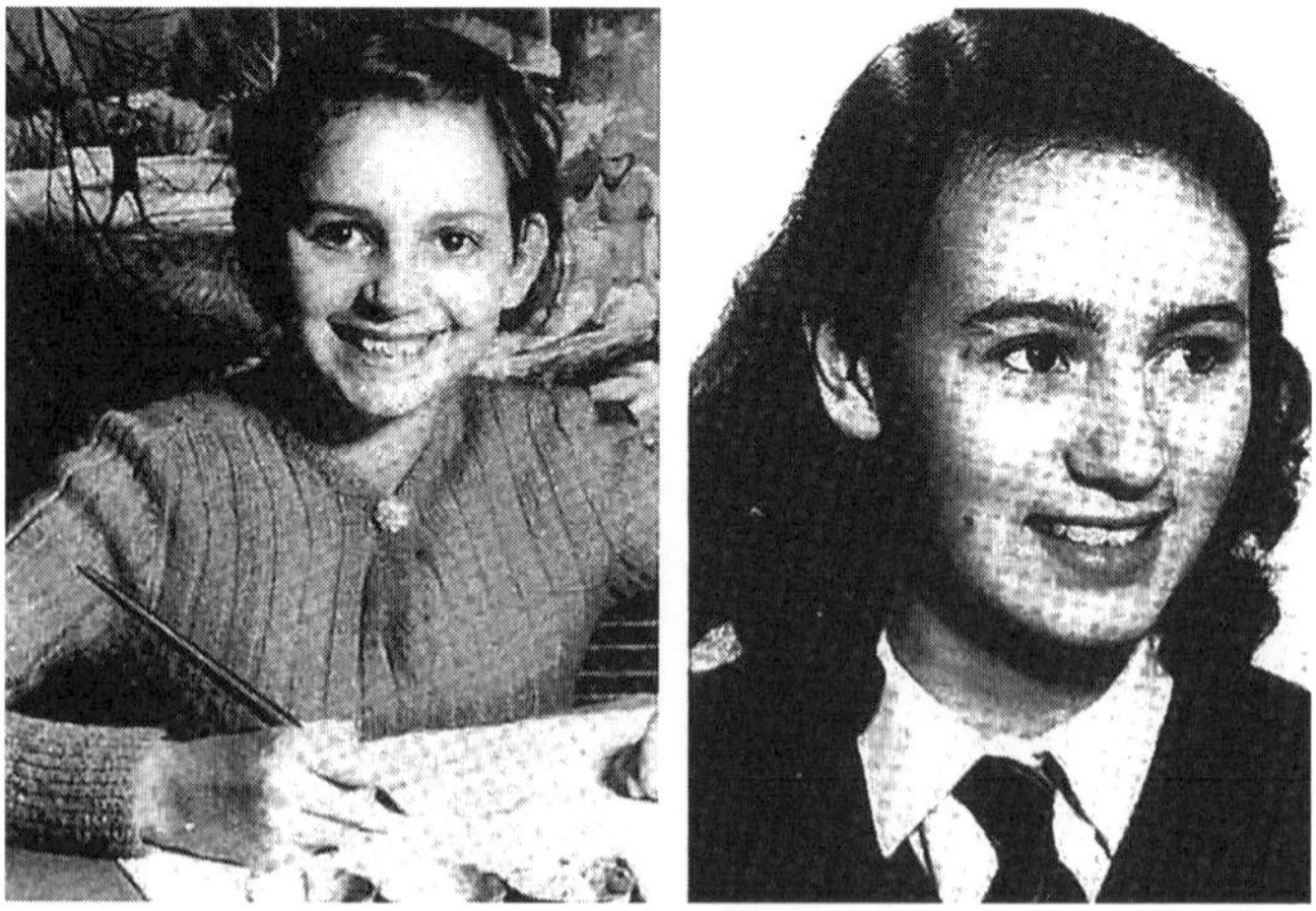

少女時代のローズ。幼少期から父よりセックスを強要されていた

交際が始まった1969年前後のフレデリック(左)とローズ

て二度と会わないようにするか。果たしてローズの選択は前者で、ほどなくフレデリックと肉体関係を持ってしまう。彼女もまた性的モラルが欠如した家庭で生まれ育っていたのだ。

ローズは1953年、イングランド・デヴォン北部のノーザムの貧しい家庭に、7人兄弟の5番目として生まれた。父親のビルは稼ぎもないくせに威張り散らす男で、逆らおうものなら問答無用で妻子を殴り、鞭《むち》でしばいた。ところが、ローズと長姉のパトリシアは暴力を振るわれなかった。父と近親相姦の関係にあったからだ。ローズはむしろ自分から積極的に体を提供した。DVから逃れるためではない。セックスそのものが好きだったのだ。これは、母デイジー（フレデリックの母と同名）がうつ病を患っており、ローズを出産する前後に受けた電気けいれん療法を受けたことが、娘をセックス依存にする障害をもたらしたのではないかと言われている。

12歳のころ両親が別居し、当初は母親と暮らしていたものの、後に父親と生活を共にし関係を続ける。一方、13歳のときには当時9歳の弟グラハムの前をわざと裸で歩いたりベッドに忍び込むなどして誘惑、末弟のゴードンにも自分の乳房や性器を触らせていた。

以降、売春容疑で補導されること数回。フレデリックと出会ったころはパン屋で働いていたが、男女の関係になってまもなく仕事を辞め、フレデリックの子供であるシャーメインとアンのベビーシッターとして彼の家に出入りするようになる。数ヶ月後、彼女は両親にフレデリックを紹介した。

母は彼の傲慢な態度を露骨に嫌がり、父は自分とも肉体関係のある娘の恋人を激しくなじった。しかし、両親の反対も聞き入れず、ローズはフレデリックとの関係を続ける。互いに親から性的虐待を受けていたこともさることながら、とにかくセックスの相性が抜群だった。ローズはアナルセックスや緊縛、乱交、道具を使ったプレイなど、どんな変態行為でも喜んで受け入れる好き者。フレデリックはそんな彼女と快楽の限りを尽くした。そして1970年10月、2人の最初の子供である娘ヘザー・アンが誕生。これはローズの両親が自分と会わせないよう裁判所命令を取りつけようとしているのを知り、それを阻止するため意図的にフレデリックがローズを妊娠させた結果だった。

その後、ローズは実家を出て、グロスターのミッドランド・ロードにあるアパートでフレデリック親子と暮らし始める。が、2ヶ月も経たないうちにフレデリックが車の盗難と詐欺の容疑で逮捕、投獄されてしまう。17歳にして3人の母親となったローズは育児ノイローゼに陥り、子供に激しいDVを働いた。そして1971年6月、長女のシャーメインを殺害。ほどなく出所してきたフレデリックは

左から、キャサリンがパキスタン人男性との間に作ったシャーメイン（後にローズが殺害）、フレデリックとローズの第一子ヘザー（後に両親によって殺害された）、フレデリックとキャサリンの間に生まれたアン・マリー（フレデリックに強姦され続け妊娠、16歳のときに親元を離れた）

驚くばかりか、冷蔵庫に保管されていたシャーメインの遺体を解体、アパートの床下に遺棄する。

同年8月後半、彼女の実母であるキャサリンは娘が殺されたことも知らず、フレデリックのもとを訪れ親権について話し合いを持った。キャサリンの義理の妹によれば、その日が生きている彼女を見た最後だったという。フレデリックは、妻キャサリンに酒を飲ませたうえで車に乗せ首を絞めて殺害していた。遺体は最初の犠牲者アンと同じく1994年6月、トウモロコシ畑の土中から発見されたが、彼女と同様、バラバラに解体されていた。

1972年、ローズとの結婚を機に転居したグロスターのクロムウェル・ストリート25番地に位置し、後に「恐怖の館」と呼ばれたウェスト夫妻の自宅。現在は取り壊され道路になっている

1972年1月29日、フレッドとローズは正式に結婚する。この時点でキャサリンが殺されたことは判明しておらず、籍も抜いていなかったため重婚に該当するが、なぜか婚姻届は受理された。ちなみに、結婚式に参列したのはフレデリックの弟ジョンだけだったそうだ。

数ヶ月後、ローズとの第二子である次女のメイ・ジューンが誕生したことで、夫婦はグロスターのクロムウェル・ストリート25番地の二軒長屋に移り住む。後に「恐怖の館」と呼ばれることになる3階建ての家屋である。1階に家族が住み、2階と3階を下宿人に貸した。ここにはキャサリンとの間に生まれた当時8歳のアン・マリーも同居していたが、フレデリックは実の娘である彼女を犯し続け、ローズもこれに積極的に手を貸した。7年後の1

979年、15歳のときにアン・マリーはフレデリックの子供を妊娠。子宮外妊娠だったため出産には到らず、16歳で家を出て、1984年に別の男性と結婚した。

ウェスト夫妻の住まいが他と圧倒的に変わっていたのは、家の地下室をローズの売春専用に使っていた点である。彼女に売春を勧めたのはもちろんフレデリックで、セックス依存症のローズは喜んでこの提案を受け入れた。客の評判は上々だった。豊満な乳房、抜群のテクニック。男たちは45分10ポンドの金を惜しみなく払い、ローズとのセックスを堪能した。フレデリックはキャサリンのときと同様、壁に穴を開け、客と行為に及ぶ妻を覗き見て興奮した。ローズは黒人男性客が好みで、後に彼らとの間にできた3人の子供を出産、フレデリックとも、さらに1人の娘と2人の息子を授かり、計8人の子供の母親となっている。ちなみ

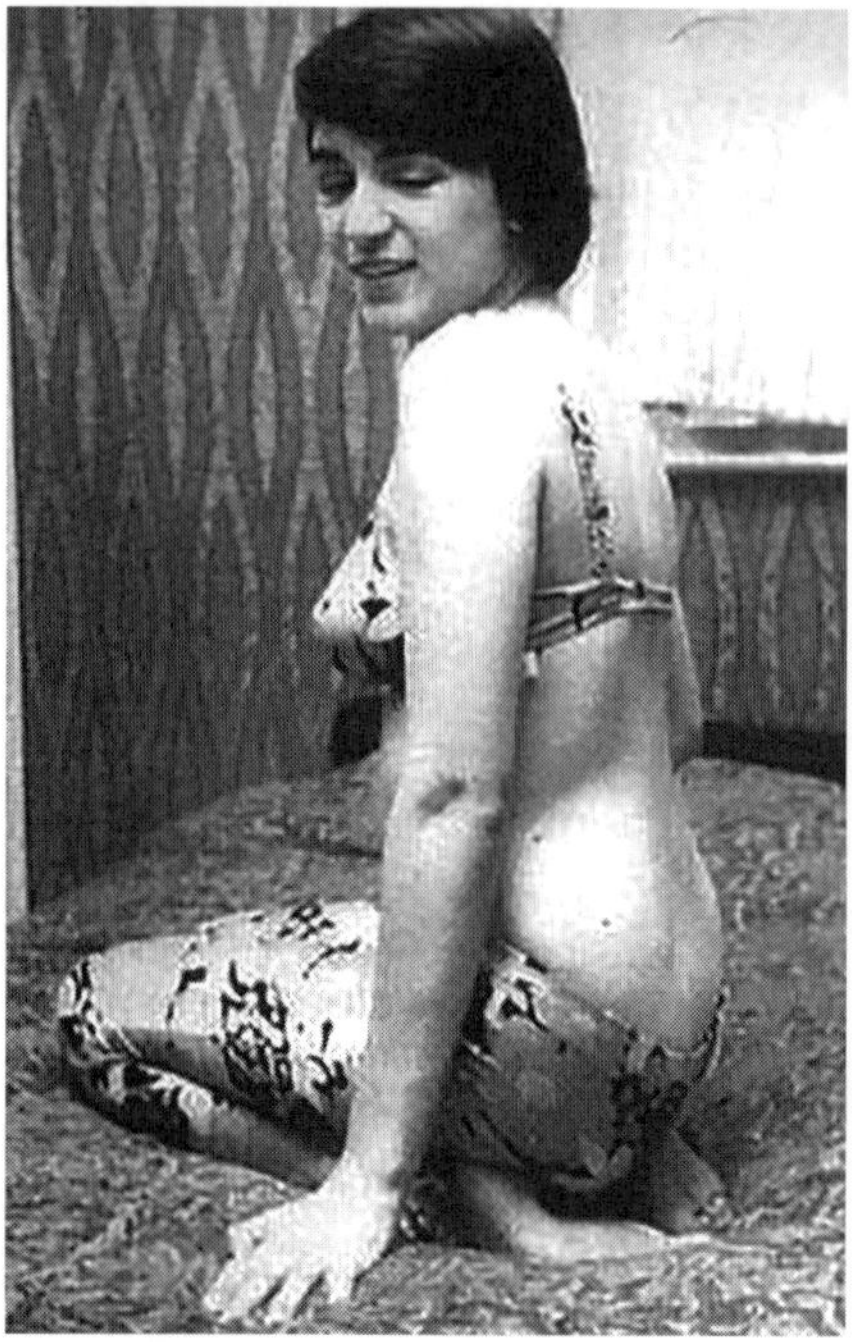

売春で稼ぎまくっていた1970年代前半のローズ。下は宣伝のためフレデリックがローズのヌード写真を撮影、当時流行していたフリーセックス愛好家向けの雑誌に掲載した広告

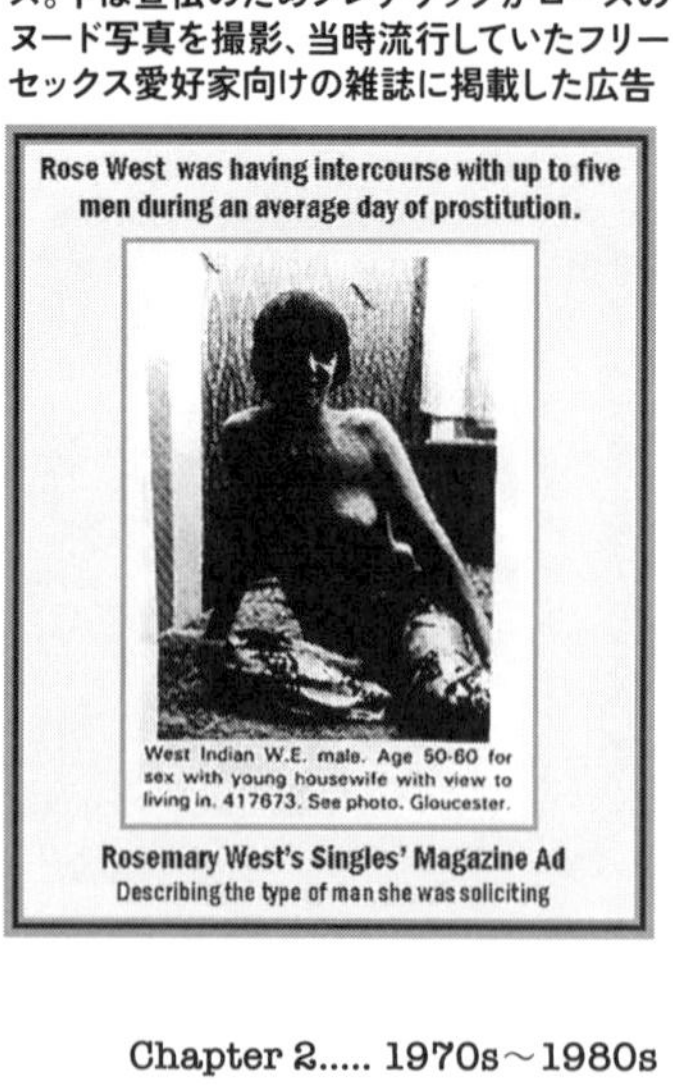

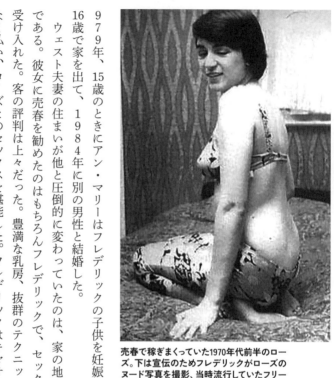

Rose West was having intercourse with up to five men during an average day of prostitution.
West Indian W.E. male. Age 50-60 for sex with young housewife with view to living in. 417673. See photo. Gloucester.
Rosemary West's Singles' Magazine Ad
Describing the type of man she was soliciting

売春と殺人が行われた地下室の壁

ローズと父ビル。
2人は1977年以降、
近親相姦を再開したとされる

に、ローズの父ビルは1977年になって初めて2人の結婚を許可したが、これは娘とのセックスを再開するためだった。時々家を訪れてはローズと行為に及ぶ父娘の姿をフレデリックが覗き見したのは言うまでもない。

転機が訪れるのは、結婚から9ヶ月後の1972年10月、キャロライン・オーエンズという当時17歳の女性をベビーシッターとして雇ってからだ。彼女は毎日のように家に多くの男が現れるのを不思議がった。フレデリックに尋ねたところ、地下室でローズがマッサージの仕事をしているという。が、どうにも怪しい。訝《いぶか》しむ彼女の様子にウェスト夫妻は危機感を覚え、同年12月、彼女の帰宅途中、車に乗せ全てを素直に話した。その目的はキャロラインと乱交プレイを楽しみ、手懐《てなず》けることにあった。嫌がる彼女を強引に犯したまでは計画どおりだった。が、その後キャロラインは警察に事の経緯を説明。1973年1月、夫婦は強制猥褻容疑で有罪となり、それぞれに25ポンドの罰金刑を科されてしまう。ウェスト夫妻は強く思った。あのとき、殺しておけばこんなことにならなかった――。この〝些細なミス〟をきっかけに、悪夢のような殺人劇の火蓋が切って落とされる。

1973年4月初め、夫婦はかねてから親しかったリンダ・ゴフ（同19歳）を住み込みのメイドとして雇い入れる。彼女はセックスに好奇心旺盛で、ローズの〝愛人男性〟と関係を持ったが、まもなく地下室に誘い込まれ数日にわたり拷問、性的暴行を受けた後、殺害された。その後、彼女の母親が娘を探しに家にやってきたとき、応対に出たローズはリンダのカーディガンとスリッパを身に着けた状態で「あの子なら、仕事を見つけて荷物を置いたまま出て行ったわ」とうそぶいたそうだ。

同年11月、キャロル・アン・クーパー（同15歳）が次の犠牲者となる。養護施設で暮らしていた彼女はその日、映画を観た帰りにウェスト夫妻に誘拐され、リンダと同じ運命をたどる。1ヶ月後の12月27日には、大学生のルーシー・パーティントン（同21歳）が犠牲に。年が変わった1974年4月には、ロンドン在住のスイス人学生で、休暇を利用してアイルランドを目指しヒッチハイク中だったテレーセ・ジーゲンターラー（同21歳）が夫婦の車に拾われ餌食となる。7ヶ月後の同年11月に仕事を終えて帰宅中のシャーリー・ハバード（同15歳）、1975年4月にウェスト夫妻の家の元下宿人のワニータ・モット（同18歳）、1978年5月に下宿人で売春も手伝わされていたシャーリー・ロビンソン（同18歳）が犠牲となった。彼女は死亡時、フレデリックの子を宿していたそうだ。さらに翌1979年9月、弁護士事務所で雑用係をしていたア

ウェスト夫妻の自宅で強姦・殺害・遺体をバラバラにされた犠牲者。上段左からリンダ・ゴフ、キャロル・アン・クーパー、ルーシー・パーティントン、テレーセ・ジーゲンターラー。下段左からシャーリー・ハバード、ワニータ・モット、シャーリー・ロビンソン、アリソン・チェンバーズ

リソン・チェンバーズ（同16歳）が消される。

フレデリックとローズの手口は一貫していた。狙いを定めた女性を「恐怖の館」の地下室に誘い込み、凌辱の限りを尽くした後に殺害。その後、手足の指や手首を切り落とす、膝を叩き切る、膝《しつ》蓋骨《がいこつ》を抜く、肋骨《ろっこつ》と胸骨を取り除く、首と胴体を切り離すなど徹底的に解体してから、地下室の下や家の敷地内に遺棄した。これは被害者の人間性を剥奪することで、相手に対する究極の支配権を得られるという、彼らなりの美学があったからだという。

ただ、最後の犠牲者となった夫婦の初めての実子、ヘザーは違う。フレデリックとローズは他人の娘を殺害する一方、自分たちの子供らにも拷問・虐待を加えていた。前記したとおり、アン・マリーがフレデリックに妊娠させられ家を出た後はヘザーと2つ下のメイがターゲットになった。

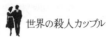

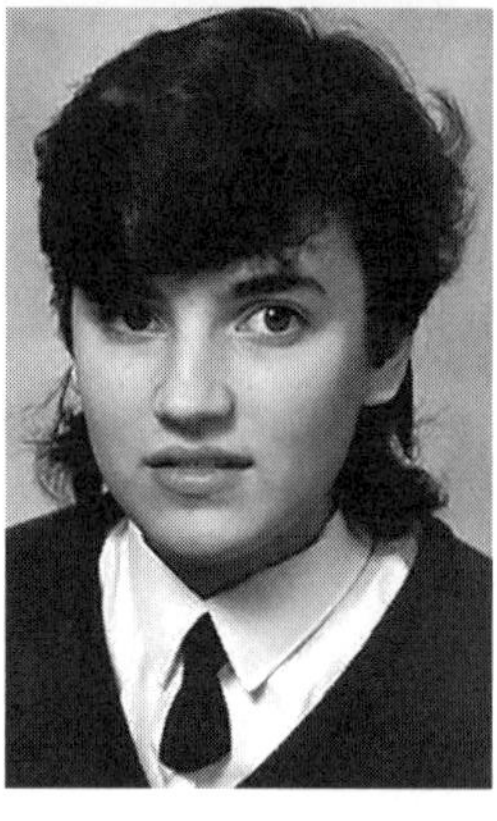

1984年のウェスト一家。右から3人目がフレデリック、左端がローズ。当時13歳の長女ヘザー（右端&下）はこの写真を撮った3年後に殺害された

2人は幼いころこそ抵抗する術《すべ》を持たなかったものの、数年すると父に犯されないよう互いを見張り助け合った。が、近隣住民が折に触れ、苦悩に満ちた声を耳にしていたことから、その努力も報われなかったものと思われる。精神的にも肉体的にも追いつめられたヘザーは、信頼できるクラスメイトに父親から性的虐待を受けていることを打ち明ける。もちろん、口外しないことが約束だった。が、そのクラスメイトが自身の母親に話したことから、母親の友人だったフレデリックとローズにも伝わってしまう。結果、報復と口封じのため、ヘザーは両親にいつも以上に酷い拷問を受けた後、殺害され自宅庭の敷石の下に埋められる。1987年6月19日、16歳のときだった。

事態が動くのはそれから5年後の1992年8月のこと。

警察による捜索の様子と、多くの遺体の部位が見つかった地下室の穴（下）

12歳の少女が知り合いの巡査に驚くべきことを話した。自分の友人で、ウエスト家の当時13歳の娘ルイーズから父親に犯されていると聞かされたのだという。警察は直ちに捜査を行い、フレデリックを娘たちに対する強姦3件、獣姦1件の容疑で逮捕すると同時に、妻のローズも「残虐行為」及び「児童に対する不法性交の奨励」の容疑で身柄を拘束する。翌1993年6月、ウェスト夫妻は法廷に立たされるものの、

証人である彼らの子供たち全員が証言を拒んだため無罪となる。子供らは、両親が自分たちに暴行・虐待を働いていることはもちろん、殺人や遺体損壊にも関与していることもなんとなく気づいていたが、恐怖が彼らの口を固く閉ざしたのである。

しかし、この一件で本来いるはずのヘザーの姿がないことが判明。不審に思った警察がウェスト家を捜索したところ、遺体と拷問の痕跡が発見されたことから、1994年2月にフレデリックとローズを尋問。ヘザー殺害の自供を得る。彼らは「殺意はなかった。事故だった」と主張したものの、その後の捜索で自宅の庭から足が3本出てきた事実を突きつけると、フレデリックは3月上旬までに、ヘザーを含め12人を殺害したことを供述する。

こうしてウェスト夫妻は誘拐・暴行・殺人・死体損壊などの容疑で逮捕される。取り調べでフレデリックは、夫婦で犯した罪の全てを自分一人で背負おうとしてローズには何の罪もないと証言した。ローズもまた、夫

1994年末に撮影されたフレデリック。翌1995年の元旦に首吊り自殺を遂げた

1995年10月、終身刑を受けた直後のローズ

に罪を背負わせようとして「自分も被害者の一人である」と証言。結論は裁判に委ねられることになった。しかし、公判が始まる前の1995年1月1日、フレデリックは妻ローズに「新年おめでとう。ありったけの愛をこめて」と書き残し、バーミンガム刑務所の独房で首吊り自殺を果たす（享年53）。同年2月から始まった裁判でローズは無罪を主張した。が、10件の殺人に関与したとして11月に下った判決は、死刑制度のないイギリスでは最も重い仮釈放のない終身刑。1996年3月の控訴審判決も変わらず、2001年9月、上訴を断念したことで刑が確定した。

ローズはミドルセックス州のブロンズフィールド刑務所に投獄後、ダラム州のロー・ニュートン刑務所に移送、2019年からはウェストヨークシャーのHM刑務所ニューホールに移送され、2024年5月現在も収監中の身にある。

ジェラルド&シャーリーン・ギャレゴ

10代の処女を欲した夫と、誘拐・殺害に加担した妻の非道

ギャレゴ夫婦事件

1978年から1980年にかけてアメリカで10人の若い女性と1人の青年を殺害した一組の男女がいる。ジェラルドとシャーリーンのギャレゴ夫妻。裕福な家庭に生まれ育った女が、異常性愛者の男と出会ったばかりに起こった惨劇は、まさに血も涙もない残虐非道なものだった。

ジェラルド・ギャレゴは1946年、カリフォルニア州サクラメントで売春婦の子供として生まれた。当時、父親は罪を犯し刑務所に収監中だったが、1955年に脱獄し、ミシシッピ州で警察官を殺害、死刑判決を受けガス室で処刑された。ジェラルドはこの事実を知らぬまま育ち、母親が自宅に呼ぶ男性客から頻繁に性的虐待を受けていた。劣悪な環境から当然のように素行は悪くなり、10歳のとき近所の家に金目的で侵入し、13歳で6歳の女の子を強姦。年齢を考慮され逮捕は免れたものの、以降も窃盗やレイプなど犯罪の道を突き進む。

トラックの運転手として働いていた18歳のとき結婚し、1人娘が誕生。妻子を持

強固な主従関係にあった
ジェラルド・ギャレゴ(右)とシャーリーン

つ身として真っ当な人生を歩んでもおかしくないところだが、小児性愛者のジェラルドは娘に発情し、彼女が8歳のとき欲望を抑えきれずにレイプに及ぶ。以来、毎日のように娘を犯し、やがて家庭は崩壊。妻子とは別れたものの、ハンサムな彼は女性に不自由せず、1978年までに結婚と離婚を7回繰り返す。その間、強盗、強姦、近親相姦などの罪状により27回も逮捕状が出ていた。

一方、シャーリーン（ウィリアムズ＝旧姓）は1956年、カリフォルニア州ストックトンで生まれた。父親はスーパーマーケットチェーンの副社長を務めており、家庭は裕福。何不自由なく成長し、母親が交通事故で重傷を負ってからは、父親の出張に同行し、その教養とコミュニケーション能力の高さを取引先から絶賛された。しかし、高校を卒業し酒とドラッグを覚えると人生は一転する。勤め先の同僚男性たちと簡単にベッドを共にし、やがてヘロイン中毒の金持ち男性と結婚したものの、シャーリーンが売春婦との3Pを望むなどの性的嗜好を見せ始めたため離婚。その後、再婚した軍人男性との暮らしも長続きはせず、不倫相手やレズビアンの女性とのセックスにどっぷり浸った。

そんな彼女がジェラルドと出会ったのは1977年9月10日のこと。友達に誘われて出かけたブラインド・デート（目隠しして相手が誰かわからないままデートする企画）の相手がジェラルドだった。シャーリーンはすぐに彼の虜となる。端正な顔立ち、男性的な荒々しさ、暴力的なＳＭセックス、強烈な妄想と権力欲。犯罪歴があると聞いても、彼女の目には、ジェラルドの全てがたとえようもなく甘美でロマンティックに映った。そして交際、同棲を経て１９７８年春に結婚。ジェラルドが32歳、シャーリーンが21歳のときだ。

1978年に挙げた結婚式。ジェラルドは前妻との籍を抜いておらず、シャーリーンは内縁の妻だった

ジェラルドはシャーリーンの体を味わい尽くすと、彼女に本音を吐露する。

「俺が欲しいのは10代の処女のセックス奴隷だ。オーラルセックスとアナルセックスにいつでも応じる完璧な奴隷、そいつが欲しい。おまえは俺の妻なんだから、奴隷探しに協力しなくちゃいけない」

無茶苦茶な提案だが、シャーリーンはこれに素直に応じた。強固に築き上げられたサドとマゾの関係から、彼女のたがは完全に外れていた。

最初に餌食になったのは、ネバダ州スパークスに住んでいた16歳のサンドラ・バトラーだ。１９７８年６月26日、街のショッピングセンターに向かい歩いていた彼女にシャーリーンが声をかけ、車のバンにピック

犠牲者。上段左からサンドラ・バトラー、ロンダ・シェフラー、キッピ・ヴォート、ブレンダ・ジャッド、サンドラ・コリー。下段左からステイシー・アン・レディカン、カレン・チップマン＝ツイッグス、リンダ・テレサ・アギラール、ヴァージニア・モシェル

アップ。まずはジェラルドが暴行・レイプし、その後、ディルド（擬似男性器）を装着したシャーリーンが加わり3人でのSMプレイに興じる。散々楽しみ飽きたころにジェラルドがサンドラを射殺。このとき、シャーリーンは得も言われぬ性的興奮を覚えたそうだ。

3ヶ月後の同年9月10日、カリフォルニア州サクラメントのショピングセンターで買い物を楽しんでいたキッピ・ヴォート（当時16歳）とロンダ・シェフラー（同17歳）を、シャーリーンが言葉巧みに誘い出しバンに拉致。銃で脅し、縄で拘束した後、一晩中レイプし続けた。翌日、被害者の2人を野原で下ろし、逃げる彼女たちにジェラルドが発砲。頭部を撃ち抜き、死に至らしめる。シャーリーンは〝勇ましい夫〟に有頂天になった。

年が変わった1979年6月24日、夫婦はネバダ州リノで、ビラを配るアルバイトをしないかと

ギャレゴ夫妻が犯行に使っていたバン

最後の犠牲者となったクレイグ・ミラー（右）とメアリー・サワーズ

ブレンダ・ジャッド（同14歳）とサンドラ・コリー（同13歳）を誘う。彼女らが車に乗ると態度を豹変させ、後部座席でジェラルドがレイプ。その後、人里離れた場所に車を止め、今度はシャーリーンが少女たちをいたぶり、ジェラルドに見せつけた。散々楽しんだ後、ジェラルドが車外で全裸の彼女たちをシャベルで殴打し撲殺、遺体を近くの川底に投げ捨てた。ブレンダとサンドラの遺体は20年後の1999年に発見されている。

10ヶ月後の1980年4月24日には、ステイシー・アン・レディカンとカレン・チップマン＝ツイッグスの共に17歳の少女が餌食になった。彼女らはマリファナを楽しもうと誘われ、シャーリーンがハンドルを握るバンに同乗。さんざん性的暴行を加えられた後、ハンマーとシャベルで頭部を殴られ命を落とす。6月6日には、オ

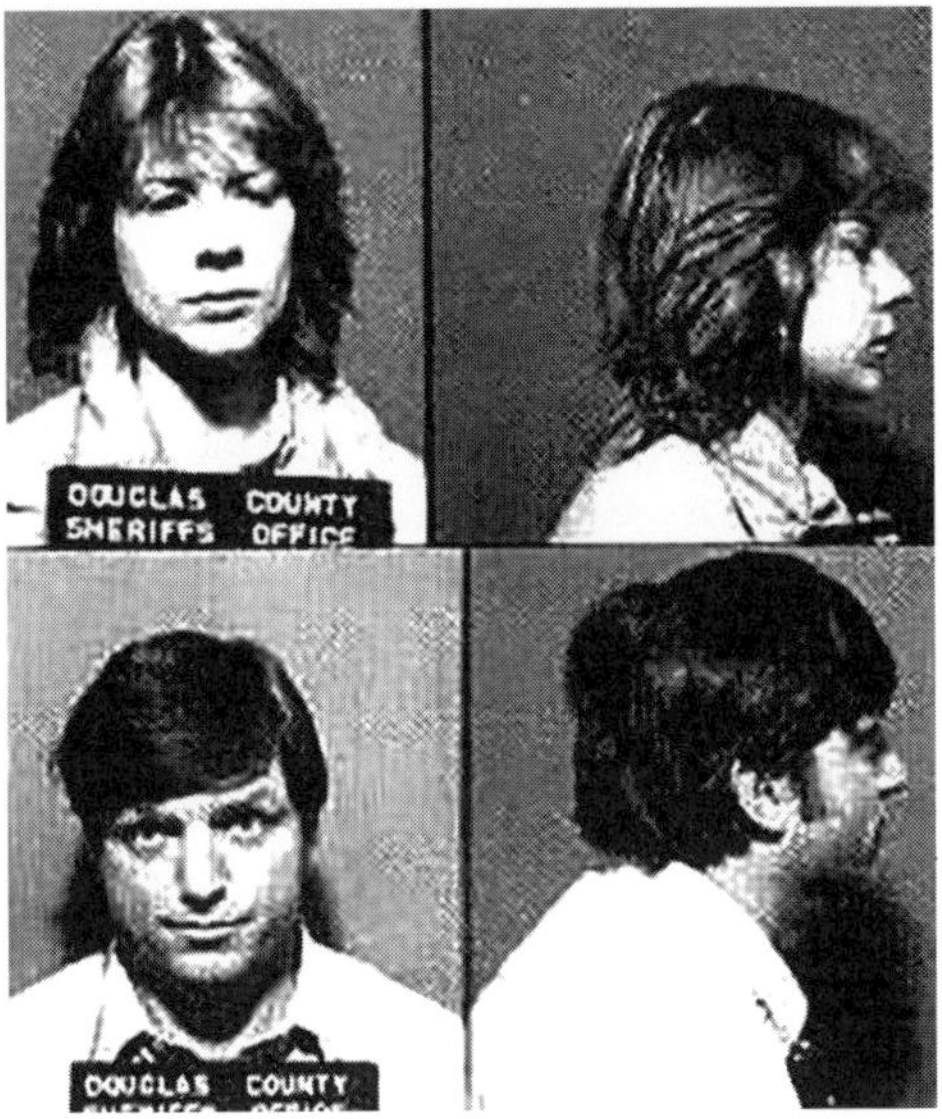

1980年11月、逮捕後、警察で撮影されたジェラルド（下）とシャーリーンのマグショット

レゴン州ポート・オーフォードでヒッチハイクをしていたリンダ・テレサ・アギラール（同21歳）を拾い、暴行のうえ鈍器で殴打、まだ息のあった彼女を掘った穴に埋め殺害。リンダは妊娠４ヶ月だったそうだ。１ヶ月後の７月７日、夫婦の知り合いでサクラメントのバーで働いてたヴァージニア・モシェル（同31歳）を誘拐。さんざん弄んだ挙げ句、命乞いをする彼女を無視して絞殺した。遺体は３ヶ月後、ナイロン製の釣り糸で縛られた状態で発見されている。

ギャレゴ夫婦の犯行は、前項で取り上げたイアン・ブレイディーとマイラ・ヒンドレーのそれと共通点が多い。サディスティックな男にマゾっ気のある女が惚れ、男の欲望に従い、女が目ぼしい相手に声をかける。油断し車に乗ってきた彼らに性的暴行を加え殺害、遺体を捨てる。違っていたのは、ターゲットが女性に絞られ、バイセクシャルだったシャーリーンが一緒にＳＭプレイを楽しんでいた点だろう。

そんな彼らの犯行が止まるのは１９８０年11月１日のことだ。この日の深夜、サクラメントでダンスパーティーを楽しんだクレイグ・ミラー（同22歳）と恋人のメアリー・サワーズ（同21歳）が駐車場まで来たところ、いきなりブロンドの女に銃を突きつけられた。

「さあ、早く乗るのよ」

彼女は横に停めてあるバンを指差して叫んだ。助手席にいる男も銃を向けている。2人が仕方なく後部座席に乗り込んだところ、そこに友人のアンディ・ビールが通りかかり、ふざけ半分でバンの運転席に乗り込んだ。が、ブロンドの女に平手打ちをくらい、運転席から引きずり下ろされると、バンはそのまま走り去った。一気に酔いが醒めたアンディは、車のナンバーを憶えており、すぐに警察に通報する。

警察の調べで、問題のバンはサクラメントに住むシャーリーン・ウィリアムズの名前で登録されていることが判明。翌日、警察が実家にいた彼女に事情を聞いたものの、シャーリーンは何も知らないふりを貫き通した。ほどなく、クレイグの遺体がカリフォルニア州バス湖近くの空き地で発見される。後頭部を2発撃たれていた。警察は重要参考人としてシャーリーンから改めて事情を聞こうとしたが、そのときすでに彼女は

裁判に出廷するシャーリーン（左）と、法廷でのジェラルド

釈放から11年後の2008年、
メディアの取材に応じたシャーリーン

夫のジェラルドと逃亡していた。

11月6日、同州プレイサー郡の田園地帯でメアリーの遺体が見つかる。彼女も後頭部に3発の銃弾を撃ち込まれており、遺体には強姦の痕跡もあった。11日後の同月17日、シャーリーンの両親から通報を受けた警察は、ネブラスカ州オマハの郵便局に両親から送られた500ドルの為替手形を取りに来たシャーリーンを逮捕する。観念した彼女は司法取引に応じ全てを自供。ここで2年にわたる、おぞましい犯行の全容が明らかとなる。

誘拐や暴行、殺人罪などで逮捕・起訴されたジェラルドは裁判で無罪を主張したものの、共犯のシャーリーンの決定的な証言により、1983年6月に死刑判決を下される。が、処刑は執行されぬまま2002年7月18日、収監されていたネバダ州刑務所の医療センターで、がんにより死亡した。享年56だった。

一方、司法取引に応じたことで懲役16年8ヶ月に処されたシャーリーンは刑務所に収監中、心理学、ビジネス、アイスランド文学を幅広く研究。メディアの取材にも応じ「自分は殺人を犯した加害者だが、同時にジェラルドの被害者の1人でもあった。そのことを理解するまでに長い時間がかかった」と語った。刑期を終え釈放されたのは、ジェラルドが死亡する5年前の1997年5月。その後、旧姓のシャーリーン・ウィリアムズとして事務職などに就き、2024年5月現在も67歳で存命である。

ダグラス・クラーク&キャロル・バンディ

ロサンゼルスの路上売春婦など6人を殺害した死体性愛者とバツ3の看護師「サンセット・ストリップ・キラー」事件

1979年12月25日のクリスマスの夜、1人の男が米ロサンゼルス・ハリウッド郊外のカントリーバーに立ち寄った。ダグラス・クラーク、当時32歳。洗濯工場でボイラーマンとして働く彼は身長190センチのイケメンで、女性を口説くのが大の得意。酒場で声をかければ、大抵の女性とベッドを共にできた。これだけなら、ただのナンパ師だが、彼は別の顔も持ち合わせていた。10代のころから殺人や死体性愛に興味を抱き、学校や職場の女性に妄想を抱き続けた。もちろん、それを実践する勇気はなかったのだが。

その夜、足を運んだカントリーバーのカウンターで中年の女性がグラスを傾けていた。見たところ1人のようだ。お世辞にも美人とは言えないが、年上の女性を口説くのは朝飯前。ダグラスはいつものように隣りに座り会話を始めた。女性の名はキャロル・バンディ(当時36歳)。聞けば、暴力をふるう夫と別れ、今はロサンゼルスで看護師をしながら、8歳と5歳の子供と暮らしているのだという。そのとき話に出なかったが、彼女の生い立ちは悲惨で、幼少期からアルコール依存症の父親

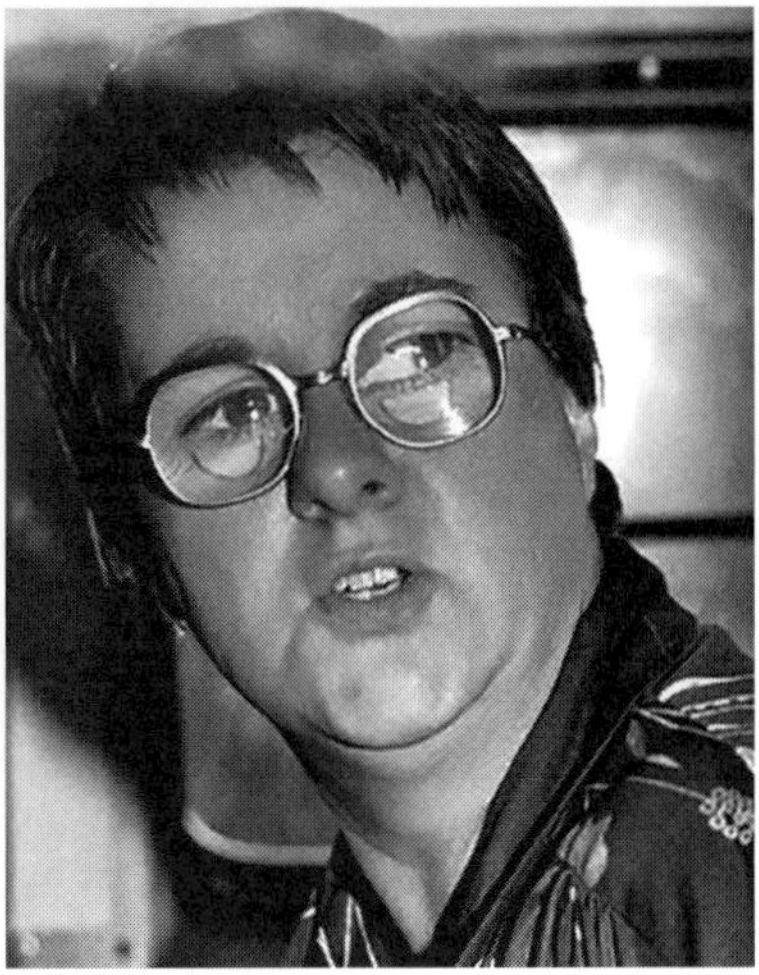

ダグラス・クラーク（左）とキャロル・バンディ

に性的虐待を受け、両親が離婚後は養護施設での暮らしを余儀なくされていた。17歳のとき56歳の男性と結婚するも夫の暴力が原因で離婚。その後、再婚した2人の男性もDVを働き、当時は3度目の離婚を経験したばかりだった。

ダグラスはキャロルを気に入った。会話は弾むし、気心も優しい。別れ際、連絡先を交換し数日後に再会する。ディナーを食べた後、自分のアパートへ誘い、当然のように肉体関係に。以来、2人は刺激を求めて、家に売春婦を呼び3Pを楽しんだり、ダグラスが関心を抱いていた近所に住む11歳の少女の卑猥な写真を撮るため、キャロルがそれを手伝うまでになる。多くの殺人カップルがそうであるように、男に惚れた女は、その不遇な生い立ちから男に依存し、異常な行為も拒否しなくなる。キャロルは出会ったときから、ダグラスに骨抜きにされていた。

1980年6月10日夜、ダグラスはロサンゼルス・ハリウッドの中心地を横切るサンセット大通りを車で走っていた。ここは、多くの女性が路上に立つ売買春のメッカ。それまでにも何度かコールガールを買ったことはあるが、この日はなぜか体が異常に高揚していた。車で通りを流していると歩道に立つ2人の少女が目に入った。家出し、この地で体を売っていたジーナ・マラノ（同15歳）とシンシア・チャンドラー（同16歳）である。ダグラスがジーナに声をかけ交渉を始めたところ、2人一緒でなければ応じられないという。そこで、シンシアも車に乗せ郊外の草むらへ。切り株に腰を下ろし、ジーナに口淫を命じた。言われるまま奉仕する彼女。と、いきなりダグラスが隠し持っていた拳銃を取り出し、ジーナの頭めがけて引き金を引いた。激しい音と共に血が飛び散り、ジーナがその場に倒れる。悲鳴を上げ逃げ出すシンシア。ダグラスはすぐに追いつき彼女の後頭部に発砲、殺害した。

この後、彼は少女たちの遺体を毛布にくるんでトランクに乗せ自宅のアパートへ運ぶ。血だらけの体から服を脱がせ全裸にすると、自分も裸になり、遺体を舐めまわしたり、勃起した性器を口や女性器、肛門に挿入。凌辱の限りを尽くした後、カメラで少女たちの遺体を撮影するとともに、2人を69の体勢にして自慰行為を楽しむ。まさに鬼畜。翌朝、ダグラスは少女たちの遺体をロサンゼルスのフリーウェイ付近に投棄した。

6月12日に遺体が発見されると、テレビが一斉に事件を報道。それに満足したかのように、数日後、ダグラスはキャロルに全てを打ち明けた。

「2人の家出娘の死体が見つかったとテレビのニュースでもやっていただろう。俺が殺したんだよ。よし、今度俺が殺すところを見せてやる。驚くなよ」

キャロルは恐怖で震えるより他なかった。

ロサンゼルス・サンセット大通りに立つ売春婦
（写真は1990年代に撮られたもので、記事とは直接関係ありません）

6月20日の夜、ダグラスは後部座席にキャロルを乗せてサンセット大通りに繰り出した。売春婦数人に声をかけた。大半がキャロルの姿を見て敬遠するなか、カレン・ジョーンズ（同24歳）という女性が引っかかった。フェラチオのみで40ドル。話がまとまり、助手席にカレンを乗せたダグラスが空き地でサービスさせる。ほどなく、ダグラスが後ろを振り向き、片目をつぶった。それが合図と察したのだろう、彼女が銃を手渡すと、ダグラスはカレンの側頭部めがけて引き金を引いた。途端に崩れ落ちるカレン。まだ息があるのか、苦しみながらうごめいている。ダグラスはカレンを車外へ引きずり出し、キャロルに命じて全裸にさせた後、その場を立ち去った。

3日後の23日、今度はエクシー・ウィルソン（同20歳）が餌食になる。前回同様、キャロルを後部座席に乗せたまま人気のない駐車場でフェラチオさせ、頃合いをみて頭部に発砲。その瞬間、エクシーがダグラスの性器を激しく噛んだ。これに激怒したダグラスは遺体を車から引きずり出し、トランクに入れていた狩猟用ナイフで彼女の首を切断。プラスチックの袋に入れた頭部をトランクに詰め、自宅へと車を飛ばした。途中、カーブにさしかかるたびに、トランクの中からゴロゴロと頭が転がる音がする。それを聞いたダグラスが大笑いすると、キャロルも一緒になって笑った。

持ち帰った首は冷蔵庫に保存してから、ダグラスに命じられたキャロルが化粧を施した。ダグラスは綺麗になったエクシーの顔に何度もキスを繰り返し、風呂場に生首を持ち込み自慰を楽しむ。彼が出てきた後、キャロルが風呂を確認すると、エクシーの唇に精液が付着していたそうだ。キャロルの首は木製の箱に詰められ遺棄、同月27日に発見された。

3日後の30日、ロサンゼルス郊外の渓谷、サンフェルナンド・ヴァレーでミイラ化した女性の遺体が見つかる。死後3週間は経っており、身元はサクラメントから家出していたマーネット・カマー（同17歳）と判明。彼女もまた路上売春婦で、ダグラスに声をかけられ殺害されていた。なお、一連の売春婦殺しはサンセット大通りを舞台に起きたため、「サンセット・ストリップ・キラー」と呼ばれている。

7月下旬、何度も殺人の現場に付き合わされたことで、キャロルの感覚は完全に麻痺していた。そして、考える。自分にも人殺しができるのではないか。ちょうど殺したい相手がいた。ダグラスと出会う前に交際していた不動産屋でカントリー歌手としての顔も持つジャック・マレー（同45歳）。別れた後もしつこくつきまとわれ関係を迫られていた。

8月3日、キャロルは計画を実行に移す。ジャックを電話で誘い、食事の後に彼の運転する車で郊外へ。

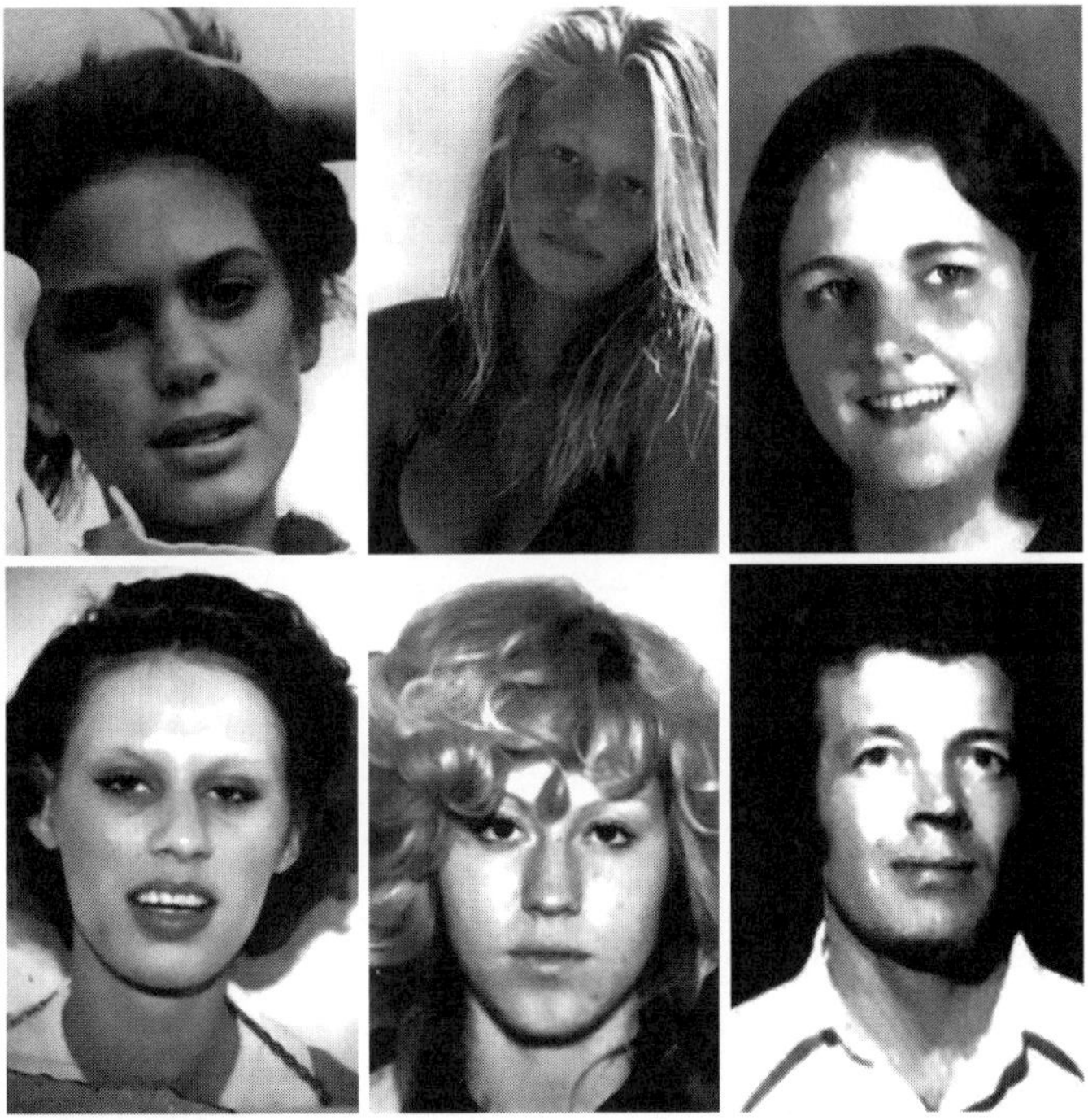

犠牲者。上段左からジーナ・マラノ、シンシア・チャンドラー、カレン・ジョーンズ。下段左からエクシー・ウィルソン、マーネット・カマー、ジャック・マレー

寂しい場所に車を止め、以前のように後部座席で行為にふけった。ジャックが肛門を舐められるのが好きなことを知っているキャロルは、彼のアナルに舌を這わせながら、左手で性器をしごいた。ジャックが快感に身悶え、絶頂に達しようとしたそのとき、右手に銃を持ち、後頭部に弾丸を撃ち込んだ。血まみれで倒れるジャック。初めて自分1人で殺人を犯したことにキャロルはしばし呆然としていたが、やがて心を落ち着かせ、以前ダグラスが行ったように狩猟用のナイフで1時間をかけジャックの首を切断。頭部をプラスチックの袋に入れた。

興奮覚めやらぬまま、自分の実績

を褒めてもらおうとダグラスに電話をかけたところ、期待に反し、彼はキャロルの行為に激怒した。死体が見つかれば、交友関係から真っ先に疑われるのはキャロル自身で、そこから自分にも捜査が及ぶ危険性があるというのが言い分だった。キャロルはその言葉に激しく動揺。助けを求められたダグラスはすぐさま現場に車を飛ばし、ジャックの自宅近くの空き地に死体を遺棄する。

この後、キャロルは事の重大さを改めて認識し、自分の犯した行為を極端に恐れる。もし警察に今までのことが全部バレたら？　捕まったら死刑だろうか？　私がいなくなったら子供たちはどうなる？　様々な苦悩が頭をよぎり、しだいに自殺をほのめかす言葉まで口にするようになる。対し、ダグラスは「警察に知らせたら、おまえの2人の子供を殺す」と脅した。

犯行から6日後の8月9日、ジャックの遺体発見。そのニュースを聞き精神的な苦痛に耐え切れなくなったキャロルは、自分が最も信頼している上司の看護師長に全てを打

1983年5月31日、終身刑の判決を聞くキャロル（当時40歳）

ち明ける。驚いた師長がすぐに警察に通報し、11日にキャロルとダグラスが逮捕された。

キャロルは当初無罪を主張していたものの、裁判ではダグラスに不利な証言を行う司法取引に応じ、１９８３年5月31日、ロサンゼルス郡高等裁判所から終身刑を下される。判決を受け中央カリフォルニア女性施設に収監。20年後の２００３年12月9日、心不全により61歳で息を引き取る。一方、ダグラスは死刑を宣告され、サンクエンティン州立刑務所に送られたものの、執行されないまま２０２３年10月11日にカリフォルニア州内の医療施設で死亡。享年75だった。

1999年に撮影されたキャロル。
4年後の2003年に死亡

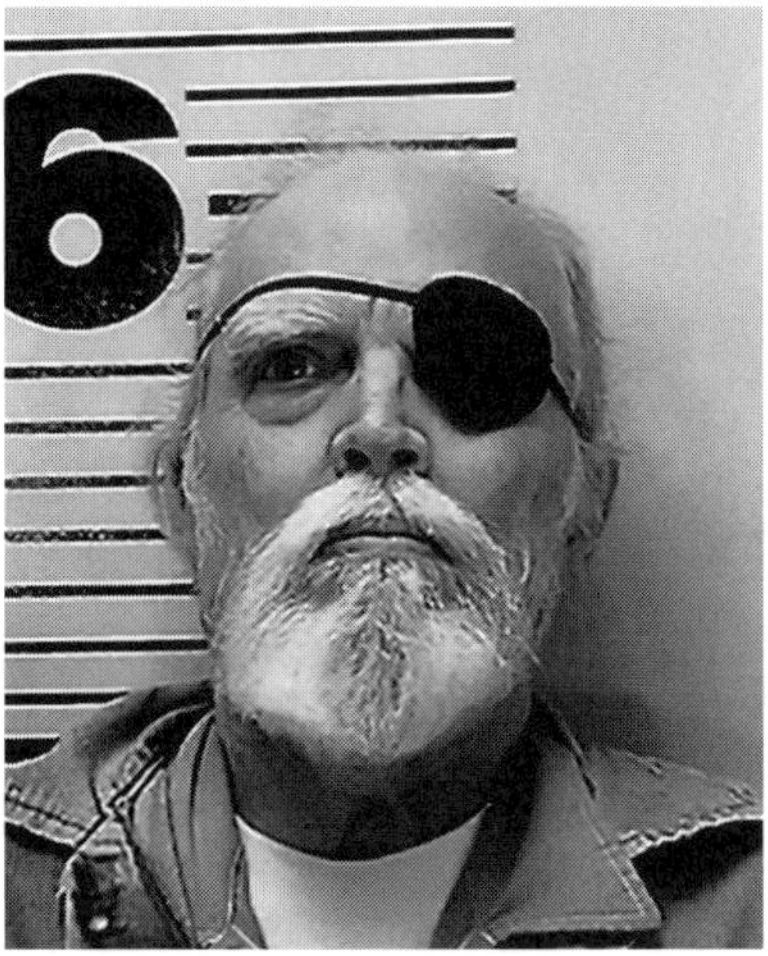
死亡する1年前に刑務所内で撮られたダグラス

日高安政&日高信子

昭和天皇崩御にともなう恩赦狙いで死刑を確定させた極悪夫婦の誤算
夕張保険金放火殺人事件

１９８４年５月５日22時40分ごろ、北海道夕張市《ゆうばりし》鹿島《かしま》にある「日高興業」の従業員宿舎で火災が発生、木造一部３階建て延べ３５０平方メートルが全焼した。出火当時、建物内には８人がおり、このうち男性作業員４人（当時57歳、同51歳、同49歳、同46歳）と、住み込みの寮母の長女（同13歳）と長男（同11歳）が焼死体で発見され、消火活動にあたった消防士１人（同52歳）も宿舎の崩壊に巻き込まれて殉職した。この日、宿舎では新人の男性作業員Ｉ（同24歳）の入寮を祝う宴会が22時ごろまで行われており、Ｉ自身も火から逃げようと２階から飛び降りて両足骨折の重傷を負い、美唄《びばい》労災病院に搬送された。

夕張警察署と夕張市消防局は、現場検証を行った結果、火災の原因は宴会のジンギスカン鍋か石油ストーブの不始末で、事件性はないと認定。これに基づき、保険会社は全焼した宿舎にかけられていた火災保険金と、死亡した作業員４人が対象となっていた死亡保険金の合計１億３千８００万円を、日高商事の社長である日高安《ひだかやす》政《まさ》（同41歳）と妻の信子《のぶこ》（同38歳）に支払う。が、２ヶ月半後の同年７月18日、事

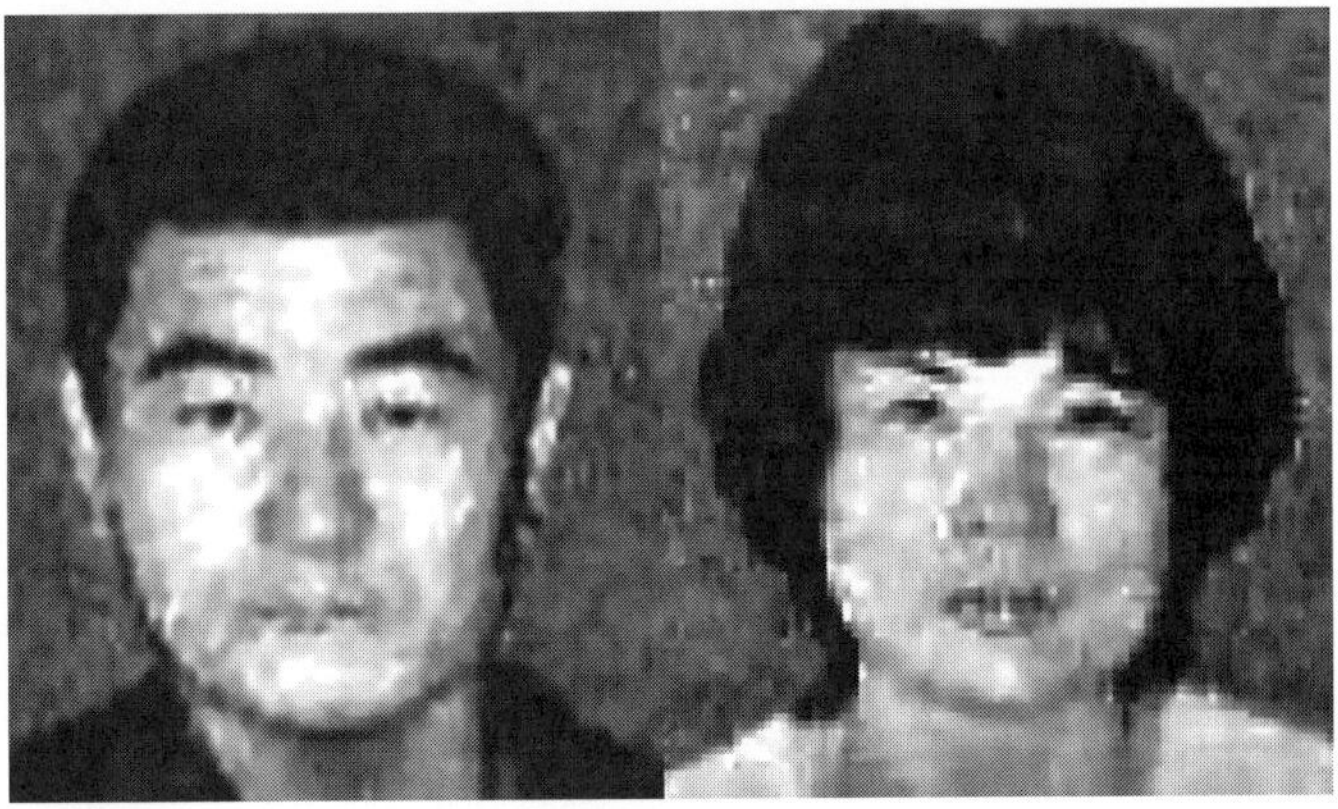

日高安政(左)と信子。夫婦そろって死刑に処されたのは戦後初

態は思わぬ方向に動き始める。入院していた新人作業員のIが、突然病院から行方不明となり、その1ヶ月後の8月15日、失踪先の青森市から夕張警察署に電話をかけ「火をつけたのは自分で、放火は日高夫婦の指示だった」と告白したのだ。

これを受け、青森署はIに任意同行を求め、全面自供を得る。それによれば、Iは中学卒業後、札幌の家具店に就職。その後、レストランやクラブで調理見習いをするが続かず、ススキノでソープランドの客引きをしていたときに知り合ったヤクザに誘われ、暴力団「初代誠友会《せいゆうかい》日高組」に入る。その組長が安政だった。安政に実直に仕えること2年、安政から犯行を指示され新人作業員のふりをして入寮。宴会も「俺が金を出す」と自らの提案で開催したもので、皆が酔いつぶれた後、新聞紙に火をつけて障子などを燃やしたところ、火が宿舎全体に広がったのだという。この放火の報酬として日高夫婦から500万円を受け取る約束だったものの、実際には75万円しか支払われなかったことで2人への信用を失い、やがて事件の真相を知っている自分が口封じのために殺されるのではないかと疑心暗鬼に。青森まで逃げたはいいが、以前、東京に逃げた組員が連れ戻されたときカンナで指4本を切り落とされたことを知っていたIは、見つかったら何をされるかわからないと恐ろしくなり自首。保険金の対象でもない子供2人まで死なせたことにも強い罪悪感があったそうだ。Iは8月16日朝に逮捕。日高夫婦は3日後の19日早朝、自宅で逮捕された。

首謀者の安政は１９４３年、北海道様《さま》似《に》郡《ぐん》様似町で7人兄弟の6男として生まれた。家族が夕張市に転居した6歳のときに父を亡くし、以後一家は母子家庭に。兄たちの影響もあり、小学校のころから店舗荒らし・賽銭箱荒らしなどの非行を繰り返し、小学6年生から15歳まで遠軽町《えんがるちょう》の教護院「北海道家庭学校」で過ごす。その後、トラック運転手や炭鉱労働者、調理師見習いなどを経て、17歳のころから暴力団員として活動。１９６９年には結婚して、1女をもうけている。

もう一人の首謀者、信子は１９４６年、夕張市で炭坑員の家の7人兄妹の4女として生まれた。小学校は3歳年上の安政と同じ学校で、道立夕張高校時代は不良少女として有名だったという。卒業後、上京して山野美容専門学校に入ったものの、1年間で夕張に戻り、美容師見習いや事務員を経て、交際していた暴力団員と結婚して1女を授かった。しかし、まもなく夫をがんで亡くし、夕張きってのキャバレー「ダイアナ」でホステスに。１９７０年、店に客として来ていた安政と知り合う。信子に一目惚れした安政は、妻子と離婚したうえで彼女に求婚。信子の両親は相手が暴力団員ということで猛反対したが、安政は組に20万円を払って足を洗いカタギとなり、１９７２年に再婚した（結婚後に暴力団員に戻っている）。

2人は知り合ってまもない１９７０年ごろから、三菱大夕張炭鉱の下請会社「日高班」を設立、炭鉱作業員を斡旋する手配師業を始める。その後、１９７６年に社名を「有限会社 日高商事」に変更する一方、安

全焼した作業員宿舎（「朝日新聞デジタル」より）

政は知り合いの女性と上京、信子も従業員と駆け落ちし、1977年に会社は倒産。その後、それぞれの相手と別れた2人はよりを戻し「有限会社 鹿島工業」を設立。安政はこのころ、暴力団「誠友会」の総長と知り合い、その下部組織となる「初代誠友会日高組」を立ち上げ、金融業や水商売も手がけるようになる。しかし、1978年、暴力事件や覚醒剤所持、銃刀法違反などで懲役2年6ヶ月の有罪判決を受け服役。信子は「鹿島工業」をたたみ、新たに「日高興業」を興《おこ》し、女手ひとつで手配師業を続けた。

　そんななか、1981年10月16日に「北炭夕張新炭鉱ガス突出事故」が起こる。1963年の三井三池三川炭鉱炭じん爆発の453人、1965年の三井山野炭鉱ガス爆発事故の237人に次ぐ93人の死者を出したこの事故で、日高興業が現場に派遣していた作業員7人が死亡したため、死亡保険金1億3千万円が会社に振り込まれ、遺族に支払われた分を除いても約6千万円が経営者である日高夫婦のもとに残った。

　大金を手にした夫婦は、安政が刑期を終え出所した後、夕張市南部青葉町に白亜2階建ての自宅兼事務所を新築。高級車リンカーンを購入したり、子供たちにポニーを買い与えたほか、経営するスナックの改装、ダイエット食品店の開業など浪費を重ね、わずか2年足らずで保険金を使い果たしてしまう。ちなみに、信子は保険金の一部で「ショップ88」というアクセサリー店を開き、贈答品・文房具・学習机・キャラクター商品などを取り扱っていたが、店員を雇わず組員が店番をしたため、客が寄りつかなかったという。もともと夕張の炭鉱業は、1970年代から閉山が相次いでいたが、新炭鉱事故で急速に衰退。夫婦の事業も例外ではなく、保険金を使い切った後は多額の借金を負うようになり、そこで生活を立て直すべく札幌でデートクラブを開業しようと考える。保険金殺人は、その設立資金を作るため計画・実行されたものだった。

殺人、現住建造物等放火、詐欺の罪で起訴された安政と信子の裁判は1987年3月9日から札幌地裁で始まった。公判で検察側は作業員を飲酒させた後、就寝間もない時間を狙って共犯に放火させている点などから「明白な殺意があった」と主張。対し、安政被告側は「火災保険金さえ手に入ればよかった」と6人全員について殺意を否認し、妻の信子被告も、飲酒すると泥酔することの多かった一人について「未必の故意」を認めただけで、共に「犠牲者が出ないように、と指示したのに共犯（I）が言ったとおりにやらなかった」と反論した。判決公判で裁判長は、争点となっていた殺意について、両被告と実行行為者との間で「放火の結果、焼死者が出てもやむを得ないと認容していた」として、焼死した6人全員についての未必の殺意を認め、死刑を宣告する。安政と信子はこれを不服として札幌高裁に即日控訴。その後、控訴審は4回開かれたが、夫婦は1988年10月に突如として控訴を取り下げる。これにより、夫婦ともに死刑が確定した。

事件後、日高興業は解体、建物は廃墟に。2018年時点で、看板や表札が残っていた（写真は「マトリョーシカ　凶悪事件のデータベース」より）

2人が控訴を取り下げたのには明確な理由がある。当時、天皇陛下の危篤が続いており、陛下ご逝去《せいきょ》にともなう恩赦《おんしゃ》の対象に死刑確定囚が含まれるという噂が流れていた。過去にも明治天皇や大正天皇が崩御した際には恩赦により殺人犯の刑が減刑された例があった。ただし、恩赦の対象となるには刑が確定していなければならず、裁判中の者は対象にならない。そのため夫婦は意図的に控訴を取り下げたのである。しかし、1989年1月7日の昭和天皇崩御の際、懲役受刑者や禁錮受刑者、死刑確定者に対する恩赦は一例も行われなかった。そもそも保険金詐取を目的とした保険金殺人は、はなから恩赦の対象外で、仮に恩赦が行われたとしても日高夫婦が対象に選ばれる可能性はなかったのである。

恩赦の期待を絶たれた夫婦は、1996年5月に「死刑判決を受け、法律の知識もないままに恩赦があると誤認した」として札幌高裁に控訴審の再開を申請したが認められず、最高裁に提出した特別抗告も1997年5月に棄却。同年8月1日、夫婦ともに札幌刑務所で絞首刑に処される。日本における女性死刑囚の死刑執行は、1970年に執行された女性連続毒殺魔事件の杉村サダメ以来27年ぶりで戦後3例目だった。ちなみに実行犯のIは1987年3月、札幌地裁で無期懲役判決が出て、控訴せず確定した。

アルトン・コールマン&デブラ・ブラウン

レイプ常習犯の男とIQ70未満の女の53日間殺人行脚

アメリカ中西部8人連続殺人事件

アルトン・コールマンとデブラ・ブラウンが、共に出身地である米イリノイ州ワキガンで出会ったのは1983年夏。それぞれ27歳、20歳のときだ。アルトンは黒人売春婦の私生児として生まれ、母親が見知らぬ男と性行為に及ぶ姿を見ながら育った。少年のころから数々の犯罪に手を染め、18歳だった1973年12月、共犯の男と54歳の女性を強姦、車と金を盗み初逮捕。以降、レイプの常習犯として1982年末までに6回の逮捕歴があった。片や、デブラはごく普通の家庭で育ったものの、生まれつき知的障害がありIQは70未満。20歳で交際男性と婚約したが、アルトンと出会ったことで激しい恋に落ち、婚約者も家族も捨て、彼と行動を共にすることになる。ちなみに、知り合ったとき、アルトンは14歳の少女を強姦した罪で警察に追われる身にあった。

凶行の火蓋が切られたのは1984年5月29日。ウィスコンシン州キノーシャに住む当時9歳の少女ヴァーニタ・ウィートが強姦・絞殺された。最初アルトンがヴァーニタの母親と仲良くなり、相手を油断させたうえで娘を誘拐・拉致したうえで

法廷で撮影されたアルトン・コールマン（左）デブラ・ブラウン

の犯行だった。遺体は6月19日に腐乱した状態で廃ビルで見つかり、母親の証言からアルトンは全米に指名手配される。

ヴァーニタの遺体発見の前日の6月18日、アルトンとデブラはインディアナ州ゲーリーでアニー・ヒルヤード（当時9歳）と従姉妹のタミカ・タークス（同7歳）を誘拐、人里離れた森林地帯に連れて行き、ロープで縛りつけた。タミカが泣き始めると、アルトンが殴る蹴るの暴行を働き瀕死の状態に。その後、アニーは2人にオーラルセックスを強要される。そのとき森の中からタミカのうめき声が聞こえてきたため、ベルトで首を絞め殺害。アニーは殺される寸前で奇跡的にその場から逃げ、通行人に発見された。翌19日、2人はボストンから来たカップルを装って、当時25歳のドナ・ウィリアムズと親しくなり、その夜、彼女を暴行・殺害。遺体は7月11日、ミシガン州デトロイトの廃ビルで発見される。

7月4日の独立記念日にはオハイオ州トレドでウェイトレスをしていたヴァージニア・テンプル（同44歳）宅で彼女を強姦・殺害。そのとき家におり犯行を見て怯《おび》えていた長男のレイチェル（同9歳）も手にかけ、遺体を天井裏に隠した。

この後、近所の家に押し入り、住人である夫婦を電気コードで縛り上げ金と車を盗み逃走。8日後の同月12日、同州シンシナティで15歳の少女トニー・ストーリーを暴行・殺害し、翌13日には、同州ミルトンでキャンピングカーを売りに出していたハリー・ウォルターズ（同45歳）に、車を買いたいという口実で自宅を訪問。妻のマーリーン（同44歳）をレイプした挙げ句に撲殺した。彼女の後頭部は鈍器で執拗に殴られており、ほとんど原型を保っていなかったという。夫のハリーも危害に遭い意識不明の状態で発見されたが、一命は取り留めている。

7月17日、2人は以前から知り合いだった同州トレドの牧師夫婦を訪問。束の間の休息を取るためだったが、牧師が自分たちの正体を知っていたことから、乱闘となる。夫を殴り、妻の首を締め殺害を目論むも失敗し逃走。2日後の19日、インディアナポリスの路上でユージン・スコット（同79歳）を銃で脅し車を奪うと、彼を虫けらのように射殺した。

犠牲者は全部で8人。このうちトニー・ストーリーとマーリーン・ウォルターズを除く6人が黒人（アフリカ系アメリカ人）だった。黒人であるアルトンとデブラがなぜ、同じ黒人を集中的に狙ったのか。

強姦・殺害された犠牲者。左からヴァーニタ・ウィート、タミカ・タークス、ドナ・ウィリアムズ、ヴァージニア・テンプル

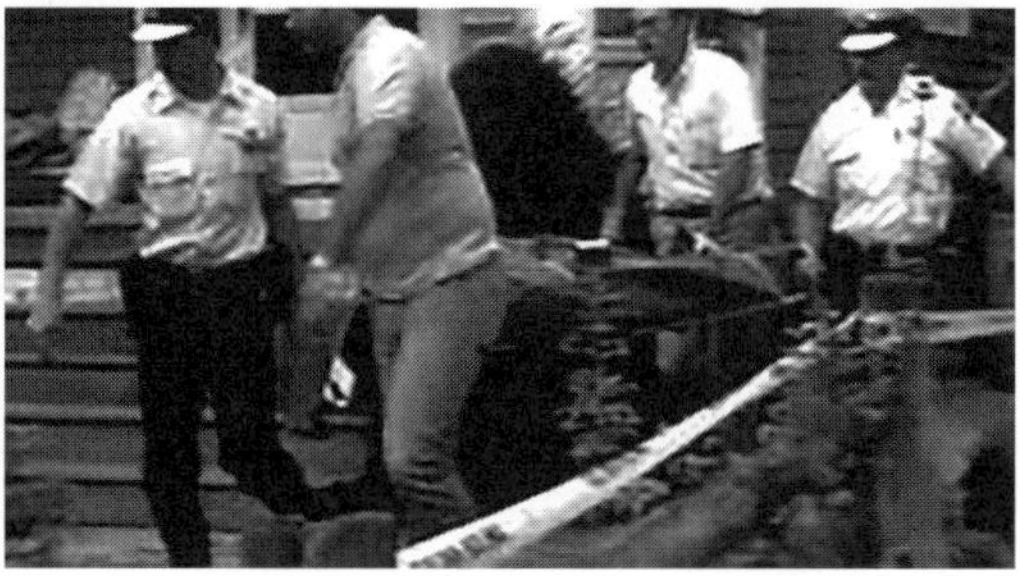

7番目の犠牲者となったマーリーン・ウォーターズ（左）。中央のメガネの男性が一命を取り留めた夫のハリー。他3人は彼らの子供たち。下は警察がマーリーンの遺体を運び出している様子

後にアルトンは「黒人を殺せ」という神の声が聞こえたと語っているが、そこに特別な理由はなかったようだ。

7月20日、指名手配がかかるなか、アルトンとデブラは故郷にほど近いイリノイ州エヴァンストンの路上を歩いていた。その姿を偶然車で通りかかった運転手が見つけ、警察に通報する。捜査員が現場に急行すると、2人は近所の移動式観覧車に座っていた。警官2人が近づいても逃げる様子はなく、その場で逮捕。エヴァンストン警察署に移送され、指紋によって2人の身元が特定された。

アルトンとデブラの犯行は、ウィスコンシン州、イリノイ州、インディアナ州、ミシガン州、オハイオ州、ケンタッキー州の6州にまたがっていたため50人を越える法執行官が集まり協議、裁判はオハイ

オ州で行われることになった。同州はトニー・ストーリーとマーリーン・ウォルターズの殺害容疑で2人を起訴し、1985年に両名ともに死刑判決を下す。公判では知的障害のあったデブラをアルトンが支配下に起き、彼女は従属的に従ったまでとする主張もなされたが、デブラが実際に銃の引き金を引いたことを重視され、極刑は免れなかった。一方、アルトンは「神の声に応えたうえ、自分の性欲も処理できて満足だ。俺は幸せだ」と証言、死刑判決にも一切戸惑うことはなかったという。

その後、イリノイ州とインディアナ州でも死刑判決を受けたアルトンは南オハイオ矯正施設で17年を過ごし、2002年4月26日、最期のときを迎える。その日の朝、フィレミニョンのステーキと鳩のローストを食べ終えると、自分の行いを謝罪する手紙を発表してから処刑室へ。特筆すべきは、このとき建物の外にモニターが設置され、多くの一般人が死刑の一部始終を見ることが許されたことだ。アルトンは「賛美歌 第23番」を繰り返し歌い続け、薬物注射により死へと旅立った。享年46だった。

1984年7月20日、イリノイ州エヴァンストンで逮捕されたアルトン(右)

同じく死刑判決を受けていたデブラはインディアナ州のタミカ・タークス殺害にも関与したとして改めて死刑を宣告される。彼女は最初のオハイオ州の公判で裁判官に対し「私は雌犬を殺したけど、一切気にしていいない。楽しかったわ」と書かれたメモを手渡しており、一切反省の色を見せなかった。死刑も当然と覚悟はできていたようだ。が、オハイオ州刑務所に投獄され17年が経過した1991年、同州知事は彼女を死刑から仮釈放のない終身刑に減刑とする。IQが極端に低いのが理由だった。その後、デブラはビデオで被害者の家族に謝罪し、ついに自分の犯罪に対する反省を表明。2024年5月現在、オハイオ州デイトンのデイトン矯正施設で服役中である。

罪状認否の様子

2000年ごろに刑務所内で撮影されたアルトン(上)とデブラ

ジェイムス・マーロウ&シンシア・コフマン

金品奪取目的で1ヶ月間に女性4人を殺害した凶悪夫婦「フォルサム・ウルフ」事件

1986年10月11日の夜、米カリフォルニア州コスタ・メサに住むサンドラ・ニアリー(当時32歳)が銀行のATMで金を引き出すため自宅を出たまま行方不明となった。車は行内の駐車場に停められていたが、手がかりは皆無。警察の捜査が難航するなか、2週間後の同月24日、彼女は姿を消した銀行から40キロほど離れた同州リバーサイド郡コロナ近郊の林で、絞殺され腐乱した遺体となって発見される。

同月28日、アリゾナ州ブルヘッド・シティでパメラ・シモンズ(同35歳)が姿を消す。彼女もまた銀行の駐車場に車を置いたまま行方不明になっていたことから、金を下ろした後に事件に遭遇した可能性が高いと思われた。10日後の11月7日には、カリフォルニア州レッドランズ在住のコリナ・ノーヴィス(同20歳)がショッピングモールのATMで現金を引き出した直後に失踪。さらに5日後の12日、カリフォルニア州オレンジ・カウンティのクリーニング店に勤務するライネル・マーレイ(同19歳)が、ボーイフレンドとのデートの約束をすっぽかし、そのまま行方不明となる。翌13日、ハンティントン・ビーチのモーテルで遺体となって発見。死因

ジェイムス・マーロウ（左）とシンシア・コフマン。写真は1989年7月の裁判出廷時

は首を絞められたことによる窒息死だった。

警察は当初、４つの殺人が同一犯によるものと考えていなかった。また、当時は防犯カメラの設置も徹底されていなかったことから、捜査も遅々として進まない。ところが、事件解決の緒《いとぐち》は突然見つかる。３人が殺されたカリフォルニア州警察が、同州ラグナ・ニゲルのファーストフード店のゴミ箱で発見した紙袋を確認したところ、３人目の被害者、コリナ・ノーヴィスの小切手帳と、ジェイムス・マーロウ（同29歳）とシンシア・コフマン（同24歳）の名前が記された書類が出てきたのだ。２人とも犯罪歴があったことから、警察は彼らが金目的で被害者を誘拐・殺害した可能性が高いとにらみ、その行方を追う。

ジェイムスは10歳のころから窃盗・強盗を繰り返す札付きのワルだった。１９８０年、23歳のときに住居侵入と強盗の罪で逮捕され、カリフォルニア州のフォルサム刑務所に3年服役。ここで彼は囚人の間で「フォルサム・ウルフ」とあだ名を付けられる。出所後も窃盗・強盗を働き塀の内外を出入りする日々。１９８６年当時は6番目の妻の車を盗んだ罪で、南カリフォルニアの郡刑務所に収監されていた。

一方、シンシアは１９６２年、ミズーリ州セントルイスの実業家の娘として生まれ、敬虔《けいけん》なカトリック教徒として育てられた。が、両親が離婚したことをきっかけに素行が悪くなり17歳で妊娠。中絶は許されず、仕方なく相手の男性と結婚する。夫婦生活が5年経過した22歳のとき、愛のない暮らしに耐えきれなくなりアリゾナ州に家出。そこで知り合った男性と同棲を始める。運命が変わるのは１９８６年5月。ボーイフレンドとカリフォルニア州でドライブデートを楽しんでいたとき、同州バーストーで一時停止標識を見誤り警察に止められた。持ち物検査で、シンシアのバッグから大量のメタンフェタミン（覚醒剤）が発見。その場で逮捕されたものの、起訴は見送られる。対して恋人の男性は郡刑務所に6週間服役することになり、シン

犠牲者のライネル・マーレイ（左）とコリナ・ノーヴィス。
他2人の犠牲者の写真は公表されていない

シアは面会に出向く。そこでたまたま見かけたのがジェイムスで、彼女は瞬間に一目惚れ。１９８６年６月に彼が出所すると、あっさり恋人を捨て、ジェイムスと交際を始めた。

当初は2人でメタンフェタミンを使ったセックスを楽しむ程度だったが、すぐに金が底をつき、同年7月26日、ケンタッキー州ホイットリー郡の家屋に押し入り、現金、宝石類、散弾銃を強奪する。初めての強盗体験に快感を覚えたシンシアは、数日後にテネシー州でジェイムスと結婚式を挙げる。その記念に彼女が臀部に彫ったタトゥには「私はフォルサム・ウルフの所有物です」と記されていた。２人が残虐な犯罪に手を染めるのは、挙式から3ヶ月後のことだ。

１９８６年11月13日、カリフォルニア州サン・バーナディーノのモーテルから、部屋を掃除していたところ、テレビで報道されていた被害者ライネル・マーレイの署名入り便箋が大量に見つかったとの通報が入った。警察はジェイムスとシンシアがここに宿泊し、ライネルの小切手を偽造するため署名の練習をしていたものと推定。翌14日、今度は同州ビッグ・ベア・シティの山荘から、指名手配中のカップルが今、うちに泊まっているとの連絡が入った。さっそく武装した警官約１００人が現地に急行し、ハイキングを楽しんでいた2人を逮捕。そのとき彼らが着ていたのは、ライネルが勤めていたクリーニング店から盗んだ衣類だった。

裁判は3年後の１９８９年7月から始まり、8月30日にジェイムスとシンシアともに死刑判決が下った。カリフォルニア州で女性が死刑を宣告されるのは、１９７７年に死刑が復活して以来初めだったが、２０２４年5月現在、両名ともに未執行である。

デヴィッド＆キャサリン・バーニー

変態欲と嫉妬のため女性4人を強姦・殺害した夫婦の歪んだ絆

ムーアハウス連続殺人事件

　1986年11月10日、オーストラリア南西部の港湾都市フリマントルの家電量販店に半裸の少女ケイト・モア（当時17歳）が飛び込んできた。なんでも、一組の男女に誘拐・監禁されていたところを命からがら逃げ出してきたのだという。話を聞いた従業員はすぐに通報。警察はケイトから監禁場所を聞き出し、西オーストラリア州パース郊外ウィラジーのムーアハウス・ストリート3番地に向かう。そこに住んでいたのはデヴィッドとキャサリンのバーニー夫妻。ここでオーストラリアを震撼させた通称「ムーアハウス殺人事件」が発覚する。

　デヴィッドは1951年、パースの郊外で5人兄弟の長男として生まれた。10歳のとき両親が離婚し、弟らとともに養護施設送りに。15歳になったころ競走馬の厩《きゅう》舎《しゃ》で働き始めるが、ある日、頭にストッキングを被り下宿先の老婦人の部屋に侵入、レイプしようとしたかどで職場を解雇される。キャサリン（1951年生）はそんな彼と幼馴染で、2歳のときに母親を亡くし、育児放棄の父親に代わり祖父母に引き

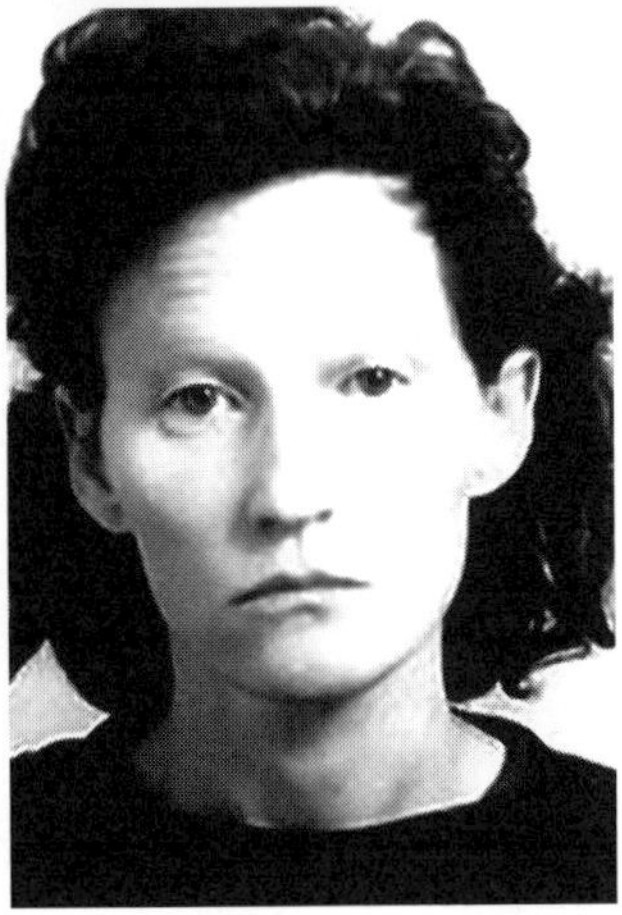

オーストラリア最凶の夫婦と言われる
デヴィッド・バーニー（上）とキャサリン

取られた。ただ、祖母は厳格でキャサリンが外で遊ぶことを一切禁止し、友だちを家に入れることを拒んだ。笑顔を見せることのなくなった彼女に優しく接してくれたのがデヴィッドだった。共に崩壊家庭に育った2人は互いの傷を舐め合うように14歳のころから交際を開始する。が、一緒に窃盗を働いたことで2人とも少年院に入れられ関係は破局する。

デヴィッドの素行不良は少年院を出た後も改善されず、窃盗や強盗の罪で刑務所を出たり入ったりする一方、露出や小児性愛、ＳＭなどに異常な関心を示す性癖「パラフィリア」の持ち主となる。23歳で結婚し一女を授かるも、その変態性に妻が呆れ返り、ほどなく別居。デヴィッドはあり余った性欲を実弟のジェイムズにぶつけ、毎日のように彼を犯した。その見返りとしてデヴィッドは、ジェイムズの21歳の誕生日プレゼントに別居中の妻を提供し、弟は喜んで兄の妻を犯したそうだ。

キャサリンは少年院を出た後、マクラフリン家で家政婦として働き始め、１９７２年、21歳のときに一家の長男であるドナルドと結婚、7人の子宝に恵まれる（長男の息子は幼児期に車にはねられ死亡）。そのまま幸せな家庭を築くはずだった。が、街でデヴィッドと再会したことで運命が変わる。当時、デヴィッドは妻と別れ、車の修理部品店に勤務していた。昔話をするうち、キャサリンのデヴィッドに対する激しい感情が生まれ、衝動のまま彼女は家族を捨てデヴィッドのもとに身を寄せる。1985年、共に34歳のときだ。

2人は前出のムーアハウスに居を構え新たな暮らしをスタートさせる。正式な籍こそ入れなかったものの、キャサリンは姓をバーニーに変更し、事実上の夫婦となる。が、デヴィッドの性欲は彼女の予想を遥かに上回り、1日最低6回のセックスを求められた。さすがに体が持たず、回数を減らしてくれるよう提案したところ、1986年9月のある日、デヴィッドから驚きの言葉が飛び出す。おまえの代わりとなる女性を誘拐し性奴隷にしたい――。夫を愛し依存しきっていたキャサリンは、その要求に応じるより選択肢はなかった。

「独身女性求む。18歳〜24歳の女性を希望。1人部屋を無償で提供します」

9月下旬、デヴィッドは新聞にこんな広告を出した。いかにも怪しい文面だが、10月6日、これに当時22歳の女子大学生、

キャサリンは6人の子供と夫を捨てデヴィッドと行動を共にした

2人が暮らし、被害女性を凌辱していた
ムーアハウス・ストリート3番地の住宅。
事件後に改修され、現在も売りに出ている

メアリー・ニールソンがコンタクトしてきた。聞けば、夫婦2人住まいで部屋が余っているのだという。メアリーは彼らと生活する気はなかったものの、デヴィッドが付け加えるように口にした「仕事柄、車のタイヤを格安で譲ることができる」という話に釣られ、夫婦の家を訪れてしまう。そこで待っていたのは地獄だった。デヴィッドは彼女と応対するうちに欲望を抑えきれなくなり、ナイフで脅して強姦。キャサリンはそれを一切止めることなく、淡々と眺めていた。さて、この後どうするか。メアリーを解放すれば、警察に捕まるのは明らか。ならば、採る手段は一つしかない。2人は車でキャサリンを近所の森まで運び、デヴィッドが再び強姦。必死に命乞いをする彼女を無視しナイロンテープで首を絞めて殺害した後、手足を切断、遺体を地中に埋めた。

味をしめたデヴィッドはキャサリンに命じて次の獲物を探す。2人は事前に取り決めたサインがあった。キャサリンがターゲットになりそうな女性を見つけると「お腹が減ってきたわ」と口にし、デヴィッドが気に入り「そうだな」と答えると相手が確定。こうして、2人は毎日のように車を走らせ、10月20日、通りを歩く1人の少女に狙いを定めた。当時15歳の女子高校生スザンナ・キャンディで、聞けば、レストランでのアルバイトを終え自宅に帰る途中だという。家まで送ってあげるという彼らの言葉に、スザンヌは感謝し車に同乗した。人の良さそうな男女カップルに危険な雰囲気はまるで感じられなかった。ところが、彼女もまた夫婦の自宅に連れ込まれ、デヴィッドに凌辱の限りを尽くされる。スザンヌはデヴィッドの特に好きなタイプだったようで、数日にわたってレイプを繰り返した。その姿を見て、キャサリンが怒る。嫉妬だった。やがて口喧嘩が始まると、デヴィッドが妻に言った。そんなに俺を愛しているなら、おまえが殺せ。キャサリンはその言葉を待っていたかのように、スザンヌを絞殺。遺体は最初の犠牲者メアリーと同じく近所の森に遺棄した。ちなみに、夫婦はスザンヌの両親を安心させるため、監禁中に彼女に自身の無事を知らせる手紙を2通書かせ、投函している。

3人目の犠牲者は、夫婦と顔見知りのノエリーン・パターソンという31歳のスチュワーデスだった。同年11月1日、彼女が仕事帰りにガス欠で立ち往生しているところを通りかかったのがデヴィッドとキャサリンで、ノエリーンは誘われるまま車に乗り彼らの自宅へ向かう。そこで、また同じことが繰り返される。3日にわたって彼女をいたぶるデヴィッドにキャサリンが嫉妬し「ノエリーンを殺して！　できなければ私が自殺する！」と絶叫。仕方なくデヴィッドは彼女に睡眠薬を飲ませたうえで絞殺し、また も近所の森に埋葬する。このとき、砂をかけられたノエリーンを見てキャサリンは大喜びし、後の警察による現場検証の際には彼女が埋められた場所に唾を吐きかけたそうだ。

殺害された被害者。左からメアリー・ニールソン、スザンナ・キャンディ、ノエリーン・パターソン、ダニーズ・ブラウン

遺体が捨てられた
グレン・イーグルの森を捜索する警察

11月5日、2人は21歳のコンピューター・オペレーター、ダニーズ・ブラウンをバス停で誘拐。自宅に監禁する。デヴィッドが2日間ぶっ通しでレイプした後、いつもとは違う森に連れていき再び強姦、ナイフで刺殺し遺体を土中に埋める。が、彼女は息絶えておらず、瀕死の状態で起き上がってきたため、キャサリンがデヴィッドに斧を手渡し滅多打ちにして撲殺。改めて遺体を土の中に埋め逃走した。

11月9日夜、前出のケイト・モアが夜遊びの後、バーニー夫妻に声をかけられ、まんまと自宅に連れ込まれる。他の被害者同様、車の助手席に女性が乗っていたことで気を許したのだ。ケイトは夫婦の家に入った途端、服を脱がされ鎖で繋がれる。が、彼女はあきらめなかった。翌朝、デヴィッドが仕事に出かけキャサリンと2人きりになったとき、彼女は親に手紙を書きたいので鎖を外してほしいと願い出る。実はケイトは逃げる機会を作るため、キャサリンと意図的に親しい関係を築いていた。彼女が好きだったイギリスのロックバンド、ダイアー・ストレイツのレコードを褒め、キャサリンが好みの映画「ランボー」を自分も大好きだと賛同し、さらには互いの親についても語り合った。キャサリンも彼女と気が合うと油断したのだろう、彼女はケイトの申し出にさほど警戒せず、鎖を外してしまう。そのとき、偶然にもチャイムが鳴り、キャサリンが玄関に出向いた。夫婦と顔見知りの麻薬の売人が家を訪ねてきたのだ。このチャンスをケイトは見逃さず、彼らが話している隙に寝室の窓から外に脱出。全力で逃げ助けを求めたのである。キャサリンは慌ててデヴィッドに連絡したが、時すでに遅し。通報を受けた警察が自宅に向かっていた。

こうして逮捕された夫妻は素直に犯行を認め、遺体を埋めた場所を供述した。裁判の結果は、両者ともに終身刑。オーストラリアは1973年に死刑制度を廃止していた。

判決後、デヴィッドは警備が厳重なフリマントル刑務所の雑居房に拘留されていたが、他の囚人から危害を加えられないようにするために、独房に移され、同刑務所が1991年に閉鎖された後は、パース郊外のカジュアリーナ刑務所の独房に移送される。収監中の楽しみはキャサリンとの文通で、その数は2千600通以上にも及んだという。しかし、2005年10月7日早朝、デヴィッドは独房の換気口にくくりつけた紐で首を吊った姿で発見される（享年54）。自殺の原因は不明ながら、晩年にわずらったうつ病が悪化したことが影響したものとみられている。

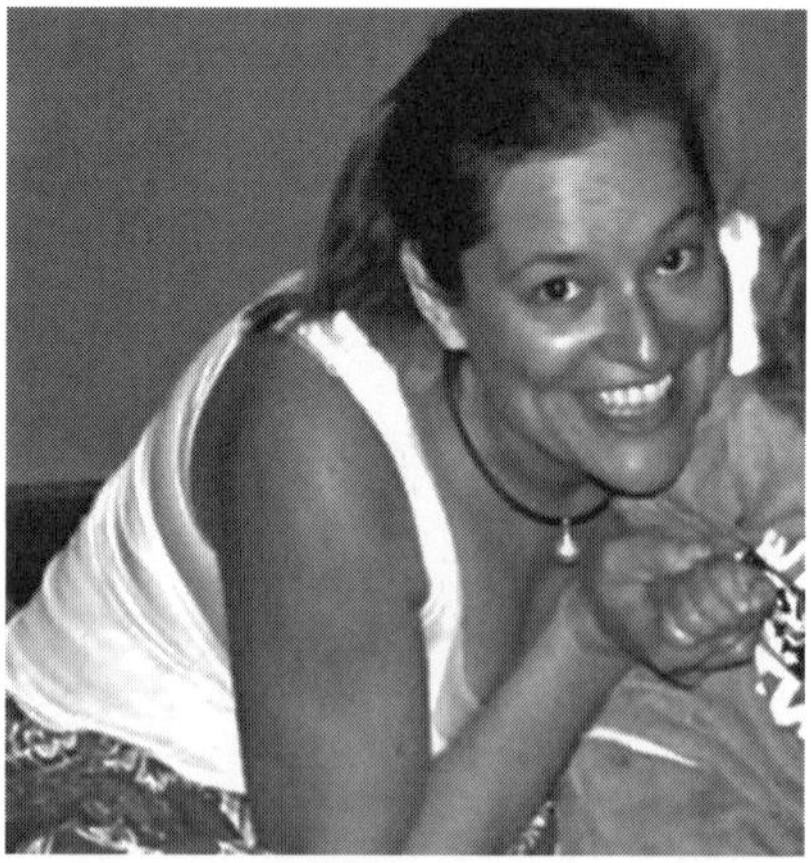

隙をみて監禁場所から脱出、
事件を知らせたケイト・モイヤー

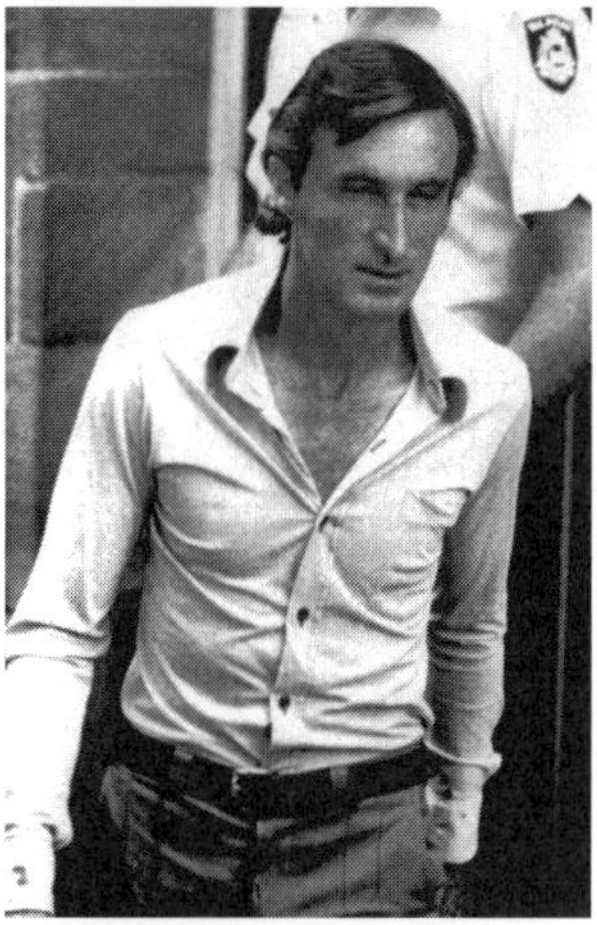

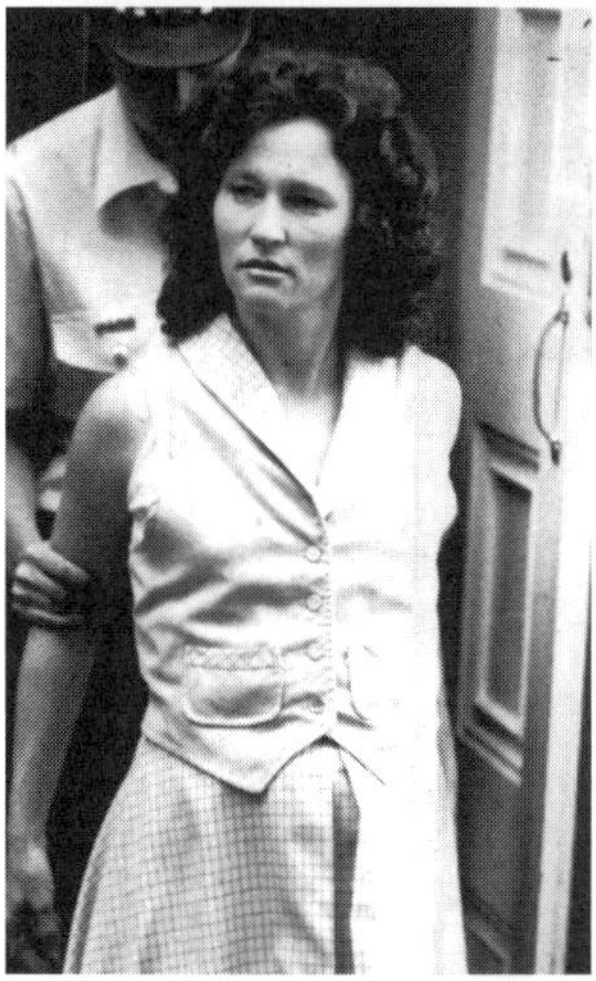

逮捕・連行時のデヴィッド（上）とキャサリン

夫の死を聞いたキャサリンは半狂乱となり、葬儀への参列を強く望んだが、許されなかった。西オーストラリア州ウェストスワン北東部のバンディアップ女子刑務所に収監されていた彼女は、デヴィッドの死から2年後の２００７年に仮釈放申請の資格を取得し、手続きを取ったものの、裁判長は「永久に釈放されるべきではない」としてこれを却下。２０２４年5月現在も同刑務所に収監されている。

ちなみに、キャサリンが前夫との間に生んだ末息子のピーターは事件発覚後、世間から激しいバッシングを受けたものの、母親が１日でも早く釈放されることを願い続けているそうだ。また、デヴィッドの前妻との娘ターニャは父親が逮捕されたとき10歳で、後に姓を変更、成人してからも決して子供を産まないことを己に義務づけた。「二度と別のデヴィッド・バーニーを生み出したくない」というのが、その理由だという。

仮釈放を申請し却下された2007年当時のキャサリン

グウェンドリン・グレアム&キャシー・ウッド

ゲーム感覚で5人を殺めたレズビアンカップル
アルパイン・マナー老人ホーム殺人事件

1987年、米ミシガン州グランド・ラピッズのアルパイン・マナー老人ホームで5人の高齢入居者が相次いで死亡した。当初、事件性はないとみられていたが、後に全て殺人だったことが判明。犯人は同施設で看護助手を務めていたグウェンドリン・グレアム（当時25歳）とキャシー・ウッド（同26歳）のレズビアンカップルで、彼女らは自分たちの愛の絆を確かめるため、ゲーム感覚で鬼畜な犯行に及んでいた。

グウェンドリンがアルパイン・マナー老人ホームに採用されたのは1985年7月。キャシーは直属の上司だった。当時、キャシーは7年間の結婚生活にピリオドを打ったばかり。離婚の原因は彼女がバイセクシャルで、外で女性と肉体関係を重ねていたことにあった。世間話のついでにその事実を聞かされたグウェンドリンの心はときめく。自身もレズビアンでパートナーを探していたからだ。

ほどなく2人は恋人同士となり、毎日のように情事に耽る。セックスはグウェン

グウェンドリン・グレアム（左）とキャシー・ウッド。
写真は1988年12月の逮捕時に撮影されたもの

ドリンがタチ（責め手）でキャシーがネコ（受け手）。関係が深まるうち、キャシーの方がグウェンドリンにのめりこんでいく。

１９８６年10月、グウェンドリンがセックスの後、残虐な計画を口にする。入居者６人を殺し、名前の頭文字を並べると「ＭＵＲＤＥＲ（殺人）」になるようにしようというのだ。キャシーは単なる冗談かと聞き流したが、グウェンドリンは本気で、殺人を犯すことで２人だけの秘密を共有し、不滅の愛を築こうとキャシーを説得。熱がこもった言葉に、キャシーもいつしかその気になっていた。

犯行は１９８７年１月から開始された。ナースステーションとターゲットの部屋が同時に確認できる位置でキャシーが見張り役として立ち、グウェンドリンが入居者の鼻と口をタオルで押さえ窒息死させる。人を殺めるたび言いしれぬ興奮が体を襲い、２人はより濃いセックスを堪能した。こうして殺人は続き、４月初旬までにアルツハイマー病を患った65歳〜97歳までの計５人が犠牲となる。当初起案した「ＭＵＲＤＥＲ」は実現できなかったが、みな自然死とみなされ遺体解剖が行われることもなかった。その背景には、グウェンドリンとキャシーがホーム職員の中でも、特に入居者の信頼が厚かったことがあり、2人に疑いが向く気配は一切なかった。

犯行が終わったのは、グウェンドリンに別のレズビアンのパートナーができたからだ。相手は同じホームで働いていた看護助手の女性で、2人はほどなくテキサス州の他の施設に勤務地を移す。裏切られたキャシーの落胆は激しく、1987年8月、彼女は腹立ちまぎれに元夫に全てを打ち明ける。元夫は信じられない気持ちの方が強く、聞いた話をいったん自分の中だけに留めたものの、14ヶ月後の1988年10月に覚悟を決め警察に通報。当局はキャシーから事情を聞いたうえで同年12月に彼女とグウェンドリンを逮捕する。

物的証拠は何もなかった。介護施設での窒息死は格段珍しくなく、被害者もすでに火葬済み。2人が勤務していた日に事件が起きていることは確認できたものの、犯行を目撃した人間は1人もいなかった。が、検察はキャシーの証言は具体的かつ詳細で信じるに足ると判断、2人を殺人罪で起訴する。

事件の舞台となったアルパイン・マナー老人ホーム

2020年時点のグウェンドリン(左)と、同年1月の釈放後に撮影されたキャシー

裁判で、キャシーは犯行はグウェンドリン主導によるもので、自分は彼女に指示されるまま見張り役を務めていただけだと主張した。一方、グウェンドリンは当初、キャシーの話は全て嘘で、殺人自体がなかったと述べたものの、審理の途中から犯行はキャシーによるもので自分は関与してないと供述を変更した。

1989年11月3日、判決公判が開かれ、グウェンドリンに終身刑（ミシガン州は死刑制度が廃止されている）、キャシーに20〜40年の懲役刑が下った。その後、グウェンドリンは同州ピッツフィールド・タウンシップにあるヒューロンバレー女性矯正施設に投獄され、2024年5月現在も収監中の身にある。対してキャシーはフロリダ州のタラハシーの連邦矯正施設に送られ約30年間服役し2020年1月16日に58歳で釈放。現在はサウスカロライナ州で妹と暮らしているそうだ。

主犯はグウェンドリンで、キャシーは犯行を幇助しただけというのが一般的な結論だが、その拠り所はキャシーの証言のみ。一部捜査関係者の中には、彼女の話はグウェンドリンが別の恋人を作ったことへの嫉妬と憎悪が引きこした嘘で、キャシーこそが真の殺人犯と今なお確信している者もいるそうだ。

レイ&フェイ・コープランド

両者ともに死刑判決を受けた最高齢の夫婦
米ミズーリ州ムーアズビル農場連続殺人事件

発端は1989年10月、米ネブラスカ州で放映されていたテレビ番組「クライム・ストッパー」にかかってきた1本の電話だった。その男、ジャック・マコーミックが言うには、自分は同州リビングストン郡ムーアズビルで農場を営むレイ・コープランド（当時75歳）に雇われていたのだが、仕事中に敷地内で大量の人骨を発見、自身もレイに殺されかけたのだという。突拍子もない話に戸惑いながらも番組スタッフがミズーリ州の警察に連絡したところ、当局は色めき立った。レイには牛取引を巡る詐欺の疑いがあり、かねてから捜査の対象になっていたからだ。

レイは、第一次世界大戦開始直後の1914年、カリフォルニア州で生まれた。両親に連れられ国中を転々とした後、アーカンソー州オザークヒルズに定住。そこで両親は小さな農場を経営したが、1929年に勃発した世界恐慌のあおりを受け生活は困窮。レイは学校を中退し、農場を手伝うようになる。20歳のとき盗んだ豚2頭を売却し初逮捕され、25歳で小切手を偽造した罪で懲役1年の刑に。1940

年に釈放され、その後通院していた病院で当時19歳のフェイ・ウィルソンと知り合い、半年の交際期間を経て結婚した。1949年までに3人の子供を授かったものの、レイはまともな仕事に就こうとせず、窃盗や小切手偽造を働き逮捕されること5回。ムーアズビルに土地を買い、農場経営に乗り出すのは1966年夏、52歳のときだ。

レイはここで心機一転、牛の売買で家族を養おうと考えた。が、彼に複数の犯罪歴があるとの噂が周囲に広まると、誰も取引に応じてくれない。そこで頭に浮かんだのがやはり詐欺だった。手口はヒッチハイカーやホームレスなどの男性を農場に雇い、彼の名義で銀行口座を開設、小切手を切って牛取引をさせた後しばらくしてから不渡りを出し、同時に名義人を解雇するというものだ。この方法で約10年は上手くいっていたものの、名義人の1人が警察に告発したことでレイは逮捕され2年の懲役刑に。釈放された後も同じ手口で詐欺を続け、今度は絶対に犯行がバレないよう、金を騙し取った後は名義人を殺害するようになった。テレビ番組に電話をかけてきたジャック・マコーミックも詐欺に加担し、まさに殺される寸前だった。

レイ(左)とフェイのコープランド夫妻。1980年撮影

警察はこの通報を受け、レイの農場を捜索。敷地内で5人分の人骨を発見する。全員が22口径のライフルで頭部を撃ち抜かれていた。当

局はその場でレイと妻のフェイ（当時68歳）を逮捕する。押収した帳面に、ここ数年間に雇われた者の氏名が記載されており、遺体が発見された5人を含む12人の名前の後に、殺害済みを意味すると思われる「×」が付けられていた。この帳面を記していたのが他ならぬレイで、殺人に関与していたのは明らかだった。

裁判は1990年から始まり、1991年3月に2人ともに死刑が宣告された。検察が証拠品として提出したフェイの手による「被害者の衣服で作ったパッチワーク」が、彼女が死

夫婦が経営していた農場

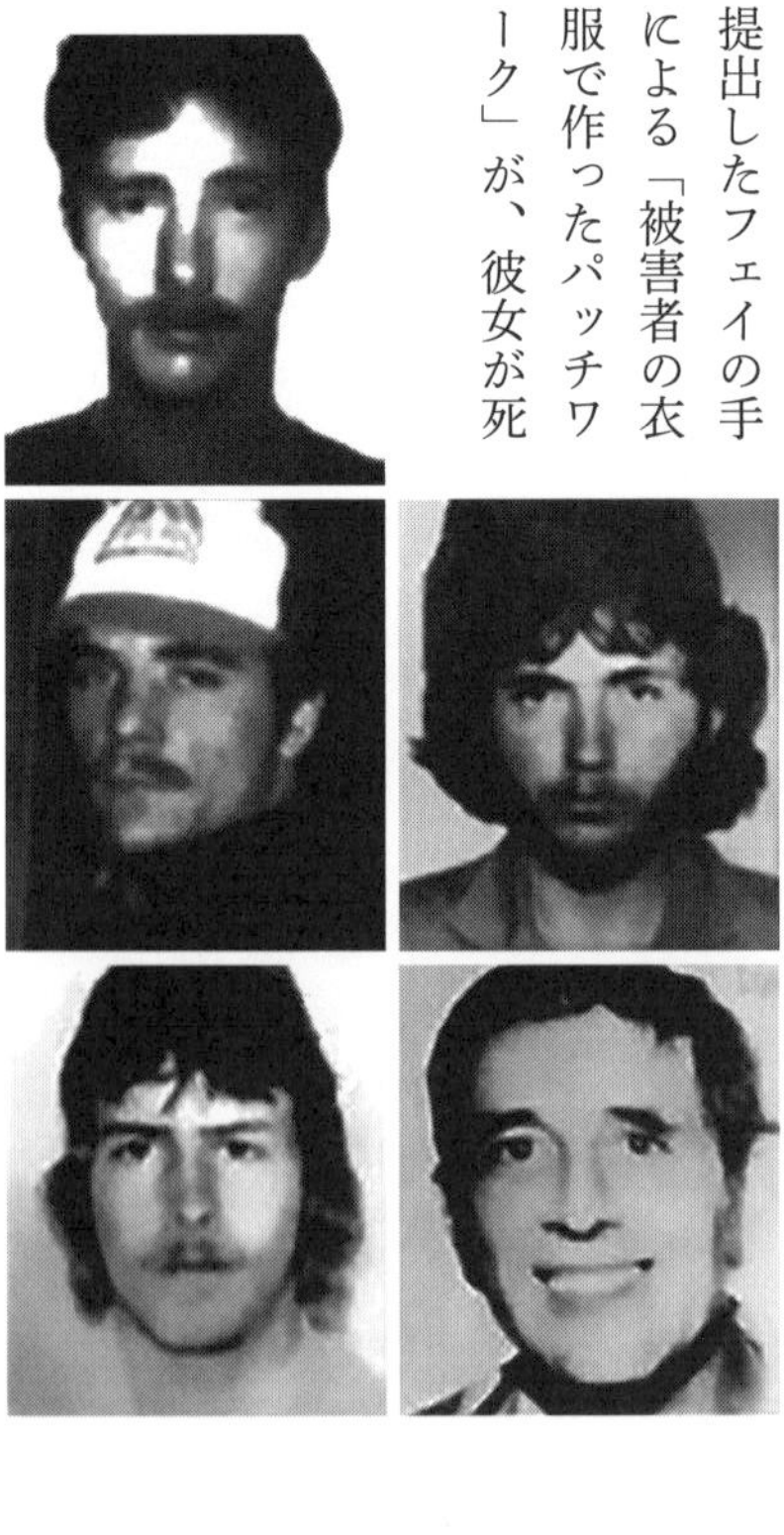

遺体が見つかった5人。左列上からデニス・マーフィー（1986年10月死亡。享年27）、ジョン・フリーマン（1986年11月、同27）、ポール・コワート（1989年5月、同20）、右列上からジミー・デール・ハーベイ（1988年10月、同27）、ウエイン・ワーナー（1986年11月、同不明）。この他、少なくとも7人が殺害されたものとみられている

警察による農場の捜索の様子

刑になった大きな決め手だった。

その後、レイはミズーリ州ポトシ矯正センターに収監され、処刑されることなく1993年10月19日に老衰のため死去。享年78だった。一方、フェイは1999年8月に終身刑に減刑され、後遺症が残る脳卒中を患った後の2002年9月に仮釈放となったが、翌2003年12月23日、故郷のムーアズビルの養護施設で老衰によりこの世を去った（享年82）。

逮捕直後のレイ（上）と、法廷で涙ぐむフェイ

ミシェル・フルニレ&モニク・オリヴィエ

妻の協力のもと、処女を求めて12人を強姦・殺害したシリアルキラー
「アルデンヌのオーガ」事件

１９８０年代後半を中心に、フランスで残虐非道の限りを尽くしたシリアルキラーがいる。ミシェル・フルニレ。処女信仰に取り憑かれていた彼は、妻のモニク・オリヴィエとともに若い女性12人を誘拐・強姦・殺害し「アルデンヌのオーガ」の異名を取った。オーガとは残忍な性格で容赦なく殺人を犯す、ヨーロッパ諸国の伝承に登場する人形の怪物である。

ミシェルは１９４２年、フランス・アルデンヌ県スダンで、金属加工業の父親と専業主婦の母親の次男として生まれた（兄が１人、妹が２人）。その生い立ちは不明ながら、後に本人が精神科医に語ったところによれば、４歳のころから母親に近親相姦を強制され歪んだ性格を形成したという。両親の離婚後、彼を引き取った父親は重度のアルコール依存症で一切の育児を放棄する。荒《すさ》みきった環境下、ミシェルは学校でも同級生の持ち物を盗むなど問題行動を繰り返し、その手癖の悪さは成人になっても変わらなかった。大工の職に就いていた１９６４年に結婚したものの、

2年後も窃盗と暴行の容疑で逮捕、実刑判決をくらう。呆れた妻に見捨てられ、1970年に別の女性と再婚。しばらくはまともに暮らしていたが、1984年に5人の少女を強姦し懲役5年の判決を下される。この一件で2番目の妻とも離婚することになったミシェルは獄中から雑誌に「孤独を忘れるため、年齢を問わず誰とでも文通したい」とのハガキを出し、文通欄に掲載される。これに目を止めたのがモニク・オリヴィエ（1948年生）だ。2人は当初、手紙とのやり取りだけだったが、モニクが幾度も刑務所へ面会に訪れたことで仲が急接近。1987年10月の仮釈放後に結婚しヨンヌ県サン・シル・レ・コロンに居を構えた。

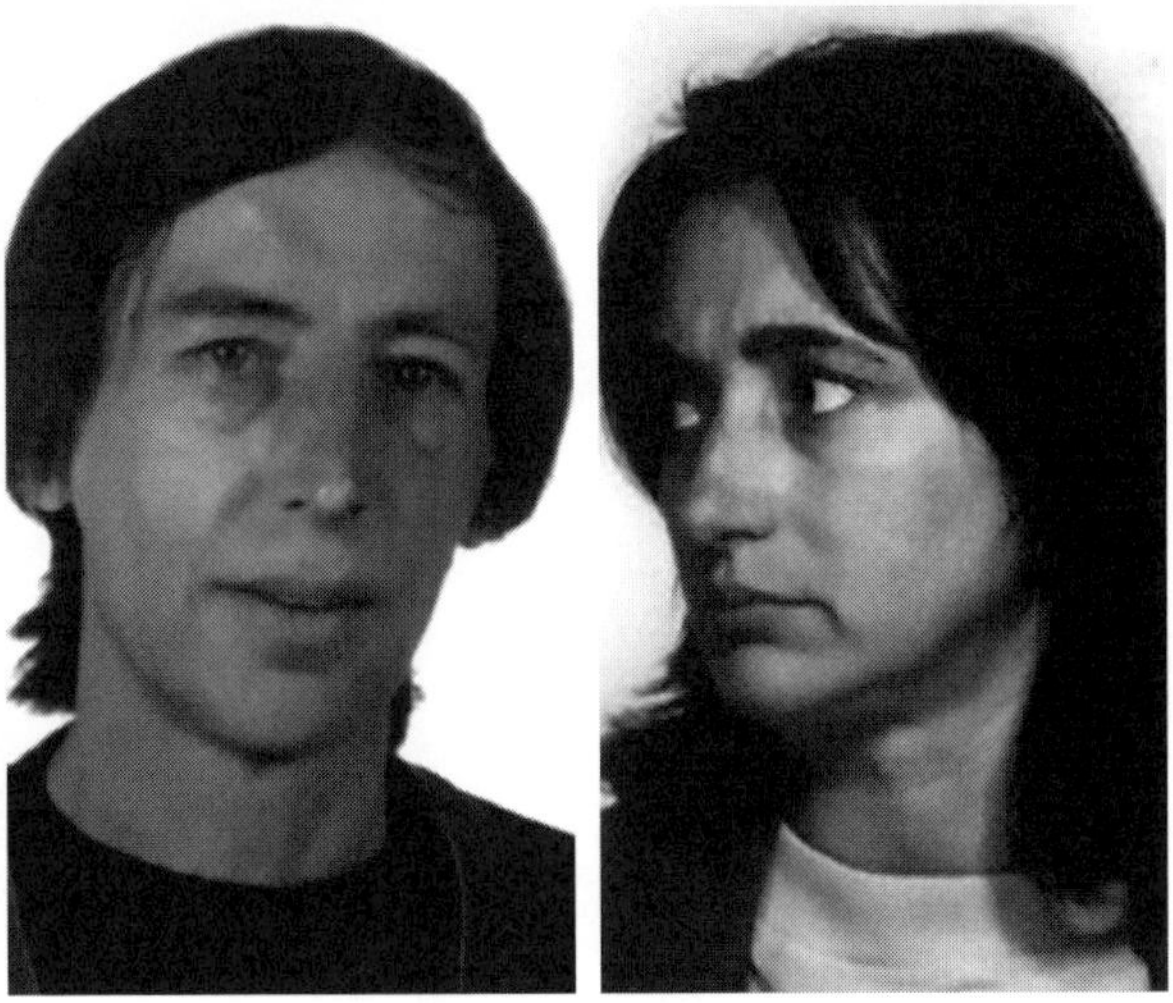

ミシェル・フルニレ(左)にとってモニク・オリヴィエは3番目の妻だった

ここで、ミシェルは文通でも明かしていた己の強い願望を改めてモニクに話す。処女に凌辱の限りを尽くしたい。理解しがたいが、彼は10代後半から処女を犯さなければ生きていけないという強迫観念にとらわれていた。対してモニクは夫の欲望を満たすための協力を買って出る。ミシェルに惚れていたことは当然として、彼が口にした提案が大きかった。犯行に加担すれば元夫を殺してくれるというのだ。モニクはミシェルと出会う前に、自分に酷いDVを働いた夫と離婚しており、いつか復讐することを誓っていた。それをミシェルが代わって果たしてくれるなら、願ったり叶ったりだ。

こうして夫妻は犯行を開始する。１９８７年12月11日、ヨンヌ県オセールで高校から帰宅途中のイザベル・ラヴィル（当時17歳）がさらわれた。彼女は2日ほど前から夫婦が狙っていたターゲットで、このときモニクは車で家まで送ってあげると彼女を同乗させ、別の場所で車が故障したふりをしながら待機していたミシェルのもとに直行。手助けを装い車から降りたところでミシェルがイザベルを強引に自身の車に乗せ、モニクとともに自宅に向かう。そこでミシェルが何度もレイプした後に首を締めて殺害。遺体を自宅から20キロ離れた井戸の中へ投げ捨てた。イザベルの遺体はその19年後、２００６年7月に発見されている。

イザベルが処女だったか否かは定かではないが、１９８８年4月に殺害された2番目の犠牲者、ファリダ・ハンミッシュ（同30歳）は違った。同年3月、ミシェルの刑務所仲間でその時点でも服役中だった男から、俺の妻と一緒に財宝を運び出してくれとの依頼があった。なんでも、フォントネー・アン・パリの墓地にイタリアのギャングが強奪した50万フラン相当（約1千１００万円）の金品が隠されているという。にわかには信じがたいが、ミシェルがこの話を見過ごすわけがない。そこで彼は実際にあった金品を独り占めにし、男の妻を殺害してしまう。彼女こそがファリダだったことは言うまでもない。

大金を手に入れたミシェルとモニクは同年6月、アルデンヌの森に建つソトゥ城を購入する。フランスに

10代後半のミシェル。当時のあだ名は「ホラ吹き野郎」だったという

は古城物件を紹介する専門の不動産屋があり、城を自宅にすることも珍しくなかったが、ミシェルとモニクは以降、ここを舞台に犯行を続けていく。

ミシェルとモニクの自宅で、多くの女性が犠牲になったフランス・アルデンヌのソトゥ城

1988年7月8日にマリー・アンジェル・ドメス（同18歳）、同年8月3日にファビエンヌ・ルロワ（同20歳）が犠牲になった後、モニクがミシェルとの子供を出産。彼らは生まれたばかりの我が子までも犯行に利用する。1989年1月、当時21歳のジャンヌ・マリー・デラモーは夜行列車で、ポールとピエネットという偽名を使ったミシェルとモニクに出会った。2人は愛想が良く親切で、連絡先を交換し別れた。2ヶ月後の3月、彼女は夫婦から連絡を受ける。あなたのような良いお嬢さんに、ぜひ私たちの赤ちゃんの子守をしてほしいのだという。ジャンヌは即答せず、同月18日に駅で夫婦と落ち合い、誘われるまま彼らの自宅へと向かう車に乗る。森に囲まれたソトゥ城に入り、彼女は不吉な予感を覚えた。それは間違っていなかった。いきなりミシェルが「君は処女か？」と聞いてきた。平静を装い「いえ、私には恋人がいます」と答えるジャンヌ。途端にミシェルは激昂、粘着テープで彼女の体をテープで縛ったうえで凌辱し、事を終えると容赦

なく絞殺した。

この後、夫婦は1989年12月20日にエリザベート・ブリシェ（同12歳）、1990年5月16日にジョアンナ・パリッシュ（同20歳）、同年11月21日にナターシャ・ダネ（同13歳）、1993年12月18日にリディ・ロジェ（同29歳）をソトゥ城で魔の手にかけ、遺体を自宅敷地内や近隣の森に遺棄する。一方、警察はそれぞれの家族から失踪届を受けていたものの、彼女らに目立った共通点はなく、ましてや同一犯により殺害されているとは考えもしなかった。ち

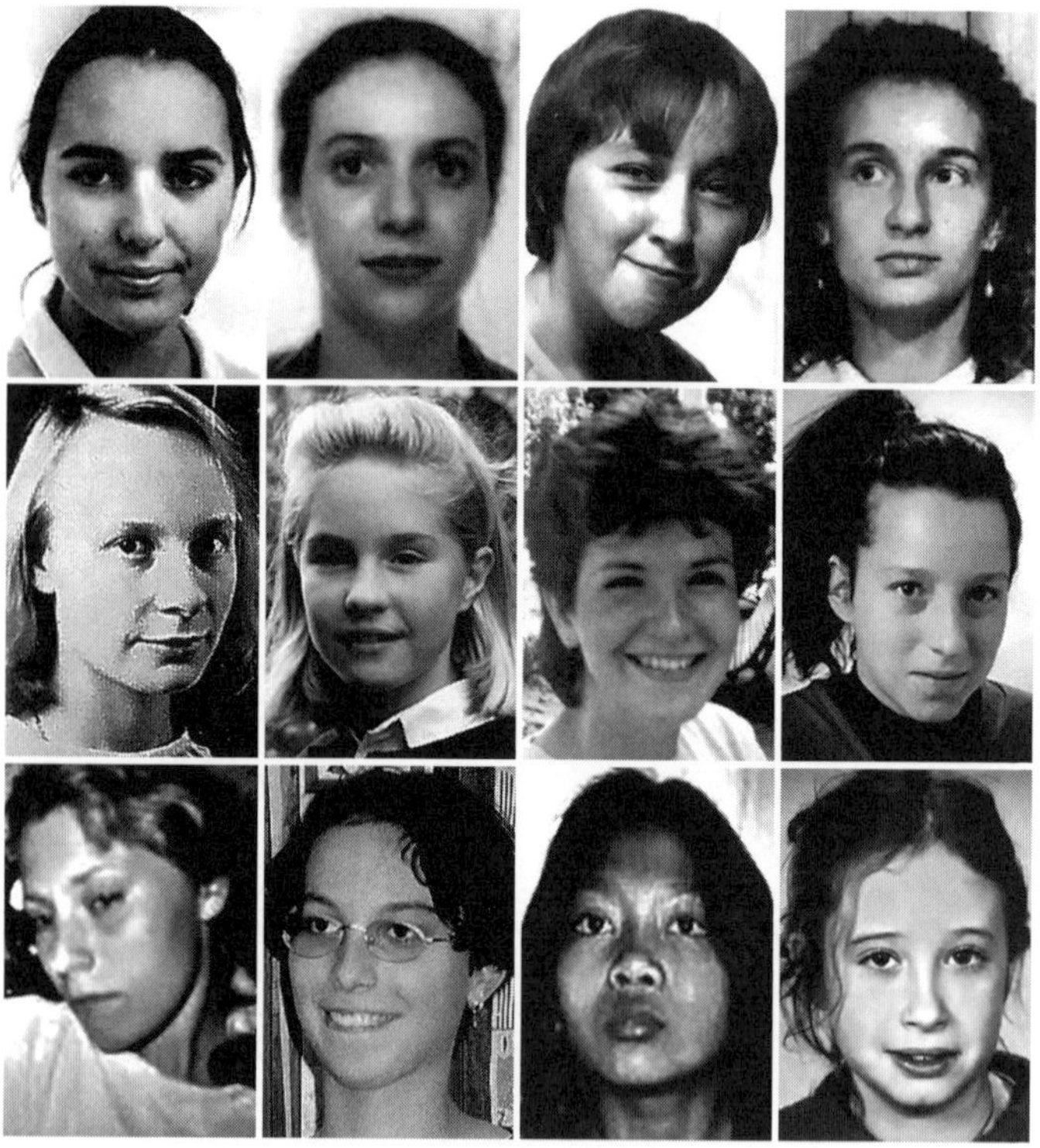

判明している12人の犠牲者。上段左からイザベル・ラヴィル、ファリダ・ハンミッシュ、マリー・アンジェル・ドメス、ファビエンヌ・ルロワ、中段左からジャンヌ・マリー・デラモー、エリザベート・ブリシェ、ジョアンナ・パリッシュ、ナターシャ・ダネ、下段左からリディ・ロジェ、セリーヌ・セゾン、マナンヤ・トゥンポン、エステル・ムーザン

なみに、1989年12月に殺害されたエリザベートが誘拐されたのはベルギーで、行方不明者が他国にまたがっていることも捜査を攪乱《かくらん》させる要因となった。

ただ、ミシェルとモニクは危険を察したのかその後、ソトゥ城を保持したままベルギーに転居し、7年間鳴りを潜めてから、2000年に犯行を再開。同年5月16日に高校から帰宅途中のセリーヌ・セゾン（同18歳）を誘拐、強姦・殺害した挙げ句、ベルギー国内の森に遺体を捨てる。翌2001年5月5日にはフランスに戻り、地元の図書館で知り合ったタイ出身のマナンヤ・トゥンポン（同13歳）をソトゥ城に連れ込み強姦し絞殺。彼女の遺体は翌2002年3月に発見されたが、全身を野生動物に食いちぎられていたそうだ。そして2003年1月9日、最後の犠牲者となるエステル・ムーザンが殺される。死亡時、彼女はわずか9歳だった。

2003年6月26日、ベルギーの都市シネイでマリー・アサンション（同13歳）が登校中の路上で、車に乗る白髪でメガネをかけた男から声をかけられた。自分も学校に行く用事があるのだが、道がわからないので案内してほしいという。不審に思った彼女は学校の方向を指差し、その場を離れようとした。しかし、男はマリーの対応に機嫌を悪くし、「人を疑うんじゃない！　失礼だぞ！」と激昂。その厳格な物言いに圧倒された彼女はつい車に乗ってしまう。彼女の予感は当たり、男はいきなり目の色を変えマリーの体を掴もうとしてきた。必死の抵抗も虚しく、あっという間にロープで縛られ後部座席に放り投げられる。車が急発進し、彼女は恐怖で怯えるよりなかった。ところが、拉致現場から10キロ離れた交差点で赤信号により車が停車。その瞬間、マリーは持てる力を出し切って後部座席のドアを蹴り上げ、わずかに開いたドアから転がるように路上に落ちた。決死の脱出に成功した彼女は後続車に助けられ無事に保護される。さらに現場にいた人間が逃走した車のナンバーを覚えており、すぐさま警察に通報。身元を特定された男＝ミシェルと妻モニクが逮捕されることになる。

取り調べでミシェルは頑なに犯行を否定した。が、警察の厳しい追及に、1年後の2004年7月にモニクが全面自供。これを受け、ミシェルも8件の殺害を告白、それに従い3人の遺体が発見された。2006年1月、ミシェルとモニクの身柄はフランスに移される。ここで行われた尋問で、ミシェルが自己中心的で、良心の呵責を感じていないこと、被害者や遺族に対して何の関心も持っていないことなどが判明。また、この過程で彼は捜査官に対し「処女の女性と結婚したことがないのが、自分の生活の中で最も絶望的な部分だ」と改めて処女に対する自身の強迫観念を主張する。が、その考えを理解できる者は誰もいなかった。

裁判は、2008年3月27日から5月28日まで開かれた。ミシェルは黙秘権を行使したが、証人として出廷した彼の兄アンドレが衝撃的な事実を明らかにする。ミシェルが子供のころに母から受けたという性的虐待や父親のアルコール依存症、学校での盗みは全て弟の作り話だというのだ。つまり、ミシェルには後に残

九死に一生を得たマリー・アサンション。
写真は2008年、メディアの取材に応じたときのもの

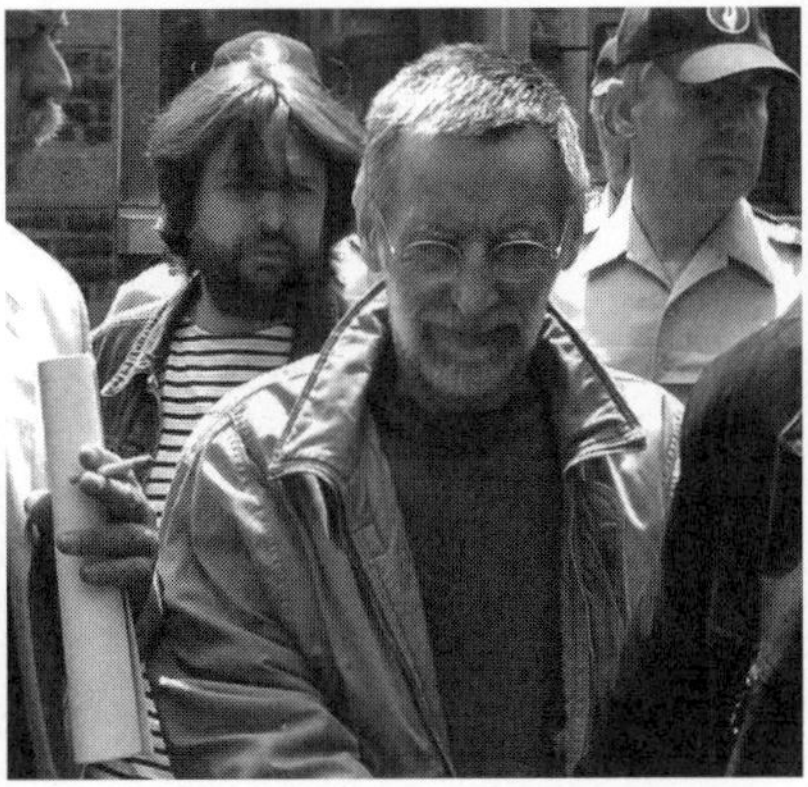

逮捕・連行されるミシェル（左の中央）とモニク

2023年11月、新たに起訴された2件の殺人幇助罪で裁判所に出廷したモニク（当時75歳）

虐な殺人を行う背景となったと考えられていた幼少期のトラウマなど一切なかったのである。兄によれば、ミシェルの虚言癖は、それこそ幼年期から始まったという。

判決ではミシェルに仮釈放の可能性がない終身刑、モニクには懲役28年が下り、同時に犠牲者の家族に対する精神的補償として、2人に150万ユーロ（約2億7千800万円）の慰謝料を支払うよう命令が出された。両者ともに控訴せず刑が確定。その後、夫婦は2010年に離婚。ミシェルはアルザス地方のエンシスハイム刑務所に投獄され、2021年5月10日、呼吸器疾患のため、パリのサルペトリエール病院に緊急搬送され死亡（享年79）。モニクは2023年11月、2008年の裁判では立件されなかったジョアンナ・パリッシュ、エステル・ムーザンに対する殺害幇助の罪で起訴され有罪、新たに懲役20年の刑が下り、現在も刑務所に収監されている。

Chapter 3
1990s

パメラ・スマート&ビリー・フリン

男子生徒を色仕掛けで骨抜きにし、結婚1年目の夫を殺させた女性教師
グレッグ・スマート殺害事件

1995年、「誘う女」という映画が公開された。天気番組の女性キャスターが自分の夢に理解を示さない夫を邪魔に感じ、ウブな高校生を色仕掛けで誘惑したうえで殺害を指示、実行するサスペンススリラーだ。ニコール・キッドマンがその大胆な演技でゴールデングローブ賞主演女優賞を受賞した同作は、実際の出来事に基づいている。1990年に高校教師のパメラ・スマートが、自分に夢中な男子高校生ビリー・フリンに指示し、結婚生活1年も経たない夫のグレッグを殺させたスキャンダラスな事件。本件は全米の注目を集め、裁判がテレビで生中継されるほどだった。

1990年5月1日夜、ニューハンプシャー州デリーの住宅で女性の絶叫が鳴り響いた。近隣住民からの通報を受けた警察が現場に駆けつけると、そこには頭を銃弾で撃ち抜かれた家の主、グレッグ・スマート（当時24歳）の姿が。その傍らで、妻パメラ（同22歳）が夫の遺体に泣きすがっていた。2人は翌週に結婚1周年を迎え

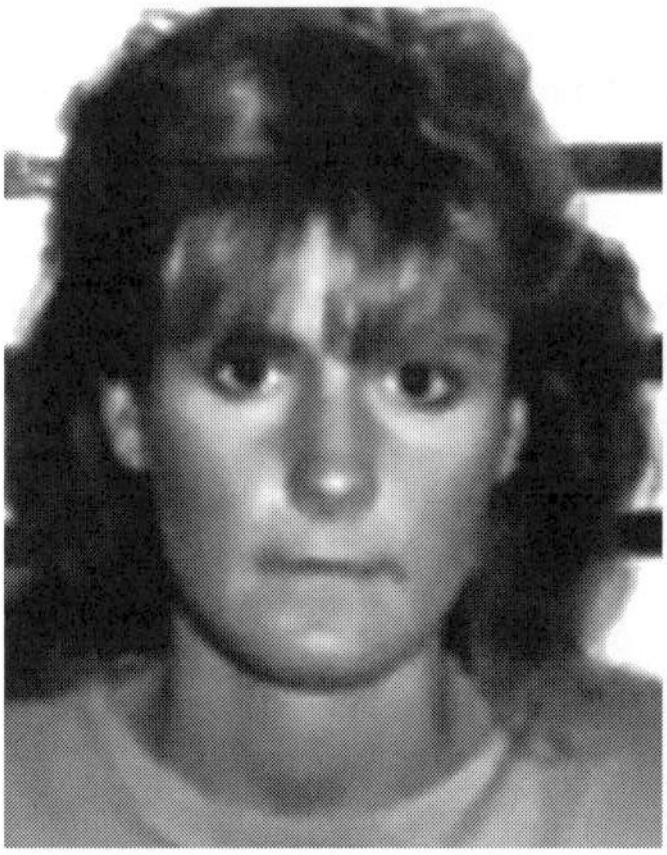

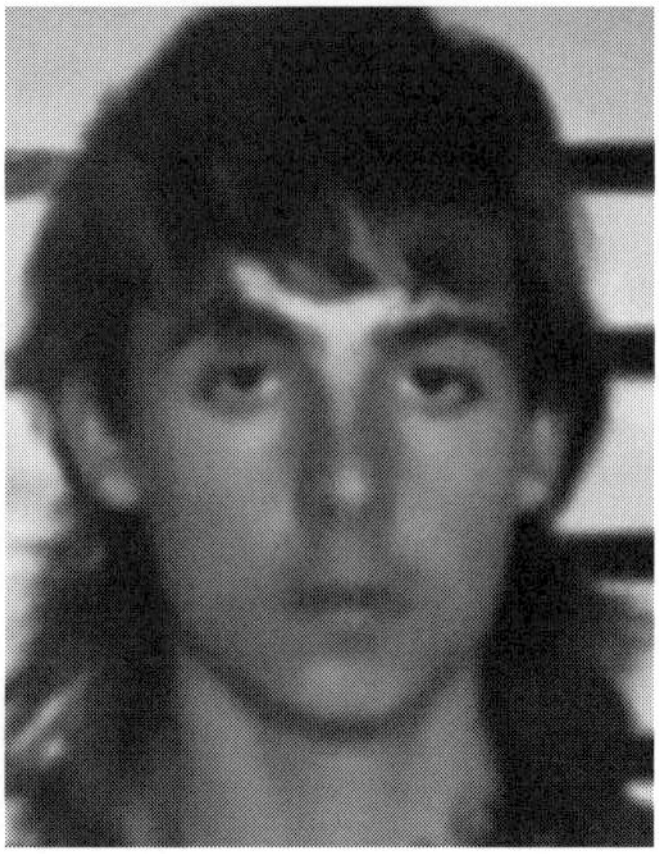

首謀者のパメラ・スマート(左)と実行犯のビリー・フリン。1990年の逮捕時に撮影された写真

るはずだった新婚夫婦。突然、襲った悲劇は大いに周囲の同情を買った。

警察が捜査を始めると、金品が盗まれていることが判明。家具を運び出そうとした形跡もあったことから、事件は強盗殺人の色が濃くなる。また、グレッグの所持品から大麻が見つかったため、麻薬密売人との間でトラブルがあった可能性も視野に入れ捜査が行われた。

進展のないまま1ヶ月以上が過ぎた同年6月10日、1人の男性が警察を訪れ、衝撃的な発言を行う。なんでも、息子のバンスと友人が、自分が所有する38口径の銃を持ち出しグレッグを殺害したのだという。男性は涙ながらに謝罪し凶器の銃を差し出した。結果、バンス・ラタイム(同15歳)、ビリー・フリン(同15歳)、パトリック・ランドル(同15歳)が逮捕される。3人は共に地元のウィナカネット高校に通う同級生で、被害者の妻パメラは同高校の教師だった。その後、疑惑の目は彼女に向けられる。というのも、パメラは事件の2日後にテレビのワイドショー番組に出演。派手な衣装に完璧なメイク姿で、夫を亡くした心境を異常なほど饒舌に語っていた。警察内部では、伴侶を殺され悲しんでいるようには見えないその姿に疑念を持つ者もいた。当初はあくまで推測に過ぎなかったが、彼女が犯人たちの通う高校の教師とわかっては話が違う。

警察は主犯のビリーを徹底的に追及したものの、彼はパメラの関与を一切認めなかった。それもそのはず、ビリーはパメラと不倫関係にあり、彼女を深く愛していたからだ。

フロリダ州立大学卒業時のパメラ

パメラ(左)とグレッグは1989年6月に結婚式を挙げた

パメラは1967年、フロリダ州マイアミに生まれ、中学のときニューハンプシャー州に転居した。小柄で愛嬌のある美少女は異性からもてはやされ、高校時代はチアリーダーとして活躍、アメフト部のキャプテンと交際していた。高校卒業後、フロリダ州立大学に進学。そのころからニュースキャスターになることを夢見て、大学在学中は学内のラジオ局で番組を持つなど精力的に活動する。後に結婚相手となる2歳上のグレッグと出会ったのは1986年のクリスマス。当時、彼はプロのミュージシャンになるべく、ヘヴィメタのバンドを組んでいた。2人はすぐに恋に落ち同棲。1989年5月にパメラが大学を卒業したタイミングで結婚した。グレッグはプロのミュージシャンになることをあきらめ、父親が経営する保険会社に就職。夫

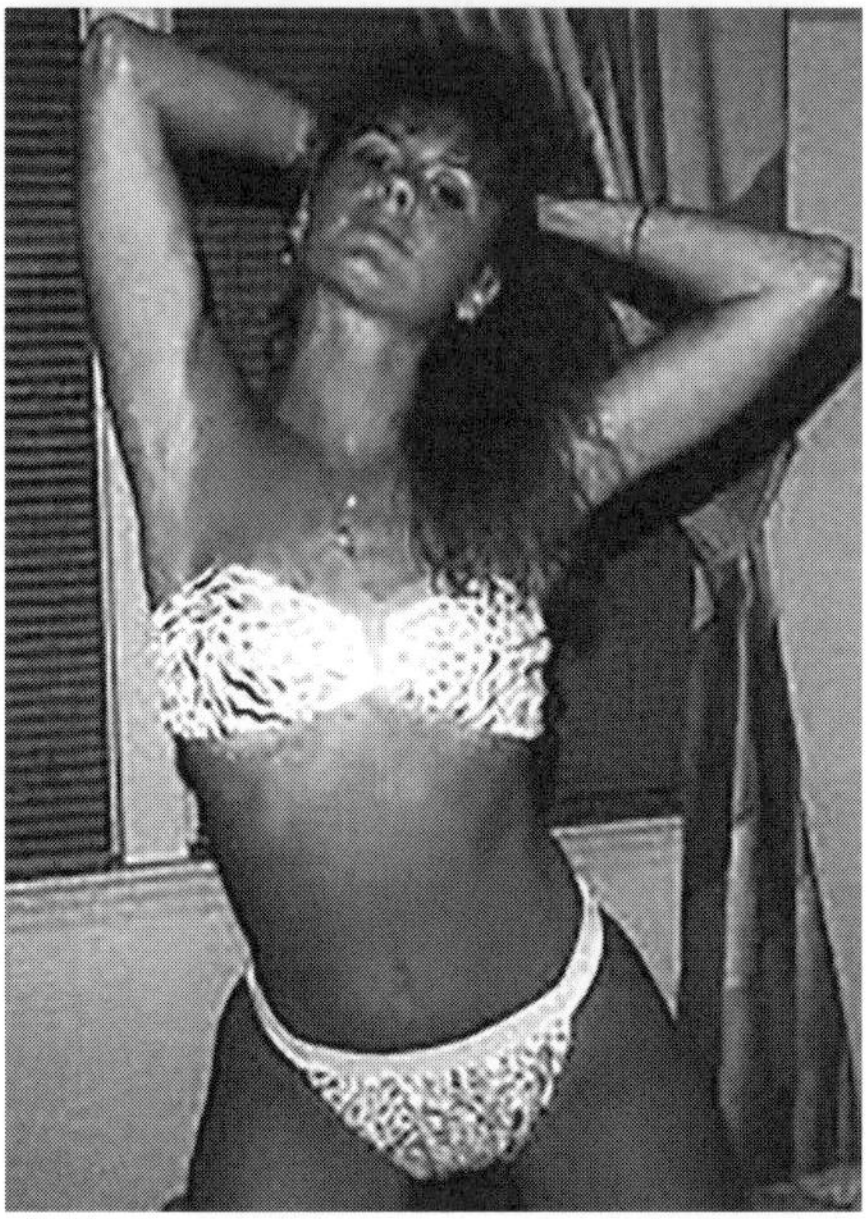

上はパメラとビリーが知り合ったニューハンプシャー州ハンプトンのウィナカネット高校。下はパメラがビリーに贈った自身のランジェリー姿

婦はグレッグの故郷であるニューハンプシャー州に購入した一軒家で新婚生活を始める。一方、パメラはニュースキャスターになる夢を捨てきれず、その足がかりとしてウィナカネット高校で放送業界を志望する生徒にメディア学を教える派遣教師の職に就いた。

幸せを夢見た2人の結婚生活は当初から喧嘩が絶えず、半年後にグレッグの浮気が発覚したことで破綻寸前まで追い込まれる。プライドの高いパメラが夫の不倫を許すわけもなく、その仕返しに自分も浮気してやろうと企む。頭に浮かんだ相手は1人、教え子であるビリーだ。

パメラはその美貌で男子生徒から大人気で、中でも熱い視線を送っていたのがビリーだった。彼はパメラが赴任当初に企画した、コンペに出品するテレビコマーシャル製作のボランティア募集に応じてきた1人で、パメラと親しくなりたいのが一番の動機だった。とはいえ、まだ思春期の少年。淡い恋心しかなかった。が、夫の浮気が発覚してほどなく、パメラはグレッグが出張で留守にしている自宅に、ビリーと、同じくボランティアに参加していた女子生徒セシリア・ピアースを招待する。そこで、パメラは「ナインハーフ」という映画を2人に観せる。ミッキー・ロークとキム・ベイシンガー主演のセックスシーンが多い、高校生には刺激の強い作品だ。

　ここでビリーが思ってもいないことが起きる。性的な場面に差しかかると、パメラが自分の膝に手を置き、「いつも、あなたのことを考えているの」と耳元で囁いたのだ。異様な雰囲気に耐えきれず、セシリアが部屋を出て、1時間ほど外を散歩してから戻ったところ、さらに信じられない光景が飛び込んできた。寝室のベッドで、全裸のパメラがビリーにまたがっている。セシリアは言葉を失い、そのまま1人で帰宅した。

　この日、童貞を失ったビリーは以降、頻繁にパメラと密会を重ねる。憧れの女性教師とのセックスは高校生にとっては天にも上る体験。さらに、パメラからランジェリー姿の写真をプレゼントされると完全に虜に

裁判は全米の注目の的になり、パメラの姿を撮るため多くのメディアが集まった

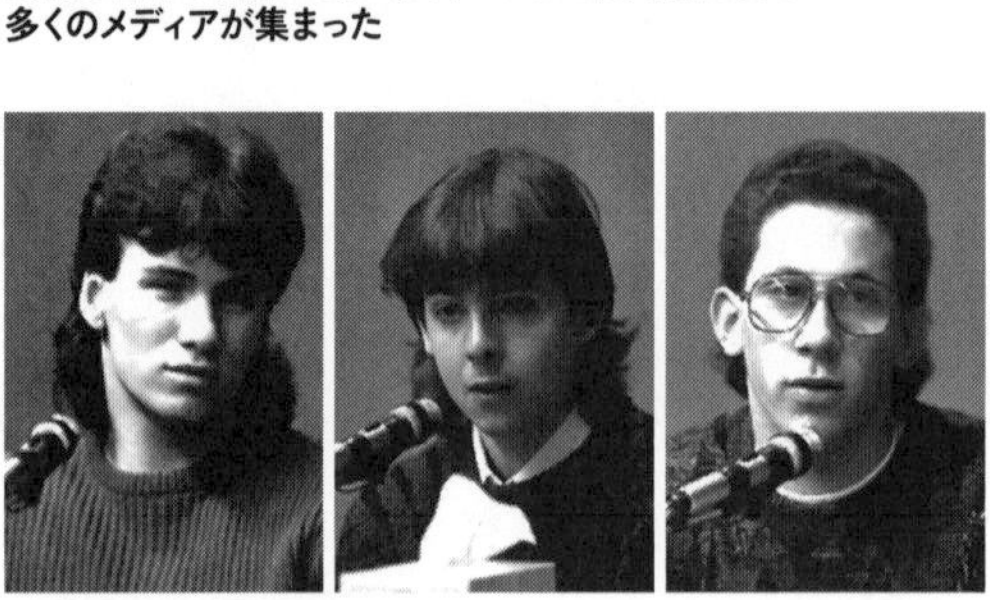

法廷で供述する実行犯の3人。
左からパトリック・ランドル、ビリー・フリン、バンス・ラタイム

上は証言台で宣誓するパメラ。パメラの有罪判決は、事前に殺害計画を聞かされていたビリーの同級生、セシリア・ピアース（下）の証言が決め手となった

なった。そんなある日、いつものように関係を持った後、パメラが困った顔で「夫が暴力を振るう」と口にした。続けて「夫を殺さないと私たちの関係を続けることができない。だからお願い」とグレッグの殺害を依頼してきた。突然の言葉にビリーは驚愕し、思いとどまるよう説得する。対して「じゃあ、他の男に頼むしかないわね」とため息をつくパメラ。ビリーは激しく嫉妬した。自分が殺さなければ、彼女との関係が終わってしまう。パメラに依存しきっていた彼はこうして殺害を決意する。恋は盲目。全てパメラの思惑どおりで、このとき彼女は夫に14万ドル（当時の日本円で1千550万円）もの生命保険金をかけていた。本人は認めていないが、真の殺害動機は金だったようだ。

ビリーは高校の友人、バンスとパトリックに全てを打ち明け殺害の協力を要請、承諾を得る。彼らが手を貸す気になったのは、報酬として1人500ドル（約5万4千円）がもらえるという約束があったからだ。これはビリーから計画を聞かされたパメラが提示した金額である。殺害の報酬としては、あまりに安すぎるが、実際にバンスとパトリックはわずかな金欲しさに犯行に関与した。

1990年5月1日夕方、3人は覆面姿で、バンスが父親から勝手に持ち出した銃を手にスマート家に侵入。まず、室内を荒らしたうえで金品を奪い強盗を偽装する。ほどなく帰宅したグレッグは覆面を被った3人組を見て仰天。一目散に逃げようとするも、あえなく捕まりビリーによって撃ち殺される。犯行を終えた彼らはすぐに家から退散。それから1時間ほど後にパメラが帰宅し悲鳴を上げたというわけだ。

1ヶ月後、3人が逮捕されてもパメラは安心しきっていた。自分にぞっこんで、その関係を終わらせたくないビリーが本当のことを言うわけがないと信じていたからだ。狙いどおり、彼は口を割らなかった。もとより、バンスとパトリックは、自分が殺人をそそのかしたことなど知らない。ビリーを利用した夫殺害は完全に成功したかに思えた。が、パメラは致命的なミスを犯していた。実は夫の殺害計画を前出のセシリアにも打ち明けていたのだ。学校関係者から事情を聞いていた警察はほどなくセシリアにたどり着き、彼女からパメラによる夫殺しの計画と、彼女とビリーが肉体関係にあったことを知る。パメラ逮捕。1990年8月のことだ。

2015年の仮釈放時に涙ぐむビリー

2020年、メディアの取材に応じた当時52歳のパメラ（右）。
左は事件を題材としたニコール・キッドマン主演の映画「誘う女」

女性教師が教え子の男子生徒を誘惑し、夫を殺害させたというニュースは全米を駆け巡り、１９９１年3月から始まった裁判の様子はテレビで生中継された。ビリーは公判で素直に犯行を認め「僕は彼女を愛していた。彼女がいなければやらなかった」と涙ながらに語った。一方、パメラはビリーとの不倫は認めたものの、殺人に関しては一貫して無罪を主張した。その様子を放映したテレビの視聴率は40％を超えたそうだ。

同月22日、ロッキンガム郡高等裁判所はビリーとパトリックに懲役40年、バンスに懲役30年、パメラに終身刑を下した。パメラの有罪判決は、検察側証人として出廷したセシリアの供述が決め手になったようだ。ちなみに、パメラは判決を聞き泣き叫ぶビリーら実行犯3人に目もくれず法廷を後にしたそうだ。

その後、3少年は刑務所に収監され、バンスは２００５年、ビリーとパトリックは２０１５年に仮釈放となった。対して首謀者のパメラは投獄された後も無罪を主張し、控訴・上訴を行ったもののいずれも棄却され、仮釈放の申請も却下。２０２４年5月現在、ニューヨーク州のベッドフォードヒルズ女性矯正施設に収監中の身にある。

ポール・ベルナルド＆カーラ・ホモルカ

実の妹まで性の餌食にした悪魔のような夫婦
カナダ3少女連続強姦殺人事件

１９９１年6月29日、カナダ・オンタリオ州南西部のナイアガラ・オン・ザ・レイクの歴史ある教会で一組のカップルが結婚式を挙げていた。新郎ポール・ベルナルド（当時26歳）と新婦カーラ・ホモルカ（同21歳）。約１５０人の参列者はカーラの美しい姿に息を飲み、誰もが２人を祝福していた。馬車から降りるカーラの右腕を支えるポール。その刹那、下を向いたカーラの眉間に皺《しわ》がよる。昨日、ポールに殴られた右腕の裏側に痛みを覚えたのだ。そんな彼女の耳元でポールが誰にも聞こえないよう、「この恨みは一生忘れないからな」と囁く。カーラの両親が挙式の費用を出し惜しんだことへの嫌味だった。傍からは幸せの絶頂にしか見えない２人はこのとき、実は地獄への道を突き進んでいた。半年前にカーラの実妹を強姦・死に致らしめ、さらにほんの２週間前にも14歳の少女をレイプ、殺害していたのだ。犯行はポールが主導し、彼に精神的にも肉体的にも支配されていたカーラが積極的に協力していた。いったい、２人の間に何があったのか。

1991年6月29日、結婚式当日のポール・ベルナルド（左）とカーラ・ホモルカ。人も羨む美男美女カップルだった

ポールは1964年、オンタリオ州トロントのスカーバローで3人兄姉の末っ子として生まれた。父ゲネスは公認会計士で、母マリリンは主婦業の傍らガールスカウトの指導員として活動、家庭は裕福だった。が、父ゲネスは男尊女卑の典型のような人物で、事あるごとに妻を殴ったばかりか、自分の娘（ポールの姉）にも性的虐待を働いていた。ポール自身が虐待を受けたことは少なかったものの、実は彼はゲネスの実子ではなかった。ゲネスのDVやモラハラに悩んだマリリンが昔の男友だちに救いを求めたうえに肉体関係を結び、結果できた子供がポールだった。

本人がその事実を母から聞かされたのは16歳のとき。あまりに衝撃的な内容にポールは大きなショックを受け、母に「この淫売女！」と当たり散らし、やがて軽蔑していた父と同じように女性を蔑視する、傲慢で高圧的な人間へと変わっていく。

高校を卒業した1982年にトロント・スカーバロー大学に入学。友人たちとナンパに勤《いそ》しむ。イケメンだったポールの成功率は高く次々に女性が落ちたが、彼女らに接する態度は異常だった。デートの最中に公衆の面前で相手を罵倒したり、いきなりアナルセックスを望んだり、198

6年にはわいせつな電話をかけまくり2人の女性から接近禁止命令を受けている。

そして１９８７年、彼の異常行動は一線を越える。当時ポールは公認会計士の事務所でアルバイトをしていたのだが、抑えきれない暴力的な性欲を満たすため、同年5月、仕事帰りに21歳の女性を尾行し彼女の自宅前で強姦したのを皮切りに、１９８９年12月までの2年7ヶ月の間にスカーバロー周辺で15歳から22歳までの女性に対し、未遂も含め少なくとも10件の強姦を働いた。周辺一帯は「スカーバローのレイピスト」として犯人を恐れ、トロント警察も逮捕にやっきになってモンタージュ写真を作成した他、１９９０年5月から9月にかけて１３０人以上の男性からＤＮＡを採取。同年11月にはこれに協力したポールからも事情を聞いているが、彼を真犯人と特定するまでには至らなかった。

一方、カーラは１９７０年、オンタリオ州郊外の工業地帯であるポート・クレディットで生まれた。当時のチェコスロバキアからの亡命者である父の収入は低く、一家は次女ローガン（１９７１年生）、三女タミー（１９７５年生）とともに街の外れにあるトレーラーハウスでの生活を余儀なくされた。もっとも、父親

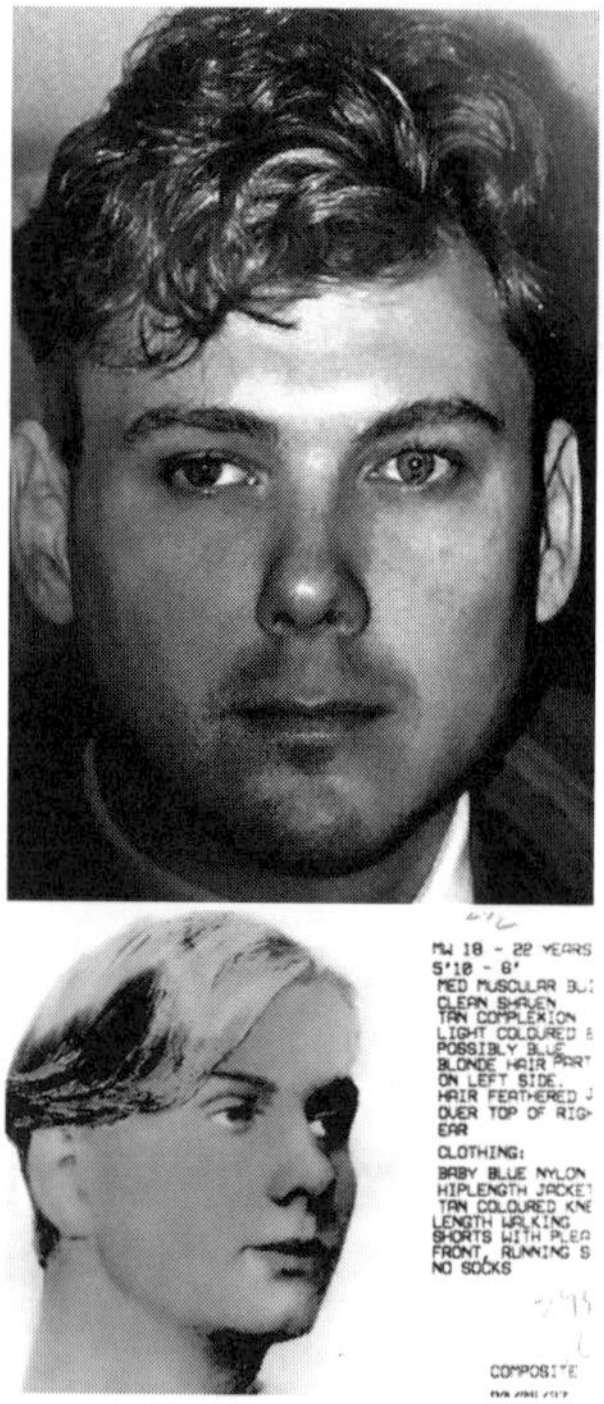

1989年当時のポールと、警察が目撃証言から作成・公開した「スカーバローのレイピスト」の犯人モンタージュ。顔がよく似ているとの周囲の声を、ポールは笑って一蹴したそうだ

交際をスタートさせたころのポール(左)とカーラ

が街のショッピングモールで絵画を販売するようになると皮肉にも一家の暮らしは安定し、やがて一戸建ての家に転居する。1986年、地元の高校に入学すると、カーラは美しいルックス、気立ての良さ、目を見張るファッションセンスで、学校一の人気者だった。友だちが蜘蛛や蝿を叩き潰そうとしただけで命の大切さを真剣に説き、心の優しさは教師も称賛するほどだった。その一方、彼女は幼少期の貧しい暮らしの影響か、結婚相手は裕福な男性と心に誓っており、同じような価値観を持った友人らと1987年に「ダイヤモンド・クラブ」というサークルに所属。そこに友人の紹介で入会してきたのがポールだった。

前記のように、当時ポールは連続強姦事件を開始する前後だった。が、もちろん、裏の顔はおくびにも出さず、単なる事務員ながら堂々と公認会計士を名乗り、極めて紳士的に振る舞った。そんな彼にカーラは一瞬で恋に落ちる。この人こそが自分が探していた理想の相手。自分に夢中になるカーラに、ポールも好意を抱き、ほどなく2人は恋人同士の関係となる。これが破滅の始まりだった。

ポールはカーラの気持ちを弄ぶように、徐々に彼女の心を支配していく。動物好きなカーラが獣医を目指し働いていた動物病院でのアルバイト代は全てポールとのデート代に消え、ポールの気分しだいで所構わずセックスを強いられた。やがて暴力も日常茶飯事となり、付き合って3

年も経つとポールはすっかりカーラに飽きてしまう。そして、1990年12月初旬、ポールはカーラに信じられない言葉を口にする。

「おまえは俺が初めての男じゃなかった。ふざけるな。その責任を取るため、まだ汚れていないおまえの妹タミーを俺に差し出せ」

カーラの衝撃は大きかった。タミーは幼いころから可愛がっている大切な妹。そんな彼女をポールに抱かせるなどありえない。しかし、当時のカーラは完全にポールに依存しており、1日の大半を彼の機嫌を取るために費やす、言わば奴隷と主人のような関係に陥っていた。さらには、数ヶ月前からポールが自分に女性としての興味を失っていることも不安だった。ポールに捨てられたくない。ポールの心を繋ぎ止めておくには、彼の命令に従うよりない。正常な判断能力を失っていたカーラは戸惑いながらも、踏み越えてはいけない一線を越える覚悟を固める。ちなみに、このころ、ポールは勤務していた会計事務所を辞め、アメリカからの酒や煙草の密輸で生計を立てていた。

同年12月24日、当時15歳のタミーは今晩自宅で行われるクリスマスパーティーを楽しみにしていた。社交的で美貌も兼ね備えた彼女はこの日、学校が終わると母親へのプレゼントを買い帰宅する。ほどなく、ポールが訪問しパーティーが始まり、一段落したところで、カーラがポールとタミーを誘い、3人で地下室で映

最初に犠牲となったカーラの実の妹タミーは事故死として処理された

画を観始めた。ここで、カーラはタミーの飲み物に薬物を混入する。せめて眠っている間にポールに抱かれてほしいと、事前にバイト先の動物病院から鎮静剤と麻酔薬を調達したのはカーラの発案だった。

すぐにタミーは意識を失い、それを待っていたかのようにポールがビデオカメラに三脚をセットし始める。続いてカーラにタミーと交わるよう指示を出し、行為が始まるとポール自らもプレイに参加。このとき1階のリビングでは両親と、真ん中の妹ローガンが何も知らずパーティーの余韻を楽しんでいた。と、突然タミーが覚醒し、嘔吐し始めた。必死に妹の背中をさすり介抱するカーラ。せっかくの楽しみを邪魔され憮然とするポール。事態はすぐに両親にも伝わり、タミーは病院へと救急搬送されるが、翌日に息を引き取る。死因は嘔吐物《おうとぶつ》を喉に詰まらせた窒息死と断定され、遺体の解剖は行われなかった。こうして犯罪の発覚を免れたポールとカーラは、タミーの死によりその絆をより固くし、同時にもはや後戻りができないことを悟る。

半年後の1991年6月7日、次の獲物を見つけるよう指示されたカーラは以前ペットショップで知り合いになったジェーン・ドゥ（同15歳）を自宅に招待し、タミーのときと同様、薬で眠らせ、ポールと2人して彼女をレイプする様子をビデオに撮影する。

1週間後の同月15日夕方、ナンバープレートを盗もうとしていたポールが、公衆電話で話している1人の少女を見つけた。レスリー・マハフィー、当時14歳。この日、彼女は交通事故で亡くなった友人の葬儀に参列し自宅に帰る途中だった。電話を終え、受話器を置いた瞬間、ポールはレスリーを羽交い締めにし、そのまま車に拉致、目隠しを施しカーラと暮らす家に持ち帰った。1時間後、目隠しが解かれたとき、彼女は防音処理の施された部屋にいた。ポールとカーラはいつものようにビデオカメラを設置した後、彼女に容赦の

2人目の被害者レスリー・マハフィー。
左は切断された彼女の遺体が詰められていたコンクリート

ない拷問、性的虐待を加える。レスリーが悲鳴を上げても、声は外に届かない。後の証言によると、このとき部屋にはボブ・マレーの音楽が流れていたという。レスリーは24時間にわたって凌辱された後、ポールにより絞殺、体をバラバラに刻まれ遺棄される。その遺体が発見されるのは、ポールとカーラが結婚式を挙げた同年6月29日。彼らがホノルルへと新婚旅行で向かう機中にいたまさにそのとき、式場から20キロほど離れたギブソン湖の浅瀬に不審なコンクリート5個が見つかり、中から解体されたレスリーの部位が出てきたのである。

1992年4月16日、夫婦はオンタリオ州セントキャサリンズの道を車で走りながら獲物を探していた。そこに中学校から帰宅途中のクリステン・フレンチ（同15歳）が通りかかる。ポール好みの美少女だ。彼らの車はクリステンの進む先で止まり、ほどなく近づいてきた彼女にカーラが路上で声をかけ道案内を頼む。周到な妻の仕事に満足したように、ポールがクリステンを車に拉致し自宅へ。ここから彼女は13日間に及ぶ地獄の拷問を受けることになる。ポール

最後に犠牲となったクリステン・フレンチ

とカーラはまず、以前撮影したレスリーのビデオを彼女に見せ、これから何が起きるのかを認識させた。恐怖で怯えながらも何とか命だけは奪われまいと懸命に要求に応じるクリステン。しかし、その願いも虚しく、同月30日に彼女は現場から20キロほど離れた排水路で変わり果てた姿で発見される。遺体は全裸状態で、髪の毛はばっさり切られていた。

　新聞やテレビが事件をトップニュースとして扱うなか、ポールは腹立ち紛れにカーラへの暴行をエスカレートさせていく。1993年1月5日、懐中電灯で目玉が落ちるほど顔面を殴打されたカーラは命の危険を感じ、家を出る。このままでは自分が殺されるのも明らか。彼女は覚悟を決め事の顛末を実家の両親に説明する。驚いた両親はすぐに警察に通報。翌日、トロント警察はカーラに対する暴行容疑でポールを逮捕するが、前科のない彼はしばらくすると保釈金を積み自由の身となる。しかし、ほどなく2年前に別件の猥褻容疑で取り調べを受けた際に採取した

夫婦の自宅から押収されたビデオテープに残されていた犯行時と思われる映像

彼のＤＮＡと、「スカーバローのレイピスト」のＤＮＡの型が一致することが判明。警察がカーラに事情を聞いたところ、彼女は全てを打ち明ける。その証言によれば、ポールはカーラに犠牲者の服を着せ行為に及ぶこともあったそうだ。

同年2月17日、両者ともに逮捕。その後、警察は10週間にわたり彼らの住まいを徹底的に捜索し、決定的な証拠となる犯行ビデオや犠牲者の所持品などを押収する。同年5月、ポールは第一級殺人、誘拐、監禁、加重暴行の容疑で起訴され、2年後の１９９５年9月1日に有罪、終身刑の判決を下される。一方、カーラは裁判でポールに不利な証言を行う検察との司法取引に応じて懲役12年の刑となった。

判決後、カーラはケベック州のジョリエット刑務所に投獄されたが、後に控える裁判でポールへの証言を行う立場にあったことから独房で特別待遇を受け、テレビの視聴やお気に入りのぬいぐるみの差し入れ、化粧を施すことも許可された。釈放は２００５年7月。その後、別の男性と結婚しモントリオール島に移住、名前をエミリー・キアラ・トレンブレイに変更し、２００７年には男児を出産した。さらに5年後の２０１２年、メディアはカーラが夫と3人の子供とカリブ海に浮かぶ島で生活していることを報道。ただし、最新

逮捕・連行時のカーラ（上）とポール

の２０２０年１月の情報によると、夫や子供と別れケベック州のサラベリー・ド・バレーフィールドにて１人で生活しているという。一方、オンタリオ州のキングストン刑務所に投獄されたポールは、その卑劣な犯行から他の受刑者より暴行を受け、その後、警備が厳重な同州のミルヘブン刑務所に移送。２０１８年に仮釈放の資格を得て申請するも却下された。２０２４年５月現在、同州のラ・マカザ刑務所に収監されている。

カーラの受刑生活は、およそ殺人犯とは思えぬほどの特別待遇だった

上／カーラは2007年に出所後に再婚、3人の子供の母親となった。写真は2016年に撮影されたもの

左／事件は2006年にアメリカで映画化され、日本では「モンスター　少女監禁」のタイトルでDVD化された。原題は「カーラ」

関根元&風間博子

顧客や用心棒代わりのヤクザら4人のボディを透明にした悪夢のブリーダー夫婦

埼玉愛犬家連続殺人事件

1993年、埼玉県熊谷市周辺で恐るべき事件が発生した。ペットショップを営む関根元《せきねげん》と風間博子《かざまひろこ》の元夫婦が金銭トラブルをめぐり顧客ら4人を毒殺したのだ。特筆すべきは彼らが被害者の遺体をバラバラに解体・焼却し跡形もなく証拠を消し去ったこと。鬼畜な犯行に及んだ2人には後の裁判で死刑判決が下った。

関根は1942年、埼玉県秩父市の下駄屋の四男坊として生まれた。幼少期から虚言と悪知恵に長けて、周囲からは「ホラ元」のあだ名で呼ばれた。中学に上がると髪の毛を染め、地元の暴力団の使い走りのようなことをやるようになる。卒業後、地元のラーメン屋で出前持ちとして働く傍ら、実家の下駄屋の土間で犬の繁殖を始める。ちなみに、勤め先のラーメン屋は関根が働いているころに全焼。店主の遺体が発見されたときは骨だけになっており、警察は単なる火災として処理したが、これは関根による放火殺人だったと言われている。

その後、19歳のときにラーメン店時代の同僚女性と結婚し一男二女をもうけたも

関根元（右）と風間博子。傍目には人当たりの良い夫婦だった

のの、やがて秩父市内の病院で働く看護師の女性と不倫関係となり離婚。1970年ごろに再婚し同市内のアパートに移り住む。ライオンを飼い始めたのもこのころで、後に2人は「ライオンを飼う夫婦」としてテレビ出演したこともあるそうだ。1975年ごろから実家を改造しペットショップを開業するとともに、犬やトラ、ライオンなどのリース業を開始。特別、動物に愛着があったわけではない。あくまで金のためだった。

商売は悪どかった。プードルにピンク色のスプレーで色をつけて「珍しい種類」などと言って高値で売りつけたり、子供が生まれたら1匹20万円で引き取ると番《つがい》（雄と雌）で犬を売り、いざ子犬が生まれると毛並みが悪い、尻尾が曲がっているなど難癖をつけ買い取り金額を1万円ほどに下げたり、さらには一度販売した犬を客の家から盗んで別の客に売ることまであった。当然ながらトラブルは絶えず、経営は傾き、やがて再婚相手とも離婚。その後、熊谷市内の女性マッサージ師と暮らし始め、ヒモのような生活のなかで、関根は彼女の娘にも手を出す。この娘は最初の妻との間に生まれた娘と友人だったそうだ。しばし後、付き合いのあった暴力団関係者とのトラブルが原因で静岡県伊東市に身を隠すも、1981年ごろに埼玉に戻り、翌1982年に熊谷市でペットの繁殖・販売を生業とする「アフリカケンネル」を開業。ここで知り合ったのが風間だった。

風間は1957年、熊谷市の資産家の家に生まれ、お嬢様として育った。保育士をしたり、土地家屋調査士の父親を手

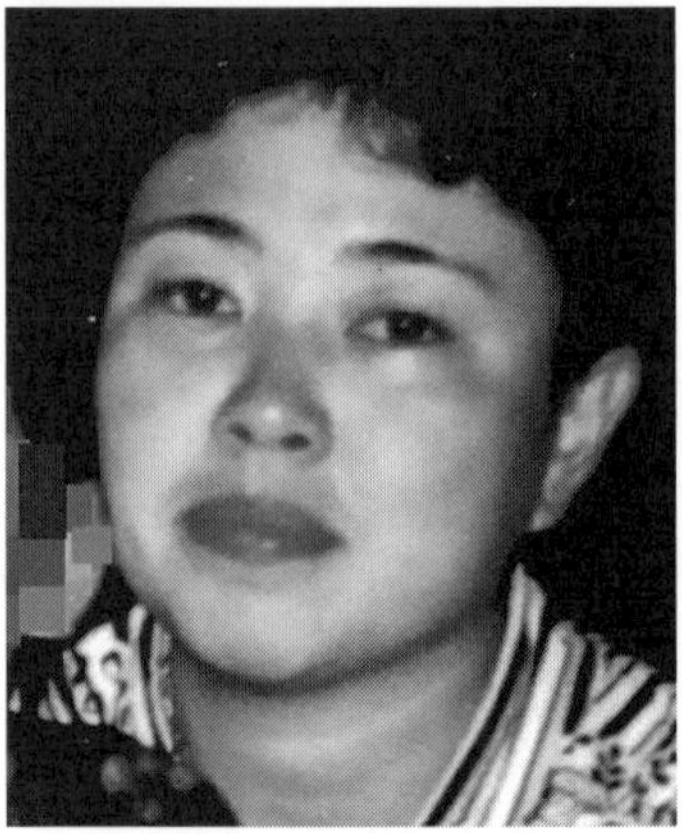

関根と結婚したころの風間

熊谷市本石1丁目にあったペットショップ、アフリカケンネル。写真は警察による家宅捜索時

夫婦の住宅兼犬舎の跡地

伝うため測量の勉強などをした後、１９７６年、19歳のときに銀行員の男性と結婚し実子２人をもうけたものの、夫の浮気が原因で１９８２年に離婚。１９８３年初めに、元来犬好きだった風間がアフリカケンネルを訪れ、関根と意気投合する。当時、風間はヤクザに交際を迫られ、つきまとい行為を繰り返されていた。相談を受けた関根は仲介に入り、この問題を解決。風間が関根に惚れ、２人は１９８３年10月に結婚する。このとき関根41歳、風間26歳。関根にとっては7度目の結婚で（うち3回は離婚した相手と復縁したもの）、風間の実家の財産が目的だったと言われるが、関根に夢中だった風間は、関根に刺青を彫らされた先妻らに対抗し、自ら背中に龍の刺青を彫ったという。

上／関根と風間はペット業界でも有名な存在だった。手前が、彼らのブリーダーとしての名を広めたアラスカン・マラミュート。下／雑誌『愛犬家の友』1990年3月号に掲載されたアフリカケンネルの広告

ホワイト・マラミュート
レッド・マラミュート
BIS
サービス・品質・品揃えはもちろんですが、皆様がお気軽に
相談出来る場として、ご利用下さいませ。
動物総合コンサルタント
アフリカケンネル
年中無休・AM9：00〜PM6：00・TEL0485

こうして二人三脚の商売が始まった。浪費癖の激しい関根に対し、金銭管理能力に優れていた風間はアフリカケンネルの経理を担当する傍ら、ブリーダー（犬や猫などの動物の繁殖を行い、ペットショップなどに流通させる仕事）としての才覚も持ち合わせ、関根の右腕として活躍していく。一方、関根はペットや猛獣の扱いにかけては天才的で、ブリーダーとしての腕は極めて優秀。アラスカン・マラミュート繁殖の第一人者で、その後、シベリアン・ハスキーの仕掛け役として一大ブームを巻き起こし、自らが主催するドッグショーに風間と一緒に高級車のジャガーで乗りつけるほどだった。とにかく、人間心理を読むことに長けており、そのいかつい外見とは裏腹に独特なユーモアと巧みな話術で、周囲はたちまち彼に魅了されたそうだ。

しかし、基本的に商売の悪どさは変わっておらず、客との揉め事も日常茶飯事。中には直接、店を訪れ詐欺だと騒ぎ立てる者も少なくなった。そんなとき、関根は背中に刺青を入れ、自ら落としたという小指をちらつかせ相手を威嚇（切断された小指は昔、暴力団の金に手をつけた落とし前だった）。また、地元の暴力団の力を借り、クレームを入れた客が店に来ると黒塗りのベンツを並ばせ、その前でヤクザ連中と親しげに話し、怯えた客を退散させることもしばしばだった。

こうして売り上げを伸ばしてきたアフリカケンネルもバブル崩壊で、一気に業績が暗転。借金の返済もままならない状態に陥り、関根と風間は税務対策のため1992年に偽装離婚。アフリカケンネルの代表者を風間に移すが、実質の経営者は関根で、2人は以前と変わらず、熊谷市内の犬舎兼自宅で生活を共にしていた。

そんな状況下、1993年4月に最初の事件が起きる。埼玉県行《ぎょう》田《だ》市《し》に住む産業廃棄物処理会社の役員

Kさん（当時39歳）は同年1月ごろからアフリカケンネルに出入りし関根と親しくなっていた。当時、兄の経営する会社の経営が不振に陥っていることを相談したところ、関根が一つのビジネスをKさんに勧める。アフリカ産のローデシアン・リッジバックという新種の犬を繁殖させれば大儲けできるというのだ。ならば関根自らがやればいいのだが、彼はその商売のリスクが高いことを知っており、また、このころ、アフリカケンネルには税務調査が入り3千万円の追徴課税を命じられ、支払いに窮していた。そこで素人のKさんに金を出させ、当たれば儲けの大半を自分のものにする心づもりでいた。関根は猫なで声でKさんにお世辞を言い、接待にも惜しみなく金を使った。これに乗せられたKさんは、ついにはローデシアン・リッジバック2匹（雄と雌）を関根から1千100万円で購入してしまう。

ところが、ほどなくKさんは知人から、この犬種の相場が数十万円であることや、購入した犬はすでに高齢で繁殖には適さないことなどを知らされ、さらには、雌犬が脱走して行方不明になったことから繁殖自体が不可能になったため、詐欺のようなものだと関根にクレームを入れ購入代の返金を求める。その後、両者間で何度か話し合いが持たれたものの、返せ返さないで話は平行線。しだいにKさんの存在が邪魔になった関根は風間と話し合ったうえで、彼の殺害を決意する。

同月20日夕方、関根は「金を返す」と嘘を言ってKさんを熊谷市内のガレージに呼び出し、大型ワゴン車の中で談笑して油断させた後、栄養剤カプセルを飲ませた。まもなく悶絶し絶命するKさん。カプセルには通常、犬の殺処分用に使われる硝酸ストリキニーネという猛毒が入っていたのだ。その後、ガレージに戻った関根を待っていたのが本事件のキーマンとなるY（同36歳）だ。Yはブルドッグの元ブリーダーで、19

92年にドッグショーの会場で関根と知り合い、ペット業界の成功者の経営学を学ぼうとアフリカケンネルを訪れるうち、誘われて同社の役員となった。が、実際は関根の運転手や手伝いをしていたにすぎなかった。

関根はKさんの遺体を見せつけたうえで「おまえもこうなりたいか？」「子供は元気か？ 元気が何より」などと脅し、Kさんの車を東京駅八重洲地下駐車場に放置するよう指示。Yは命じられるままKさんが自ら失踪したかのように偽装する。このとき、風間はYに「上手くいったの？」「あんたさえ黙っていれば大丈夫」などと言い、事情を全て知っているような素振りだったそうだ。

関根はYに運転させ群馬県利根《とね》郡《ぐん》片品村《かたしなむら》の通称「ポッポハウス」にKさんの遺体を運ぶ。ここは旧国鉄から買い取った貨車を2両連結し、住宅用に改造したYの自宅で、離婚前に彼が家族と住んでいた家だった。

遺体解体に使用された風呂場

関根はKさんの殺害を思い立った時点でポッポハウスに住み込み、排水が流れ込む川がどこに繋がっているのか、夜に人目はどれくらいあるのかなどを確認していた。車がポッポハウスに着き、遺体が屋内に運ばれる。Yは関根が遺体を周辺の山のどこかに埋めるものとばかり思っていた。しかし、関根は遺体を風呂場に持ち込み、Yにバケツと包丁を持ってくるよう指示。遺体をサイコロステーキのように細切れにした。その作業はまさに職人芸で、バスタブに水を張り入浴剤を入れたうえで、切断した部位を漬ける。血の色をごまかすためだ。肉は全て骨から削ぎ落とし細かく刻む。肉は焼くと臭いが出るが、骨なら臭いはしない。骨を焼くときは慌てず行うと白い粉になるため、ドラム缶で焼却したうえで、粉は山に撒き、臓器は川に流した。

このとき、関根は恐怖で固まるYにこう言ったという。

「遺体があるから捕まる。ボディを透明にするんだ。あとは、雨が降って、風が吹いて、あっという間に自然が掃除してくれる。俺が捕まりっこないことは、おまえにもよくわかるだろ」

殺害から遺体の解体・投棄まで手慣れた様子を目の当たりにし、Yはこれが初の殺人ではないと確信する。実際、関根はそれまでにも殺人を犯していた。古くは前出のラーメン屋店主、後にYが聞かされたところによれば、アフリカケンネルの前身であるペットショップの店員、関根の知人の妻など、自分に関わった30人以上の人間を殺害したのだという。しかし、その犯行に一切物的証拠はなく、共犯者もいないため立件できていないだけ。全ての犠牲者のボディを透明にしていたのである。

Kさんが行方不明になったことを受け、彼の家族が警察に相談し、関根に会うと言ったまま行方がわからなくなっていることを告げた。が、この時点で警察がまだ事件性を疑うまでには至らない。同時にKさんの家族と関根の間で話し合いが持たれた。詳しい事情を聞き出そうとする彼らの前には、関根、風間の他に稲川会系暴力団組長代行のE（同51歳）がいた。Eは関根の以前からの知り合いで、アフリカケンネルで顧客とトラブルが発生した際に仲裁役を務めるなど、関根の用心棒的な存在だった。が、話を聞くうちEは、関根がKさんを殺したものと確信する。そこで、Eは全て事情を察知していると脅し、関根から金銭を要求。それが滞ると、新しく建て直した犬舎の土地建物の登記済証を要求するようになる。このままでは全財産を搾り取られてしまう。追い込まれた関根と風間にとって、解決策は一つしかなかった。

1993年7月21日夜、2人はYの運転する車でE宅を訪問、新犬舎の登記済証を渡し油断させたうえで、硝酸ストリキニーネ入りのカプセルを栄養剤と偽ってEと、彼の側近である運転手の青年W（同21歳）に飲ませ殺害。K

本事件を題材とした2010年の映画「冷たい熱帯魚」。殺人鬼の夫婦をでんでん（右）と黒沢あすかが演じた。BD販売元：Happinet ©2010 NIKKATSU

さん殺害時と同様、Y運転の車でポッポハウスに向かい、関根と風間の共同で解体作業に入る。このとき、風間は血だらけになりながら演歌を鼻歌で歌っており、その様子を見たYは腰を抜かし、己の運命を呪う。今度殺られるのは自分に違いない、と。

1ヶ月後の8月26日、関根はアフリカケンネルの従業員の母親で、肉体関係もあった行田市主婦のSさん(同54歳)を魔の手にかける。以前からアフリカケンネルの顧客だった彼女に、関根と風間は同社の株主になるように持ちかけて出資金を詐取しようと計画。その時点で殺害も企んでいた。この日、関根は行田市内でSさんを車に乗せて、株券購入代金という名目で、当時のS家の全財産にあたる270万円を欺し取ったうえで、これまでと同様、硝酸ストリキニーネ入りカプセルを飲ませて彼女を殺害。その後、Yの運転する車で遺体をポッポハウスに運び、いつもの手口で解体・処理を行う。後のYの証言によれば、このとき関根はバラバラにする前にSさんの遺体と屍姦したそうだ。

4件目の殺害を終えた関根は帰りの車中で、Yに自身の殺しの哲学を語った。

【その1　Kのような世の中のためにならない奴を殺る】
【その2　保険金目的では殺らない。足がつくからだ】
【その3　Eのような欲張りな奴を殺る】
【その4　血は流さない】
【その5　ボディは透明にする】

このころ、埼玉県警は一連の失踪事件は関根の仕業だと確信。その動向を徹底的にマークしていた。一方、1993年10月に大阪で発覚した愛犬家連続殺人事件（犬の訓練士を自称する上《うえ》田《だ》宜範《よしのり》が金銭トラブルのあった知人ら5人を筋弛緩剤で殺害。後の裁判で死刑判決）と同様、埼玉でも愛犬家が不審な失踪を遂げていると関根のもとには連日マスコミが押し寄せていた。が、彼は平然とした顔でインタビューに応じ「人が行方不明になると、どうして私が殺したことになるんですか？」と、まるで動じる様子を見せなかった。

　そんな関根にもウィークポイントがあった。全てを知っているYだ。証拠のない一連の殺害でYの証言だけが力を持つことは関根自身がよくわかっていた。そこで、関根は何かと理由をつけてはYを自分のもとに呼ぼうとし

逮捕・連行時の風間

た。もちろん、殺害するためだ。さらにこの時期、Yを必要としていたもう一つの存在があった。自分の組の人間を関根に殺されたと考えていたEが所属していたヤクザ組織だ。結果、彼らも唯一全てを知る男としてYに追い込みをかけてきた。窮地に立たされたY本人が出した答は、警察に自首することだった。

１９９４年12月、Yは警察に出頭。全てを打ち明ける。１９９５年1月5日に関根と風間逮捕。その後、警察は関根が骨を撒いた山林から最初の被害者Kさんの腕時計、御守り、歯の欠片を、川からは焼け残った義指や車の鍵などを発見。関根と風間は4件の殺害で起訴される。

群馬県片品村の塗川を捜索する埼玉県警の捜査員（1995年2月2日付朝日新聞埼玉版より）

１９９５年7月7日から浦和地裁で始まった裁判は、罪のなすりつけ合いとなった。関根は全ての事件への関与を認めながら「全ては風間の首謀」と主張。対し、風間は4人のうち暴力団幹部Eと運転手Wに対する死体遺棄事件への関与だけを認め、残りは関根が首謀と反論した。また2人は、死体遺棄を手伝ったYが殺害の実行者と主張した。審理は5年

8ヶ月に及び、2001年3月21日に判決公判。裁判長は、4人の死体損壊・遺棄で懲役3年の実刑を受け、その時点で刑を終え出所していた元会社役員のYの供述を最大の立証の支えとした検察側の主張をほぼ全面的に認めたうえで、互いに相手が首謀したとする両被告の主張を退け、Kさんを除く3人の被害者については「ほぼ対等な関係」で共謀が成立していると認定し、2人に死刑を宣告した。

関根と風間は控訴し、二審の東京高裁で同様の主張を行ったものの、判決は「元会社役員は被害者と利害関係がなく、殺害の動機はない。事件の根幹部分がYの自白で初めて明らかになった」などと信用性を認め、両被告の控訴を棄却（2005年7月11日）。2人は最高裁に上告し、関根は「風間が自分の利益のため殺人という方法を選び、関わらざる

関根死刑囚の獄中死を報じるJNNニュース

を得なくなった」と主張し、風間は「関根が重要な役割を果たし、利用されたにすぎない」と訴え、いずれも死刑回避を求めた。対して検察側は「身勝手な動機で酌量の余地はみじんもない。死刑以外にあり得ない」と上告棄却を求めた。２００９年６月５日の判決で最高裁は「計画的な犯行で、動機に酌量の余地はない。猛毒の硝酸ストリキニーネを詰めたカプセルを栄養剤と偽って飲ませて、苦悶のうちに中毒死させ、死体を切り刻んで焼却した犯行態様は冷酷無慈悲で悪質きわまりない」と述べたうえで、「両被告は不合理な弁解を繰り返しており、真摯な反省の態度も認められない。罪責は極めて重大だ。遺族の被害感情や社会に与えた影響に照らすと、死刑を是認せざるを得ない」と指摘。死刑を選択した一審・二審の判断が相当だと結論づけた。

その後、関根死刑囚は２０１６年11月に収監されていた東京拘置所内で心臓発作を起こし外部の病院に救急搬送され、退院後も拘置所内で心不全と高血圧症の治療を受けていたが、翌２０１７年３月27日朝、多臓器不全のため死亡（享年75）。風間死刑囚は２０１２年と２０１６年に再審を請求するも棄却。２０２０年に第三次再審請求を行い、２０２４年５月現在も東京拘置所に収監中の身にある。

マルク・デュトルー&ミシェル・マーティン

ベルギー連続少女監禁レイプ殺人事件
自宅の地下壕に拉致、凌辱の限りを尽くした果てに

2022年6月、ベルギー南部シャルルロワで一軒の住宅の解体作業が行われた。1995年から1996年にかけ、首謀者のマルク・デュトルーや妻のミシェル・マーティンらが複数の少女を地下壕に拉致・監禁、レイプし4人を死に至らしめた、地元で「恐怖の館」と呼ばれた建物である。事件は富裕層向けの小児性愛ネットワークとの関係が囁かれ、今もベルギー国民の高い関心の的になっている。

事件の主犯マルク・デュトルーは1956年、ベルギーの首都ブリュッセルで生まれた。両親から日常的に虐待を受けており、その影響か、学校を出て電気技師となり1976年に結婚した後、妻と2人の子供にDVを働き1983年に離婚。その少し前に知り合い男女の関係になったのが学校教師のミシェル・マーティン（1960年生）で、2人はほどなく正式な夫婦となる。

デュトルーが犯罪に手を染め始めたのは1970年代後半。麻薬取引などで有罪判決を受けた後、猥褻行為を働くためアイススケート場を頻繁に訪れ出入り禁止に。

彼の歪んだ欲望はやがて強姦として形になり、１９８５年〜１９８９年にかけ５人の少女を誘拐・暴行し、懲役13年の刑を受け収監される。が、模範囚であったことから、わずか3年後の１９９２年に釈放。その際、獄中でＰＴＳＤ（心的外傷後ストレス障害）になったとして政府を訴え、毎月26万円程度の医療年金を受け取る権利を得る。この対応の甘さが後の凶悪事件を引き起こす大きな要因となった。ちなみに、一連のレイプ事件には妻のマーティンも関与しており懲役5年の刑に処されたが、夫デュトルーに精神的に支配された彼女は、すでに正常な判断能力を失っていた。

マルク・デュトルー（左）と妻のミシェル・マーティン。写真は1996年8月の逮捕時

　釈放から3年後の１９９５年6月24日、当時38歳のデュトルーは、犯罪者仲間であるミシェル・ルリエーヴル（当時24歳）、ミシェル・ニウル（同54歳）、バーナード・ワインスタイン（同44歳）と共謀、ベルギー・リエージュ県に位置するワロン地域の歩道で、小学校のクラスメイトであるジュリー・ルジューヌ（同8歳）、メリッサ・ルッソ（同8歳）を誘拐・拉致、デュトルーの自宅に作られた地下牢に監禁し、性的虐待を繰り返したうえ、その様子を撮影した児童ポルノビデオを作成する。2ヶ月後の8月22日には夜遊びを終え帰宅途中のアン・マーシャル（同17歳）とエフジェ・ランブレクス（同19歳）を誘拐、

デュトルーの自宅寝室で鎖に繋ぎ、凌辱の限りを尽くした後、麻薬を接種させ、デュトルーが所有する別の家の庭に生き埋めにして殺害した。

11月25日、共犯のワインスタインが裏切り行為を働いたとの疑惑を持ったデュトルーが彼に麻薬を投与し、自宅の地下に生き埋めにして殺害。ほどなくデュトルー自身も窃盗容疑で逮捕され、短期間、刑務所に収監される。12月13日、デュトルーの母親や近隣住民が彼の行動を不審に感じ通報、同日と19日、警察がデュトルーの自宅を訪ね少女たちの話し声を聞くが、特に調べもせず家を後にする。この間、マーティンは地下牢に監禁されていたジュリーとメリッサに食事を与えるよう夫のデュトルーから命じられていたものの、彼女らの姿を見るのが怖くて、何も飲み食いさせないまま放置。それが原因で2人は餓死してしまう。

デュトルーは1996年3月に出所し、ジュリーとメリッサが死亡したことを知ったにもかかわらず、2ヶ月後の同年5月28日にルリエーヴル、ニウルと共謀し下校途中のザビーヌ・ダルデンヌ（同12歳）を拉致監禁、強姦を続けた。さらに8月9日にも14歳の少女を路上で拉致したが、このとき犯人の車を目撃しナンバーを覚えていた市民の通報により、警察は4日後の13日にデュトルー、マーティン、ルリエーヴル、ニウルを逮捕するとともに2人

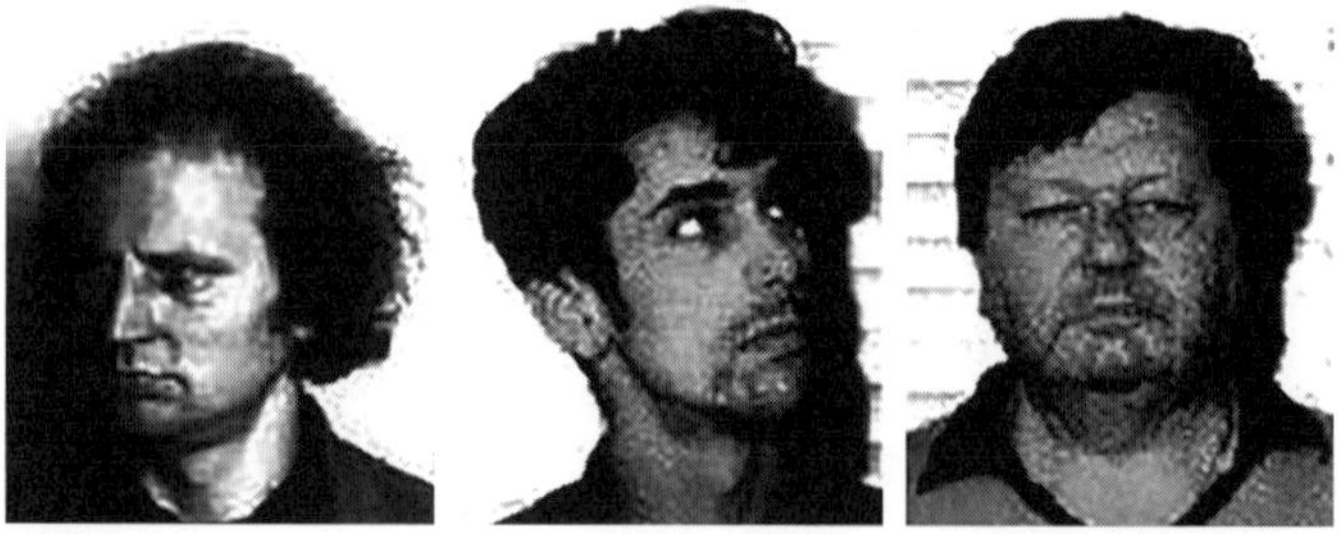

共犯の3人。左からバーナード・ワインスタイン（1995年11月、デュトルーに殺害された）、ミシェル・ルリエーヴル、ミシェル・ニウル

犠牲者。左からジュリー・ルジューヌ、メリッサ・ルッソ、アン・マーシャル、エフジェ・ランブレクス

の少女を救出。このとき、デュトルーの自宅から犯行の証拠となる数百本のビデオテープが押収され、同時にジュリー、メリッサ、ワインスタインの遺体が発見された。さらに3週間後の9月3日、デュトルーの自供によりアンとエフジェの遺体が見つかった。

マスコミの報道により、レイプ犯のデュトルーを刑期途中の3年で釈放したこと、犯人の自宅を訪ねた際に少女の声を聞いたにもかかわらず監禁に気づかなかったことなどが明るみに出ると、警察や司法の不手際や手ぬるい捜査に対するベルギー国民の怒りが爆発、1996年10月20日、抗議デモ「白の行進」がブリュッセルで行われ、ベルギー国民の3％に当たる30万人近い人々が参加した。このデモにより、1998年5月にベルギーの司法システムが一部改正されたものの、捜査は遅々として進まず、裁判が始まったのは事件発覚から実に約7年半後の2004年3月1日。法廷には救出されたザビーヌら2少女も証言台に立った。判決は同年6月22日。主犯のデュトルーはアン、エフジェ、ワインスタインの殺害、及び強姦、誘拐の罪で終身刑（ベルギーは1996

デュトルーの自宅（左）と、被害者が監禁、暴行を加えられた地下牢（2004年撮影）

年に死刑制度を正式に廃止）、マーティンはジュリーとメリッサを餓死させ誘拐を幇助した罪で懲役30年、ルリエーヴルは４少女に対する誘拐と強姦の罪で懲役25年、ニウルは麻薬密売の罪のみ有罪に問われ懲役５年が下った。

その後、ニウルは２００６年５月に釈放。２０１２年にマーティンが刑務所の経費削減のため刑期の半分で釈放されることが発表されると、再びブリュッセルで大規模な抗議デモが起きたものの、彼女は同年７月31日に釈放となり、その後、修道院に入った（デュトルーとは２００４年に離婚）。また、ルリエーヴルは２０１９年10月に仮釈放されている。一方、デュトルーは２０１２年９月に足首に拘束具を付けることを条件に仮釈放を申請したものの却下。２０２１年に精神科医３人が再犯の危険性が低いと判断すれば仮釈放の権利を得られることになったが、精神鑑定により権利は退けられ２０２４年５月現在も刑務所に収監中である。

本事件で特筆すべきは、その背景に大きな、財政界、警察、司法などが関与した小児性愛ネットワークが存在すると噂されている点だ。実際、デュトルーは公判で「一連の犯行はその組織への女性調達のため」と

1996年10月20日、事件に対する警察や司法の不手際や手ぬるい捜査にベルギー国民の怒りが爆発、約30万人が抗議デモ「白の行進」に参加した

Sabine Dardenne
J'avais 12 ans,
j'ai pris
mon vélo et je
suis partie
à l'école...
POCKET

上／2004年3月、法廷で撮られたデュトルー（右）とマーティン。下／救出された少女の1人、ザビーヌ・ダルデンヌは2005年に回想録『すべて忘れてしまえるように―少女監禁レイプ殺人犯と暮らした80日間（邦題）』を出版した

証言、共犯のニウルも釈放後にメディアの取材に応じ、「政界、財界、司法界、王室の関係者などが参加した小児性愛パーティーを開催したことがあり、自分が証言したら政府が転覆しかねない」と答えている。

裁判開始までに約7年半かかったのは、その間に証拠の隠滅を図るためで、それを裏づけるように、1999年7月に事件を担当した法務長官が自殺。また、捜査に最も熱心だった判事の呼びかけで小児性愛組織の犠牲者として1人の少女が法廷での証言を申し出たが、妄想癖を疑われ、証言者から外された（彼女はマーティンとニウルとも顔見知りで、組織のパーティーではサディスティックな性虐待や殺人まであったと発言していた）。その後、判事は事件の担当から下ろされている。他にも、監禁部屋の毛髪がDNA検査されなかったこと、殺された少女の親が遺体を見せてもらえなかったことなども疑惑を一層深め、フランスでは、出版社のフラマリオン社が同事件を扱った本の中でアルベール2世（ベルギー王）も小児性愛パーティーの常連客であったと記し、訴えられている。

果たして、真相が明らかになる日は来るのだろうか。

デイビッド・パーカー・レイ&シンディ・ヘンディ

10万ドルをかけたトレーラーハウスの拷問部屋で60人以上の女性を暴行・殺害「トイボックス・キラー」事件

1999年3月22日の午後、米ニューメキシコ州の砂漠地帯に突如現れた1人の女性に住民は唖然とした。シンシア・ヴィジル(当時22歳)を名乗るその女性が全裸で、頭から血を流し、鎖の繋がった南京錠付きの首輪を装着していたからだ。すぐに住民が警察に通報、保護された彼女が言うには、3日前に全く知らない男と女に誘拐され、「おもちゃ箱(トイボックス)」の中で拷問され続けたのだという。警察は「おもちゃ箱」の意味こそ理解できなかったものの、彼女の逃げてきた経路から犯人を特定。同州トゥルース・オア・コンシクエンシーズに住むデイビッド・パーカー・レイ(同59歳)と恋人のシンディ・ヘンディ(同39歳)を逮捕する。その後、デイビッドの供述から「おもちゃ箱」の正体は、彼の自宅の庭に停められているトレーラーハウスと判明。警察がドアを開けると、中に異様な光景が広がっていた。鞭、鎖、浣腸器具、産婦人科で使用される股を開くための医療用の椅子など女性を凌辱するために用意したと思われる器材が所狭しと並んでいたのである。

デイビッド・パーカー・レイ(左)と、恋人で共犯者のシンディ・ヘンディ

デイビッドは1939年、ニューメキシコ州で生まれた。両親は彼が物心のつく前に離婚しており、ほどなく妹ペギーとともに父方の祖父宅に預けられる。が、時々現れる父親に会うたび虐待を受け、そのトラウマから内向的な少年として生育していく。端正な顔立ちから学校では女子にモテたものの一度も恋愛に発展したことはなく、逆に男子から徹底的にいじめられた。鬱屈した感情を抱えたまま10代半ばからアルコールとドラッグを覚え、同時に女性に対する暴行や拷問に興味を抱くようになる。このころ、妹が何気なくデイビッドの部屋を覗いたところ、緊縛された女性の写真やイラストが大量に収集されていたそうだ。

高校を卒業後、アメリカ陸軍に入隊し一般整備士として働き名誉除隊を受けて以降は、トゥルース・オア・コンシクエンシーズにあるニューメキシコ公園管理局の管理員として逮捕されるまで働き、その間、4度の離婚を経験。原因は、デイビッドが相手を徹底的に服従させることに悦びを覚える危険なサディストで、妻がそれに耐えきれず逃げ出したのだ。

彼がいつごろから殺人に手を染めるようになったのか定かではない

デイビッドが所持していたトレーラーハウス(上)と、その中に作られた拷問部屋。女性をいたぶるための器具が所狭しと置かれている

が、後に本人が語ったところによれば、１９５７年に女性を誘拐、木に縛りつけて拷問を加えた挙げ句に殺害したという。その真偽はともかく、デイビッドが表向き真面目な公園管理人として働きながら、裏で拷問殺人を積み重ねていたのは確かなようだ。

後に共犯者となるシンディと出会うのは１９９７年。当時、彼女は窃盗と麻薬容疑で有罪判決を受け逃走中の身だったが、デイビッドと恋仲になり、以降、生活を共にする。もっとも、そのころのデイビッドははるか昔に購入したトレーラーハウスを10万ドルかけて改造、防音が施された拷問部屋を作り女性をいたぶり続けていた。手口はこうだ。誘拐した女性に手錠をはめ、医療用の椅子に拘束した後、カセットデッキのスイッチを押す。と、流れてくるのは録音されたデイビッドの声だ。

「今日から数日間、僕が君のご主人さまだ。最初に言っておくが、この『おもちゃ箱』の中では、僕から話しかけたとき以外、決して声を出してはいけない。もし、その決まりを破れば、君はもう二度と家族に会えなくなるだろう」

テープがこれから女性が受ける具体的な拷問メニューを説明し終え、被害者の表情が絶望に変わると、デイビッドはビデオカメラの撮影ボタンを押し、凄惨な拷問を開始。数日間、楽しんだ後は記憶を曖昧にする麻酔薬を女性に飲ませ、そのまま路上に放置したり、時に感情が高ぶるとメスや鋸を使い容赦なく殺害した。犠牲者の数は定かではないが、シンディが犯行を手助けし始めてから少なくとも8人、生涯で60人以上を殺害したと推定されている。シンディによれば、犠牲者はバラバラに解体され、エレファントビュート湖や近くの渓谷に捨てられたというが、後にFBIが100人態勢で捜索したにもかかわらず、遺体はこれまで一体たりとも発見されていない。また、デイビッドが付けていた日記には犠牲者一人一人にどんな拷問を与えたか詳しく書かれていたものの、殺害や遺体の投棄場所については一切の記述がなかった。

1999年3月19日、デイビッドとシンディは前出のシンシアを誘拐・拉致、おもちゃ箱で拷問を加える。3日後の22日、瀕死の状態の彼女に脱出する千載一遇のチャンスが訪れる。この日、デイビッドが仕事に出かけており、トレーラーハウスにはシンシアとシンディだけが残されていた。シンディが油断したのだろう、シンシアの拘束具の鍵を、彼女が繋がれている椅子のすぐ側のテーブルに置いた。そのまま外に出ていくシンディ。今しかない。シンシアは死にものぐるいでテーブルの上の鍵をたどり寄せ何とか手元にたどり寄せ

1999年3月22日、逮捕・連行されるシンディ

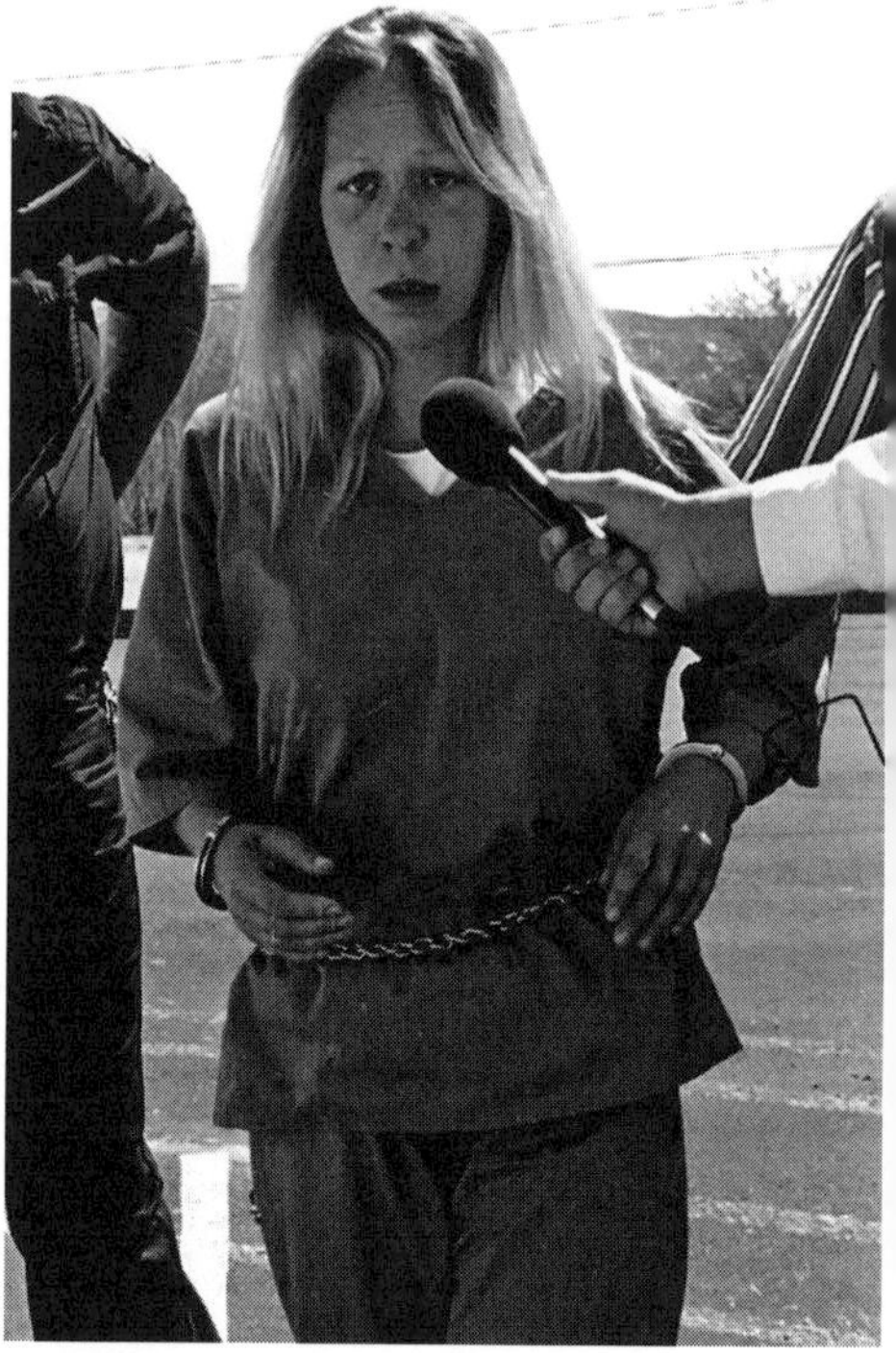

た。その瞬間、シンディが戻ってきてシンシアの頭部めがけてランプをぶつける。しかし、シンシアは痛みに耐えながら必死に拘束具の鍵を外した後、近くに置いてあったアイスピックでシンディの首を突き刺し、そのままトレーラーハウスから脱出、一目散に逃げ出したのである。

こうしてデイビッドとシンディが逮捕され犯行内容が世間に報道されると、過去にデイビッドに監禁されたという数名の女性が名乗

法廷で弁護士と話すデイビッド

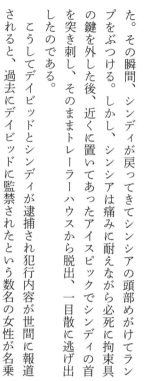

りを上げた。実は彼女たちは、それまでにもデイビッドの犯行を警察に訴え出ていたものの、解放される前に投与された麻酔薬の影響で記憶がおぼろげで、警察も捜査に苦慮していた。しかし、トレーラーハウスから犯行を映したビデオテープが発見され、その内容と彼女らの曖昧な証言が一致、話に整合性が生まれてきた。

しかし、警察の取り調べに対し、デイビッドは毅然とした態度で答える。女性たちを監禁・拷問したのは事実だ。が、殺したことは一度もない、と。名乗りを上げた被害者の証言を受け全面的に自供したシンディの供述も一蹴。殺人については一貫して無罪を主張する。実際、物的証拠は皆無。録画されたビデオには拷問の一部始終が収められていたものの、殺人行為を捉えた映像は一切なかったのだ。

2000年に始まった裁判でもデイビッドは主張を変えなかったものの、2001年に下された判決はなんと懲役224年。対してシンディは捜査に協力したことが考慮され、懲役36年が宣告された。その後、デイビッドは2002年5月28日、ニューメキシコ州ホッブスのリー郡矯正施設で尋問を受ける直前、心臓発作を起こし死亡(享年62)。一方、シンディは2017年に仮釈放の権利を得て申請、これが認められ2019年7月15日に自由の身となった。

拷問部屋から命がけで脱出、事件を知らせた
シンシア・ヴィジル。写真は2019年に撮影されたもの

松永太&緒方純子

マインドコントロール下に置かれた一家6人が互いを拷問・虐殺

北九州監禁殺人事件

1997年から1998年にかけ、家族同士が互いを虐待し殺し合う日本犯罪史上に刻まれる凄惨な事件が起きた。いわゆる北九州監禁殺人事件。そのあまりにショッキングな内容からメディアが報道を控えた本事件は全て主犯の松永太《まつながふとし》のマインドコントロール下で行われたものだ。共犯の緒方純子《おがたじゅんこ》が妻子ある松永と男女関係になったのも、緒方家の財産が根こそぎ奪われたのも、緒方の両親・妹を含む一族6人が死亡したのも、そこには松永の類い希なる人心掌握術が働いていた。

「俺、フトシちゃん。覚えてる?」

始まりは1980年夏、松永(当時19歳)が緒方(同18歳)にかけた1本の電話だった。高校の同級生だったものの、ほとんど会話をしたことのない松永からの突然の連絡に戸惑う彼女に、松永は「卒業アルバムを見ていたら、自分の妻と同じ名前(ジュンコ)の君が載っていて懐かしくて電話をかけたんだ。確か、在学中に50円借りていたから、それを返したい」と言う。まるで記憶のない話に純子は適当に受け答えし電話を切ったものの、松永は1年後に再び連絡をよこし交際を迫った。最初こそ警戒していた緒方だったが、明るくユーモアのある話ぶりに心を許し、デートの誘いに乗る。これが彼女が地獄に落ちる第一歩だった。

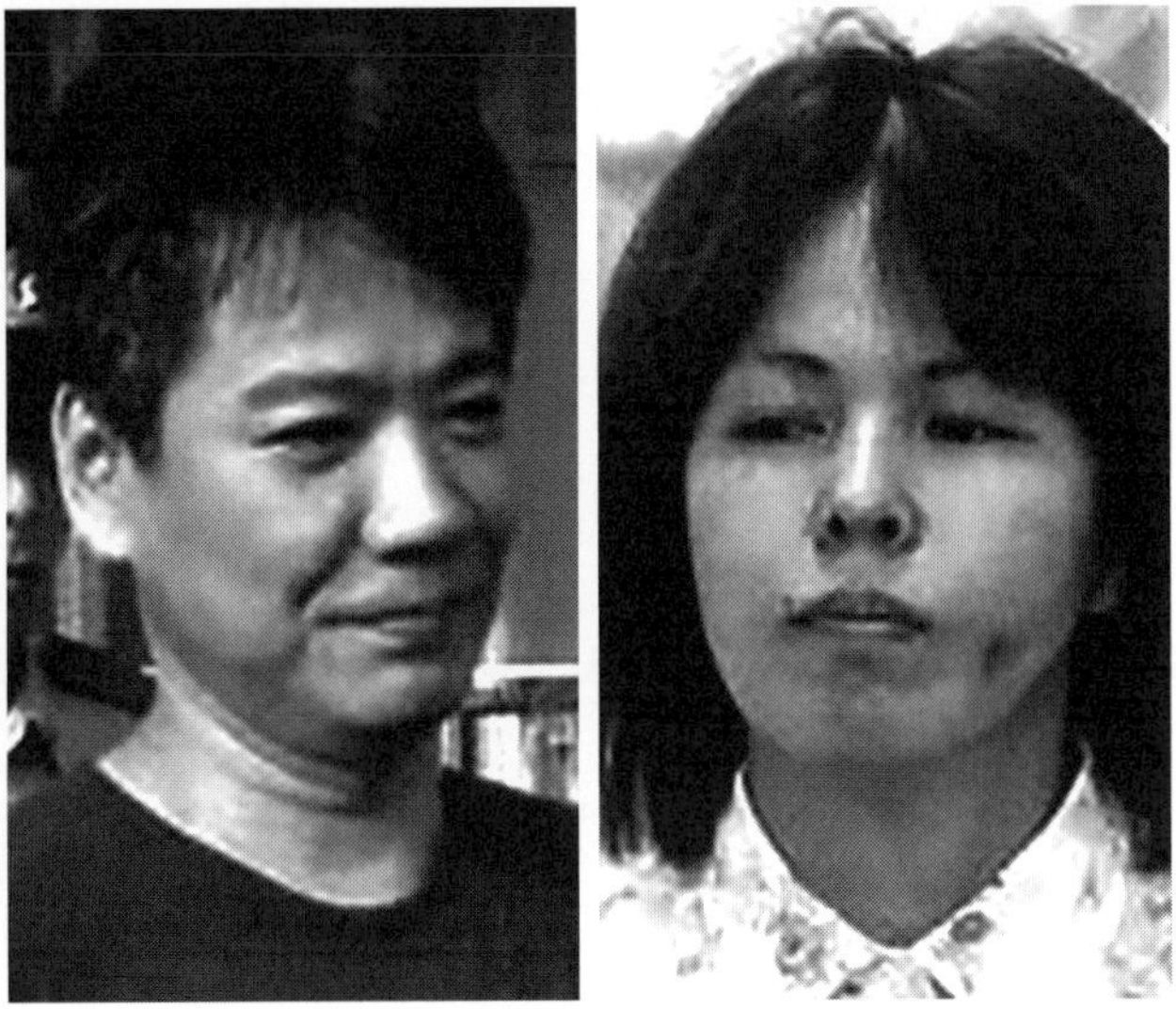

鬼畜にも劣る犯行を働いた松永太(左)と緒方純子

松永は1961年4月、福岡県北九州市小倉北区で畳屋を営む両親の長男として生まれた。7歳のころ、父親が実家の「松永布団店」を引き継ぐため同県柳川市に転居。入学した地元の小学校では全学年を通して「オール5」で、学級委員長や生徒会役員を務めた。中学1年時には校内の弁論大会で3年生を差し置いて優勝。理路整然と語る口の巧さは当時から発揮されており、所属していた男子バレーボール部ではキャプテンを担った。成績優秀でリーダーシップもあり、一目置かれる存在ではあったものの、教師からの評判は低かった。というのも、当時から自分より弱い存在に対して横暴な態度を取っていた他、己を大きく見せるための虚言癖があり、小・中学校時代の一部同級生も、松永の裏の顔をよく知っていたという。

1977年、緒方も在学していた久留米市にある福岡県立三《み》潴《ずま》高校に入学。風紀委員長として活躍していたが、高校2年生のときに家出した女子中学生を家に泊めたことによる不純異性交遊が発覚、退学処分となり、同じ久留米市の私立高校に編入する。卒業後は大学に進学せず、福岡市内の菓子店に就職するものの、わずか10日で退職した。

その後、親類が経営する布団販売店などを転々としてから、1981年5月に父親から家業を譲り受け、柳川市の自宅を本店とする布団訪問販売会社「ワールド」を設立。持ち前のコミュニケーション能力をフルに発揮し、原価3万円の布団を25万で売りつける詐欺的商売で会社を急成長させ、多くの従業員を抱える。1982年1月に2歳年上のジュンコさんと結婚。約1年後の1983年2月に長男を授かる一方、妻が妊娠中だった1982年10月ごろに緒方と初めて肉体関係を持った。

緒方は1962年2月、久留米市安武町《やすたけまち》の農家に生まれた。父方の祖父は元村議会議員、父親は農業

右は中学の卒業アルバムに載った松永。左は幼稚園教諭を務めていたころの緒方。すでに松永と不倫関係にあった

をする傍ら鋼鉄の線材を作るメーカーに勤めており、家は村の3分の2を占める名家だった。そんな裕福な環境下、緒方は何不自由なく育てられ、地元の公立中学を卒業した後、松永と同じ公立高校に進学。性格はおとなしく地味だったが、成績は優秀で進学クラスに在籍していた。高校を出て福岡市内の短期大学に進学し、卒業後の１９８２年4月から幼稚園教諭として働き始める。松永に処女を捧げるのは、その半年後のことである。

松永が緒方に接触したのは当初、単なる遊びだった。実際、外面の良かった彼は結婚後も多くの女性と関係を結んでいる。が、緒方と男女の関係となり、彼女の実家が資産家であることを把握すると、その目的は財産へと変わっていく。話術に長けた松永にとって、従順で真面目な緒方はいとも簡単に操れる存在だった。

２人が関係を持って2ヶ月が経過した１９８２年12月24日のクリスマスイヴ、松永は久留米市にあるホールを借り切って、会社主催の音楽コンサートを開いた。約１千１００人のキャパのホールに招待されたのは緒方や当時妊娠中だった松永の妻、他に関係のあった女性ら約50人。松永はワールドの従業員に伴奏させ、自らマイクを握り歌った。全ては自分の見栄と、これから落とそうとしていた女性の気を引くためだった。

当時、会社の経営が順調だったこともあり、数百万円の開催資金は松永個人の持ち出しで、その後、ワールドは１９８５年に敷地内に鉄筋3階建ての自社ビルを新築。１９８６年には資本金５００万円を投資して有限会社から株式会社化し、松永は代表取締役社長に就任している。

一方、いずれ妻とは離婚するとの松永の言葉を信じ、ずるずる不倫関係を続けていたが緒方は日に日に不安を増し、1984年に叔母に全てを打ち明ける。それを伝え聞いた両親は興信所を使って松永の身上調査を行ったり、家に呼んで娘と別れるよう説得する。ところが、口の巧い松永に言い含められるどころか、そのころ青年実業家として成功していた彼に全面的な信頼を置いてしまう。ただ、この一件により、松永の緒方への態度は豹変し、「おまえのせいで俺の人生はめちゃくちゃだ」と、殴る蹴るの虐待が始まった。竹刀で喉ぼとけを殴り老婆のようなしわがれ声にし、踵《かかと》落としで太ももをえぐり、胸と太ももにタバコの火と安全ピン、墨汁で「太」と自分の名前を刻印した。当然のように、緒方の母親は娘の身を案じた。しかし、松永は母親を呼び出し、強引に肉体関係を持ち自分の味方につけてしまう。緒方が松永の暴力に疲弊し、勤務先の幼稚園を辞職するのは1985年2月のこと。それでも、彼女が松永との関係を切ることはなかった。

1990年ごろ、バブル崩壊のあおりを受け、ワールドの売り上げは急落。松永は、緒方の他にも数多くいた愛人女性たちの名義で金融機関に金を借りさせ、会社の運用資金に充てていた。彼女たちの中には2千500万円もの債務を背負わされたり、自殺した者もいたそうだ。そんな松永の動向は警察もマークしており、1992年7月に詐欺罪と脅迫罪で指名手配する。対して松永と緒方、最後までワールドに残っていた男性社員の3人は、いったん石川県に逃亡し、ほとぼりの冷めた同年10月、拠点の北九州に舞い戻る。このとき、ワールドは事実上破綻しており、ほどなく松永と妻は離婚。緒方は1993年1月、松永との間にできた男児を出産した（1996年3月に次男誕生）。

1995年、金に窮していた松永はマンションを仲介してきたBさん（当時34歳）に目をつけ、一流メーカー勤務を詐称したうえで投資話を持ちかけた。信頼を勝ち得たところでBさんと内縁関係にあった女性を

緒方一家やA子さんが監禁されていた北九州市内のマンションの部屋

別居に追い込み、彼の娘A子さん（同10歳）を緒方が預かる形にして毎月、養育費16万円を要求。さらに親族・知人から1千万円以上を借り奪い取った。やがて会社を辞めたBさんが松永たちのマンションで同居するようになると、アルコールに弱かったBさんを泥酔させ、かつて彼が犯した罪を聞き出し弱みを掌握。「緒方や自分の娘に性的虐待をした」など嘘の事実関係確認書を強引に書かせることで自分の支配下に置く。さらには、食事にラードを乗せた白米しか与えなかったり、睡眠時間を管理するなどしてBさんを虐待。特筆すべきは、ここで松永が彼に使った「通電」である。これは、電流を流した2本の金属棒を焼跡が残るほど体に押しつける拷問で、ワールドの従業員が偶然感電したのを見て発案、成績の上がらない従業員にも強要していた手口である。電流を流され続けた結果、Bさんはしだいに衰弱し、1996年2月に死亡。遺体は緒方とA子さんに処理させ、彼女らに自分が殺人に加担したという罪の意識を植えつけた。ちなみに、松永はBさんの遺体の首を切断して血抜きしたうえで、包丁やノコギリで各部位を細かく切断。鍋で煮込んで肉と骨を分離させた後、肉をミキサーで細かくしてペットボトルに入れて近くの公衆便所に流し、骨は細かく砕いて船から海に投棄している。もちろん、自分は指示するだけで、実際に行ったのは緒方である。

Bさんが死亡すると、松永は緒方の母親に仕送りをさせ生活していた。が、その金額が1千500万円を超えたところで限界に達する。それでも、執拗に金を要求され虐待を受けていた緒方は1997年4月に突如、行方をくらます。自分で働き送金しようと、由《ゆ》布《ふ》院《いん》温泉（大分県）のスナックに勤めることにしたのだ。しかし、行き先を告げぬまま逃亡した緒方に松永は怒り狂い、彼女の両親に娘が殺人に関与していることを告げると同時に、家族から殺人犯が出ることとの世間体の悪さを説き、緒方の父親（死亡時61歳）と母親（同58歳）、妹（同33歳）を北九州市内のマンションに呼び出す。そこで、自身の死亡を偽り、緒方をおびき寄せることへの協力を強要。ほどなく、子供のことが心配で電話をかけてきた緒方に松永が自殺したと嘘をつか

本事件を題材とした映画「愛なき森で叫べ」。劇中の詐欺師・村田（演：椎名桔平）の造形は松永にインスパイアされている。 ©Netflix

事件関係図

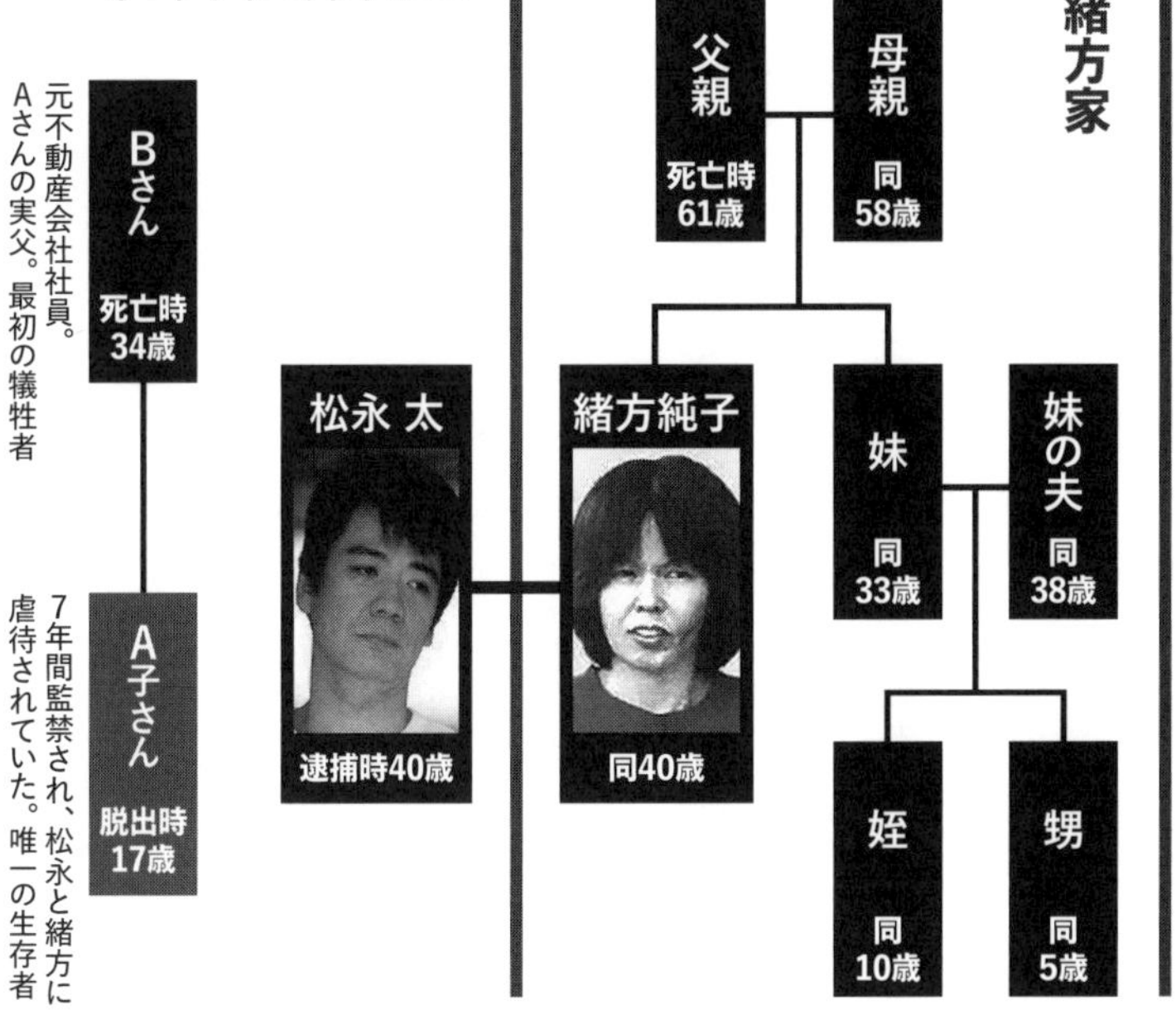

せ、驚いた彼女が葬儀に駆けつけたところで、松永に命令されていた家族が緒方を取り押さえた。

松永は殺人犯である緒方を匿《かくま》うという名目で家族に毎月多額の金銭を要求、それが目標額に達しなかった場合は、彼らに容赦なく通電の罰を与えた。こうして、身内が殺人に加担した後ろめたさを持っていた家族は数千万円を奪われ、否応無しに松永の支配下に置かれる。

一方、松永は緒方の妹の夫（同38歳）には彼が元警察官だったこともあり、当初一定の距離を置いていた。が、ほどなく「あなたの妻は隠れて浮気している。俺はあなたの味方だ」と嘘をつき、疑心暗鬼にさせたうえで、夫の警戒心を解く。すっかり信頼させたところで夫から家族への不満を聞き出し、両親と妻に暴力を振るうよう指示。同時に、Bさんの遺体解体現場である風呂場のタイルの張替え作業を行わせ、元警察官の立場にありながら殺害の証拠隠滅に加担したと責め立て、彼をも支配下に置くことに成功する。さらには、緒方の母親、妹と強引に肉体関係を結び、そのことを家族に公表して夫婦・親子間を分断させた。

やがて、妹夫婦の娘（同10歳）と息子（同5歳）を人質代わりにマンションに呼び寄せ、緒方、A子さんを含む9人での共同生活を開始。松永は彼らに序列を与え、序列が下の者は上の者に通電などの罰が施されるよう定めたため、全員が上の地位を得ようと死にもの狂いとなる。松永のことを批判した者への密告も頻繁に行われ、家族は互いに疑心暗鬼に。もっとも、ほどなく松永が室内に盗聴器を設置したことをほのめかしたため、彼のことを悪く言う者は誰もいなくなったそうだ。

松永の支配は徹底していた。真冬でも半袖の服を着用させ、部屋を移動する際には匍匐《ほふく》前進を強要。小便はペットボトルや浴室で行わせ、大便は1日1回と制限、食事の際には蹲踞《そんきょ》の姿勢を崩さないことを命じた。それに逆らえば、家族間での通電の虐待が待っていたことから、家族はまさに松永の奴隷そのものだった。

そんな地獄のような暮らしが半年ほど経過した1997年12月、緒方の父親が通電を受けている最中に死亡する。遺体は緒方と母親、妹夫婦、彼らの娘の5人が処理した。翌1998年1月には、松永が母親に通電を続けたところ、精神に変調をきたして奇声を上げるように。そこで、松永に指示されて妹が母親の足を押さえつけ、妹の夫が電気コードで首を絞めて殺害。緒方と妹夫婦、その娘の4人が遺体を解体した。続けて2月には妹の様子がおかしくなり、彼女の娘が足を押さえ、夫が電気コードで首を絞めて殺害。4月になると妹の夫が食事制限のうえ、通電を繰り返されて衰弱。松永が眠気覚まし剤とビールを飲ませ死に至らしめた。

殺人の歯車は止まらない。松永は、大人になったら復讐されるかもしれないと、妹の息子の殺害を指示。緒方と妹の娘が電気コードで絞殺し、A子さんが足を押さえていた。その後は妹の娘への虐待が加速し、彼女が2歳児用おむつが履けるほどやせ細ると、松永は家族のところに行こうと説得。6月、彼女は自ら弟が殺害された場所に横たわり目を閉じたという。その首に緒方とA子さんが電気コードで首を絞めて殺害。こうして緒方一家の6人が完全にこの世から消えてしまった。

悪夢の終わりは2002年の冬。同年1月30日、最初に殺害されたBさんの娘で当時17歳になっていたA子さんが隙をつきマンションを脱出、北九州市内の祖父母の家に逃げ込んだ。が、そのことを知った松永は祖父母宅を訪ね、A子さんがシンナーを吸ったり、金を盗んだりと非行に走っていると説明、強引に彼女を取り戻す。連れ去られる前、彼女は「おじさんの話は全部嘘、迎えに来て」とメッセージを残すも、その願いが叶えられることはなく、マンションに戻ると緒方から首を絞められたり、通電を受けるなど激しい拷問を受ける。このとき、A子さんは自分の血を用いて「今後二度と逃げ出さない」と誓約書を書かせられ、さらにはラジオペンチを使って自分で右足の親指の爪を5分以内に剥がすという罰を与えられたそうだ。

それでも彼女は精神が崩壊しないよう懸命に心を保ち、同年3月6日、一瞬のすきを狙い再び祖父母宅へ逃亡。事情を知った祖父母が警察に通報したことで、翌日7日、松永と緒方は逮捕される。警察は当初、A子さんが彼らに監禁され暴行を受けたものとして調査を進めていたが、彼女の供述により父親が殺害されたことが発覚。しばらく黙秘していた緒方が自供を始めたことで事件の全容が明らかになっていく。

殺人、傷害致死、監禁致傷、詐欺、強盗の罪で起訴された松永と緒方の裁判は、2002年6月から福岡地裁小倉支部で始まった。遺体など有力な証拠は皆無だったが、検察はA子さんや緒方の供述に真実性があるとして、松永を「善悪のたがが外れた首謀者」、緒方を「愚直な実行者」と位置づけ、一連の事件は被害者に虐待や生活制限を加えて支配し、金づるとしての利用価値がなくなると口封じのため殺害を繰り返した計画的犯行と指摘。「被害者に家族の殺害、死体処理を手伝わせた挙げ句に殺害するという鬼畜の所業」と指弾した。緒方が「松永の指示がなければ殺さなかった」と供述している点については「2人は車の両輪のような関係。松永の指示に忠実でなければ、これほどの大量殺人を遂行し得たかは疑問。刑事責任は松永に劣らず重い」として、共同正犯の成立を主張した。

対して緒方は自身の父と、A子さんの父（Bさん）については傷害致死罪の適用を主張したが、その他については起訴事実を大筋で認めており、改めて一連の犯行は松永の主導と主張。事件の全容解明に貢献したとして情状面から死刑回避を求めた。一方、松永は緒方の父については一部関与を認めたうえで傷害致死罪

逮捕・連行時の松永

を主張。Ｂさんに関しては「浴室で転んで頭を打った事故死」。緒方家の他の５人は「家庭内の不和などが原因で、一家で殺害し合った」として無罪を訴えた。

松永と緒方の間に生まれた長男は現在、「松永太の息子」というYouTubeチャンネルを開設、面会に行った際の感想などを語る動画をアップしている

２００５年９月28日の判決公判で、裁判長はＢさんについて「疎《うと》ましくなったため、松永が主導して緒方と黙示的に通じ合い、連日の暴行、虐待で死亡させた」と判断。緒方一家殺害については「生き地獄のように過酷で、松永は支配しただけでなく、家族を疑心暗鬼、相互不信に陥らせ、孤立させた」と述べたうえで、松永が事件の首謀者、緒方は「松永の意図をいち早く察知し、積極的かつ主体的に動いた」と認定し、２人に死刑を宣告した。しかし、２００７年９月26日の控訴審判決で、福岡高裁は緒方が松永の暴力によりＤＶ被害者特有の心理状態に陥っていた可能性があるとして、無期懲役に減刑。松永の死刑は一審判決を支持し、その後、２０１１年12月12日の最高裁で両被告の刑が確定した。

２０２４年５月現在、松永死刑囚の刑は執行されておらず、福岡拘置所に収監中。緒方受刑囚は佐賀県の麓《ふもと》刑務所で服役中の身にある。ちなみに、監禁されていた被害者で唯一の生存者であるＡ子さんは事件後、児童養護施設に送られ、そこで出会った男性と県外で結婚し子供を２人授かったと伝えられている。

外尾計夫&山口礼子

内縁の夫と共謀し、我が子を溺死させた鬼畜な母
佐賀・長崎連続保険金殺人事件

1998年10月27日午前0時ごろ、長崎県警に110番通報が入った。電話をかけてきた山口礼子《やまぐちれいこ》（当時40歳）によれば、「次男や妹と一緒に車でイカ釣りに来たのだが、気がつくと次男の姿が見えなくなり、被っていた帽子だけが海面に浮かんでいた」のだという。これを受け、警察は同県北高来《きたたかき》郡《ぐん》小長井《こながい》町《ちょう》（現・諫早《いさはや》市）の海を捜索、同日午前1時ごろに岸壁から50メートルほど離れた場所で山口の次男で佐賀県鹿島《かしま》市の高校1年生の吉則《よしのり》さんの遺体を発見する。一見、誤って海に転落したうえでの溺死に思えた。

しかし、警察の要請を受け漁船で捜索に協力した小長井漁協の組合員は違和感を覚える。イカ釣りの旬は4月〜6月。なぜこの時期に家族で海を訪れたのだろう。不自然さは警察も感じており、当日は火曜日で夜が明けたら子供たちは学校に行くはずなのに深夜に釣りに出かけたこと、吉則さんの体に外傷が見当たらないことが引っかかった。そこで彼の遺体を司法解剖したところ、体内から睡眠導入剤が検出され、事故ではなく事件の疑いが強まる。警察はさっそく山口を軸とした捜査を開

始。結果、吉則さんに3千500万円の生命保険金がかけられていたこと、さらに1992年に山口の元夫で吉則さんの父親である克彦《かつひこ》さん（同38歳）が不審な水死を遂げ、1億円の保険金が山口に支払われていたことが判明する。こうして発覚した夫と我が子に保険金をかけ命を奪うという前代未聞の事件。いったい、そこにはどんな事情があったのか。

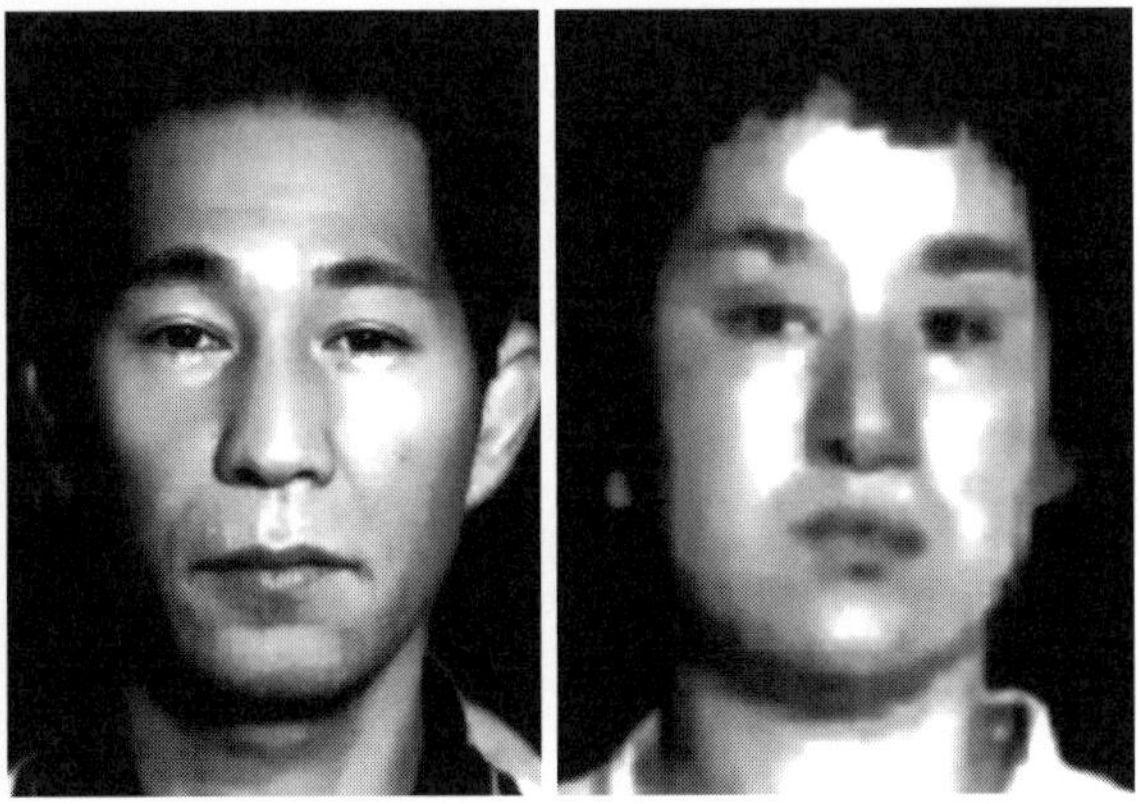

内縁の夫婦の関係にあった外尾和夫（左）と山口礼子

山口は1958年、佐賀県藤津郡《ふじつぐん》（現・鹿島市）で生まれた。同県内の短大を卒業後の1979年4月、鹿島市の病院に就職、看護師助手の職に就く。半年後の同年12月、21歳のときに知人の紹介で知り合った電気通信工事会社勤務の克彦さん（1953年生）と結婚し、1980年に長男、1982年に次男・吉則さん、1988年に長女の3子を授かった。しかし、克彦さんは家庭を顧《かえり》みず、パチンコにはまり、1988年秋には既婚女性のAと不倫関係に陥る。やがて、Aが鹿島市内にスナックを開くことになり、その開店資金として克彦さんは120万円を融資、店に通い始める。ほどなくAは離婚したものの、元夫のBが離婚は克彦さんとAのW不倫が原因として慰謝料を請求。克彦さんはこれに応じ、150万円を支払った。それでもBは納得せず、克彦さんの妻である山口に〝代償〟という名目で体の関係を求めてきて、そのあまりの執拗さに根負けした彼女はホテルに同行。そこで全裸写真を撮られ、これをネタに愛人関係を強要される。山口が、全ての原因を作った夫の克彦さんに相談しても、まともに取り合ってくれなかった。

１９９１年、Ｂの要求に応じ、山口はＡのスナックでホステスとして働くようになる。時を同じくして、克彦さんが離婚を匂わせ、別れても財産も親権も渡さないと冷たく口にする。この態度に、山口は夫に深い憎悪を抱き、離婚される前に克彦さんを事故死に見せかけて殺害、財産と夫が加入していた１億円の生命保険金を手に入れようと企む。とはいえ女１人で事を運ぶのは到底不可能。そこで、Ｂにこの計画を打ち明け協力を依頼するも断られてしまう。

１９９１年12月、１人の男がスナックを訪れる。外尾和夫《ほかおかずお》、当時44歳。接客についた山口は彼と打ち解け、しだいに好意を抱くようになる。悩みを打ち明けても丁寧に耳を傾けてくれ、Ｂとの関係も外尾が間に入り解消となった。やがて外尾と肉体関係を結んだころには、山口はすっかり外尾を信頼し、克彦さんの殺害計画を話す。外尾は二つ返事でこれを承諾した。当時、彼には多額の借金があったからだ。

外尾は１９４７年、山口と同じ藤津郡で生まれた。地元の高校を中退後、トラック運転手やボーリング場従業員等として働き、１９７７年７月ごろに神奈川県小田原市でバス運転手の職に就く。が、外尾にはやめられない趣味があった。ギャンブルだ。１９７３年に結婚し子供をもうけた１９７６年ごろから競艇にのめり込み、抱えた借金が数百万に膨れ上がっていた。それを詰《なじ》る妻にＤＶを働き１９８４年に離婚。４年後の１９８８年、バスの運転中に事故を起こしたことが原因で会社を退職して以降は、地元に戻り、父が経営していた古物商を引き継ぐ傍ら、精神疾患を患っていた３人の兄弟の障害者年金を管理し生活。それを担保に金融機関から金を借り、ギャンブルに注ぎ込んだ。パチンコ屋で知り合った人間に連れられ山口が働くスナックに足を運んだところ、債務は2千万以上になっており、彼女の申し出を断る理由はどこにもなかった。

計画は1992年9月10日に実行に移された。山口が克彦さんに睡眠導入剤を混入したカレーライスを食べさせ眠らせた後、彼の車に本人を乗せ、外尾の運転で藤津郡太良町《たらちょう》の大浦《おおうら》海岸に運搬。翌11日午前0時30分ごろ、睡眠状態の克彦さんを護岸《ごがん》の擁壁《ようへき》から海中に突き落とし、溺死させた。通報を受け、現場に駆けつけた佐賀県警はこれを、釣りの最中に誤って海に転落したことによる事故死として、遺体を解剖することもなく処理してしまう。不審な点は多数あった。死亡推定時刻とされた午前2時ごろは干潮で、転落場所に溺れるほどの水位はなかった。本来ならむき出しになった岩などで遺体には外傷があるはずなのに、それも見当たらない。また、「夫が海に落ちた」と民家に駆け込んだ山口は雨が降っていないにもかかわらずズブ濡れ状態。さらに、釣りをしていたという場所には釣り竿が1本あっただけで、釣り道具やクーラーボックスなどは一切なかった。こうした幾つもの疑問点がありながら、佐賀県警はなぜ事故として処理したのか。捜査の怠慢としか言いようがなく、結果として山口は1億円の保険金を手にする。

しかし、金は1年も経たずに溶けてなくなった。内縁の夫として山口と暮らしていた外尾が借金の返済に充てた他、競艇に注ぎ込んだからだ。その後、2人と山口の子供たちは彼女がパートで稼ぐわずかな金で生活することとなるが、1995年7月、外尾は再び保険金詐欺を企む。ターゲットは自分と性格が合わず懐《なつ》く様子のない山口の次男・吉則さんに定めていた。彼は外尾が機嫌が悪いとき、たびたび暴力を振るわれ、いつも顔に擦り傷を作り、時には鼻骨や他の箇所を骨折することもあったが、周囲には兄弟喧嘩だと説明していた。近隣住民は、吉則さんが夜、1人で自販機の灯りや街灯の下で本を読んだり、雨の日でも犬の散歩を欠かさない姿を見て、何か事情があるのではと薄々感づいていたそうだ。

計画を聞かされた山口は当然ながら猛反対した。我が子に保険金をかけ殺害するなどありえない。しかし、その後も外尾から計画の実行を要求され続けると、しだいに彼女の心に変化が生じる。このころ、山口は外尾と別れることを考えており、次男を殺して得た保険金を元手に、残された2人の子供と自立しようと思い始めたのだ。が、躊躇も大きく、思い切って事情を打ち明けた長男に止められ一度は断念。逆に外尾に睡眠導入剤を飲ませタバコの不始末を装い殺害を企んだこともあるが、これも失敗に終わり、やはり次男を殺害するよりないと腹をくくった。

そして1998年10月26日、計画は実行される。同日22時半ごろ、外尾と山口は、吉則さんにイカ採りと偽り長崎県小長井町の岸壁に車で連れて行き、睡眠導入剤のカプセルを飲ませ眠らせたうえ、翌27日午前0時半ごろ、吉則さんの上半身と両足に紙粘着テープを数回巻き付け海中に投げ込んだ。その衝撃で目を覚ました彼が「この野郎!」と叫びながら泳いで岸壁を向かう。彼は水泳が大の得意だった。しかし、外尾が必死に助かろうとする吉則さんを阻止、山口も次男の頭を海中に沈め殺害してしまう。吉則さんは小学校の卒業文集に、母への感謝の念と中学・高校になっても同じように育ててくれることを希望する言葉が綴っている。そんな最愛の人に殺害される恐怖と衝撃は、いかほどのものだっただろうか。

外尾と山口は事件から10ヶ月後の1999年8月30日に逮捕、2件の殺人罪で起訴され、2003年1月

長崎県警による現場検証の様子。ボートの場所まで泳ぎ着いた次男を、外尾と山口が階段で水際まで降り頭を沈め溺死させた

31日、長崎地裁で両名ともに死刑判決が下された。しかし、その後、長女と長男が母の助命嘆願書を提出したことも影響し、控訴審を担当した福岡高裁は「次男殺害は外尾が主導した」とみなし、2004年5月21日の判決公判で山口を無期懲役に減刑する。ちなみに、次男殺害前に山口は長男と長女にもそれぞれ4千万円と2千500万円の保険金をかけており、何度か睡眠導入剤を飲まされたことのある長女は「次に殺されるのは自分だ」と周囲に漏らしていたという。にもかかわらず、母の死刑回避を望んだ彼女の気持ちは、やはり自分が実の子供ゆえであろう。

一方、外尾の控訴は棄却され、最高裁もこれを支持し2008年1月31日に死刑確定。2024年5月時点で刑は執行されておらず、確定死刑囚として福岡拘置所に収監されている。

Chapter 4
Since 2000s

クリスティーン・パオリラ＆クリストファー・スナイダー

善意を悪意に誤解した女子高生が恋人男性と結託、親友女性ら4人を射殺

米テキサス州クレア・レイク殺人事件

2003年、米テキサス州で2人の友人女性と恋人男性ら計4人が射殺される事件が起きた。犯人は被害女性と同じ高校の1学年下のクリスティーン・パオリラ（当時17歳）と、恋人のクリストファー・スナイダー（同21歳）。犯行動機はクリスティーンが過去、被害女性らにコケにされたことに対する復讐だった。が、それは善意を悪意に取り違えた彼女の完全な誤解だった。本事件は加害者・被害者が通っていた高校の名前を取り「クレア・レイク殺人事件」と呼ばれている。

後に残忍な事件を起こすクリスティーンは1986年、ニューヨーク州ロングアイランドで生まれた。2歳のとき建設労働者の父親が死亡したことが原因で母が薬物依存に陥り、祖母のもとで育てられる。悲劇に襲われるのは、幼稚園に通っていた5歳のとき。病院で脱毛症と診断され、かつらを着用することを余儀なくされたのだ。さらに極度の近視だったことから分厚い眼鏡をかけ、その容姿のせいで小学校時代はクラスメイトから酷いいじめを受ける。自然、性格は暗く内向的なものと

クリスティーン・パオリラ（左）と恋人のクリストファー・スナイダー。
クリスティーンの写真は学校の美人コンテストの優勝前後に撮影されたもの

なった。

中学のとき、母が薬物依存を克服、再婚を果たしたため、継父と3人でテキサス州ヒューストン郊外のクリア・レイク・シティに転居。卒業後の2002年、地元のクリア・レイク高校に入学する。相変わらずいじめは止まず、友だちは1人もできない。そんな孤独な日々を送っていたクリスティーンに、声をかけてくれたのが1学年上のレイチェル・コロルーティスとティファニー・ローウェルだ。親友同士の彼女たちは美人で性格も良く学校の人気者。そんな2人がなぜ自分と親しく話してくれるのか不思議だったが、レイチェルとティファニーは実にフレンドリーで、クリスティーンは学校やプライベートでも彼女らと常に一緒に過ごすようになる。クリスティーンにとっては人生で初めてできた友人だった。

2人はクリスティーンに少しでも自信を持たせようと、コンタクトレンズの着用を勧め、化粧を教え、おしゃれな髪型のかつらを付けさせた。結果、外見はがらりと変わり、性格は明るくなり、いじめられることもなくなる。学校生活がバラ色に変わったある日、レイチェルとティファニーはクリスティーンに校内の美人コンテストに出るよう勧める。自分のことをよく知るクリスティーンは躊躇ったが、彼女たちの強い後押しもあり勇気を出して出場したところ、見事に優勝。クリスティーンは応援してくれた2人に心から感謝する。さらに、このころ、彼女にクリストファーという4歳上の恋人ができる。が、彼に薬物使用と犯罪歴があったことから、家族は交際に猛反対する。しかし、一生男性と付き合うことなどないとあきらめていたクリスティーンにとっては、簡単に手放せる相手ではない。彼に勧められ薬物に手を出すことになっても、恋人との時間を優先した。

レイチェルとティファニーが学校を卒業して2ヶ月後の2003年7月、クリスティーンは想像もしない噂を耳にする。レイチェルとティファニーが美人コンテストで優勝できるよう、校内の生徒たちに投票してくれるよう頼み込んでいたというのだ。噂は事実だった。が、彼女たちの行動は純粋な善意から出たものだった。1人寂しげにしていたクリスティーンに声をかけ、自信を持たせるためコンテンストで優勝できるよう事前に動く。うがった見方をすれば勝者の弱者に対する上から目線の施しとも捉えられなくもないが、投票を依頼された生徒らの後の証言によれば、彼女らの言動に憐憫《れんびん》や悪意などは一切感じら

左から高校入学当初のクリスティーン、彼女の1学年上で親友同士だったレイチェルとティファニー

れなかったそうだ。実際、2人が卒業した後も彼女たちの友情は変わらず継続していた。対してクリスティーンの思いは違った。表向き友人でいながら、陰で嘲《あざけ》り笑い、自分たちの人気を利用し投票を根回しするという偽善行為。幼いころからのいじめで培われたネガティブな感情はショックから恨み、憎悪へと変わり、やがて2人を殺害する決意を固めるまでにエスカレートしていく。

彼女たちが通っていたクリア・レイク高校

2003年7月18日夜、クリスティーンは恋人のクリストファーを伴い、クリア・レイク・シティのティファニー（同18歳）の自宅を訪れた。家には他にレイチェル（同18歳）、ティファニーの恋人マーカス・プレセラ（同19歳）、マーカスの従兄弟アデルベルト・サンチェス（21歳）がおり、ティファニーは2人を歓迎し招き入れた。が、その直後にクリスティーンとクリストファーが銃を取り出し、4人を射殺。ティファニーとレイチェルは、激しい恨みの裏返しか、性器を何度も撃たれていたそうだ。

クリスティーンらはそのまま現場から逃走、ほどなく通報を受けた警察が駆けつけ捜査を開始したが、犯人特定に繋がる物的証拠や有力な目撃証言は一切なかった。そして、3年の月日が流れる。この間、クリストファーが自動車窃盗の罪で逮捕・投獄されたことにより、クリスティーンとの関係は破局。その後、彼女は別の男性と結婚し、テキサス州サンアントニオで新たな生活を送る。

事件が迷宮入りの様相を呈してきた2006年7月8日、匿名の情報が警察に入り、当局はクリスティーンを取り調べる。彼女は容疑を否定したが、その過程で夫が重大な証言をもたらした。2005年7月、未解決事件を取り扱うテレビ番組の中で本件が取り上げられ、近隣住民の情報から作成された容疑者と思しき女性の似顔絵が公開された。たまたま番組を見ていたクリスティーンは激しく動揺し、その後、自分が事件に関与したと告白したというのだ。これを受け、警察が厳しく追及したところ、クリスティーンはあっさりと犯行を自供。同月19日に殺人容疑で逮捕される。一方、共犯のクリス

犠牲者の4人。左からマーカス・プレセラ（ティファニーの恋人）、ティファニー、アデルベルト・サンチェス（マーカスの従兄弟）、レイチェル

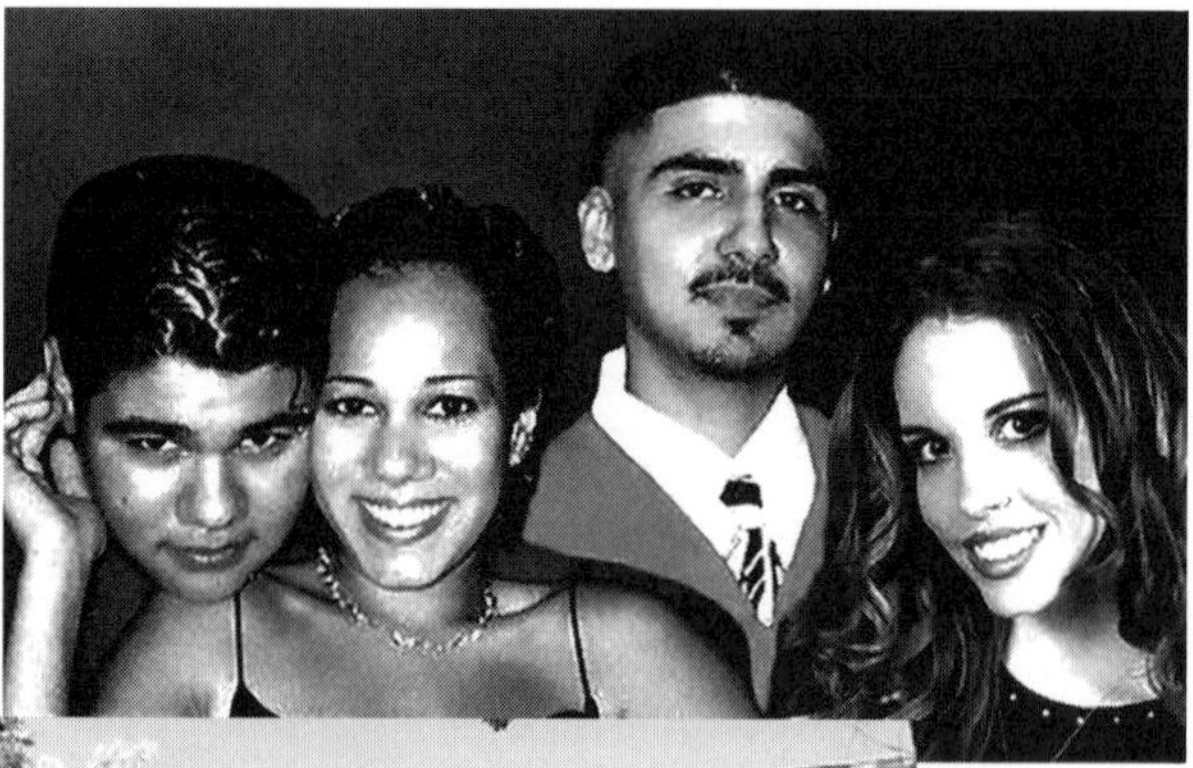

事件現場となったレイチェルの自宅

トファーは同年6月にネットで知り合った女性とサウスカロライナ州で同棲生活を送っていたが、クリスティーンの逮捕を知るや失踪。同年8月5日、森の中で腐乱した遺体となって発見される。薬の過剰摂取による自殺だった。

２００８年10月13日、クリスティーンは裁判で終身刑を宣告される。テキサス州は死刑制度を存続しており死刑判決も十分ありえたが、事件当時17歳だったことが考慮されての量刑だった。２０２４年5月現在、彼女は同州ゲイツビルの女性専用刑務所に収監されている。

目撃情報をもとに作成された犯人の似顔絵

クリスティーンが警察で取り調べを受けている際の様子

判決を聞き表情を歪めるクリスティーン
（2008年10月撮影。当時22歳）

リサ・コールマン&マーセラ・ウィリアムズ

9歳の少年を虐待死させたレズビアンのカップル

ダボンテ・ウィリアムズ殺害事件

2004年7月、米テキサス州アーリトンで当時9歳の少年、ダボンテ・ウィリアムズが凄惨な虐待を受け死亡した。ろくに食事も与えられず、息を引き取ったとき彼の体重はわずか16キロしかなかった。ダボンテを死に追い込んだとして逮捕されたのは、彼の実母マーセラ・ウィリアムズ（当時23歳）と、彼女と同居していたレズビアンの恋人リサ・コールマン（同28歳）。テキサス州当局は事を重大視し、裁判でマーセラに終身刑、リサに死刑を言い渡した。

後に死刑判決を受けるリサは1975年、テキサス州タラント郡で生まれた。その生い立ちは悲惨の極みで、幼少期より母親から「ブタ」と罵られ、延長コードで縛られるなど日常的に虐待を受け続けた。養護施設送りとなったものの、16歳のとき継祖父にレイプされ妊娠・出産。その後、預けられた親類の影響で麻薬とアルコール依存となり、強盗や違法薬物の使用で27歳までに二度の刑務所暮らしを体験する。

そんな彼女がマーセラと出会うのは1998年。互いに同性愛者だった彼女たちは恋に落ち、同棲生活を始める。このとき、マーセラはまだ17歳だったが、息子のダボンテ（同3歳）とデスティニーという娘（同0歳）の母親でもあった。早産が原因で発達障害を患っていたダボンテに対し、マーセラは育児を放棄し虐待を働いた。そのため、何度も児童保護サービス（通称CPS。アメリカにおける児童虐待や育児放棄の通報に対して責務を負う政府機関）の捜査の対象になっていたそうだ。

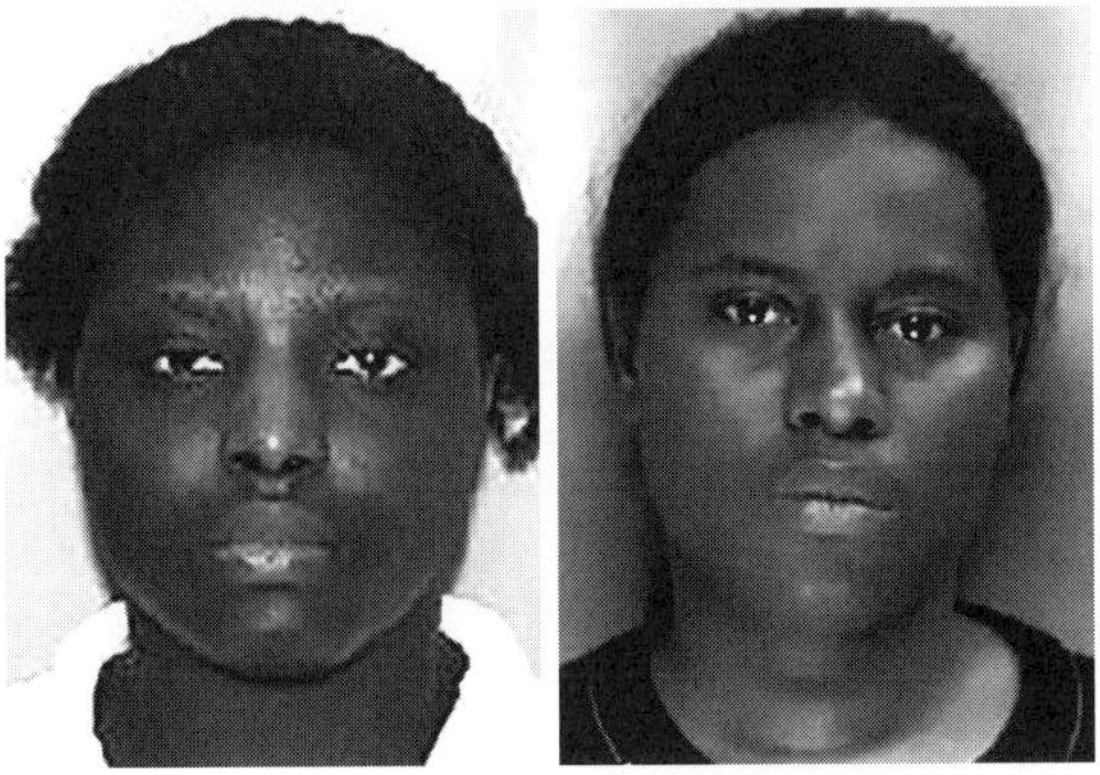

リサ・コールマン(左)とマーセラ・ウィリアムズ
(2004年7月のマグショット)

そこにリサが加わったことで、ネグレクトはよりエスカレートしていく。主導していたのはリサで、彼女は自分の子供でもないダボンテに容赦のない虐待を繰り返した。母親のマーセラは5つ年上の恋人リサに逆らえなかったようだ。一緒に暮らし始めて1年が経過した1999年、住民の通報によりCPSがダボンテを保護し、マーセラから親権を取り上げる。が、理由は定かでないもののほどなく権利は戻され、ダボンテは家に帰される。このときまだ4歳だった彼は、CPSの職員に「家に戻りたくない。リサとは会いたくない」と泣いて懇願したそうだが、聞き入れられることはなかった。その後、ダボンテには以前に増して凄惨な虐待が行われる。ベルトで執拗に殴打し、延長コードで手足を縛りゴルフクラブで殴る蹴る。さらには極端に食事を制限する。彼の全身は赤く腫れ上がり、みるみるやせ細っていった。

そんな酷い虐待が5年続いた2004年7月26日、リサからダボンテが息をしていないとの連絡が911（緊急電話番号）に入り、救急隊員が家に向かった。ダボンテは包帯とおしめをしているだけの姿で、救急隊員はそのあまりの惨状にすぐに虐待を疑い警察に通報。検死の結果、体重は平均的な9歳児の半分で、唇が何倍にも腫れ上がり、耳が原型を留めていないほど損なわれていること。さらに手足にはプラスチックの延長コードで縛られた痕、ダボンテ自身が虐待から身を守ろうとした際にできた傷を含め、全身の傷や痣は250ヶ所以上にも及ぶことが判明。家のゴルフクラブに付着した血痕はダボンテのものであることも確認され、直接の死因は栄養失調であると認定された。

その場で逮捕されたマーセラとリサは素直に虐待を認

犠牲となったダボンテ（右）。下は妹デスティニーとの2ショット

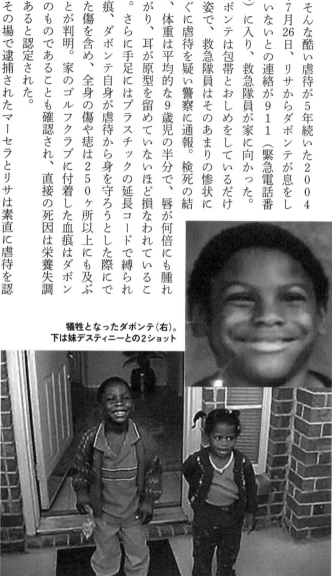

リサの死刑執行に抗議する市民（2014年9月）

めた。特筆すべきは、アメリカで子供に対する虐待死事件は日本とは比べものにならないほど重い罪が問われる点だ。日本での容疑は「保護責任者遺棄致死」で、量刑も重くて懲役15年程度。対しアメリカは「第二級殺人罪」が適用され、死刑判決も十分あり得る。同罪で起訴された彼女たちもそれがわかっていたのだろう、２００６年６月から始まった裁判でマーセラは終身刑を受けることを条件に殺人罪を認め、検察の主張に全て同意。対してリサはダボンテの死は母マーセラの育児放棄が大きな背景にあり、直接の死因はマーセラが息子の死の直前に食べさせたカップヌードルを喉に詰まらせたことによる窒息死であると反論した。が、法廷に立ったダボンテの妹は、リサが日常的に兄に凄惨な暴力を働いていたと証言。陪審員もリサが虐待・殺人を主導したとして有罪を評決、裁判所は彼女に死刑を宣告した（司法取引に応じたマーセラは終身刑で確定）。

その後、上訴は棄却され死刑確定。２０１４年９月17日、死刑反対者が抗議するなか、テキサス州内の刑務所で薬物注射により処刑された。最期の言葉は「私は大丈夫です。私の処刑が終わったら皆に神はとても素晴らしいと伝えてください」だったという（享年38）。

ジャスミン・リチャードソン＆ジェレミー・スティンク

12歳の少女が23歳の恋人と共謀、交際に反対する両親と弟を刺殺
リチャードソン一家殺害事件

２００６年4月23日朝、カナダ・アルバータ州メディシン・ハットに住む6歳の少年が、近所のヤコブ・リチャードソン（当時8歳）と遊ぼうと彼の自宅を訪ねた。が、何度扉をノックしても返事がない。そこで少年は家の裏側に回り中をのぞき込む。その瞬間、彼は驚くべき光景を目の当たりにする。部屋の中で誰かが血だらけで倒れていたのだ。慌てて帰宅した少年から事情を聞いた家族が半信半疑、リチャードソン家に出向いたところ、確かに息子の言うとおりで、すぐに警察に通報。１階のリビングで父親のマーク（同42歳）と母親のデボラ（同48歳）が滅多刺しにされて殺されており、遺体の傍らには凶器と思しきナイフと、マークが襲われた際に防御に使用したであろうドライバーが落ちていた。さらに2階でヤコブの遺体を発見。彼は首を切られ絶命しており、すぐ横に映画「スター・ウォーズ」のライフセーバーのおもちゃが転がっていた。これも犯人に対抗するために使用されたものと思われた。

不可解なのは、一家の長女であるジャスミン（同12歳）の姿がどこにも見当たら

ないことだった。もしかしたら彼女だけが連れ去られたのだろうか。警察は手がかりを探すため、まずはジャスミンの通う学校に足を運び、彼女のロッカーを確認する。と、中から1枚の紙切れを発見。そこには、生きたまま炎に焼かれ苦しむ彼女の家族の姿が描かれていた。

警察はジャスミンが犯行に関与しているものと確信、行方を追った結果、事件発覚当日の夜遅く、メディシン・ハットから約130キロ離れたサスカチュワン州で身柄を確保する。ジャスミンはその場で殺害を自供。一緒にいた恋人のジェレミー・スティンク（同23歳）も犯行を認めたため、2人を殺人容疑で逮捕した。

ジャスミン・リチャードソン（左）と恋人のジェレミー・スティンク

ジャスミンは変わった少女だった。好きな有名人は、17人を殺害したシリアルキラーのジェフリー・ダーマー。映画は本書58ページでも取り上げたチャールズ・スタークウェザーとキャリル・フュゲートをモデルとする「ナチュラル・ボーン・キラーズ」で、パンクロックをこよなく愛した。そんな彼女に影響を与えたのがジェレミーである。彼は中学を卒業後、職にも就かず街のショッピングモールで、いつも「俺は狼で300歳だ」と話し、常に複数のゴスロリ少女を引き連れていた。ジャスミンはジェレミーに一目惚れし、やがて恋人同士になると、彼女のファッションは黒い服、短いスカート、くっきりしたアイライナー、首輪のようなチョーカーにチエーンといった服装に変化する。両親は娘の変わりように驚き、ジャスミンが時々夜中に家を抜け出し、10歳以上も歳の離れたジェレミーに会いに行っていることがわかると、当然のように交際に猛反対した。噂では、ジェレミーは薬物依存症で娘にもドラッグを使用させているという。

しかし、ジャスミンは両親に反発した。どころか頑として交際を認めない彼らに激しい憎悪を抱き、やがて殺害を企むようになる。話を聞いたジェレミーもこれに賛同し、企みは本当に実行される。

2006年4月22日夜、コカインでハイになったジェレミーはジャスミンの手招きでリチャードソン宅に侵入、デボラを見るなり刺殺し

ジェレミーと交際し始めてから
ジャスミンの外見は劇的に変化した

下／殺害された3人（左から母デボラ、長男ヤコブ、父親マーク）と、
犯行現場のリチャードソン邸

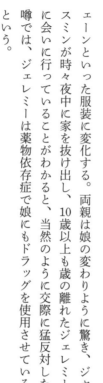

た後、マークに反撃を食らいながらもナイフで何十回も刺し殺害した。このときマークが口にした「なぜ、こんなことを？」という問いに、ジェレミーは「おまえの娘が望んだからだ」と答えたそうだ。一方、ジャスミンは両親が目の前で殺されるのを見届けた後、2階で怯えていた弟ヤコブに近づき、彼の口を押さえたうえで「眠りな」と囁き、ナイフで首をかき切った。ちなみに、犯行の後で2人はパーティーに出かけ、人を殺してきたことを自慢し周囲から呆れられたという。

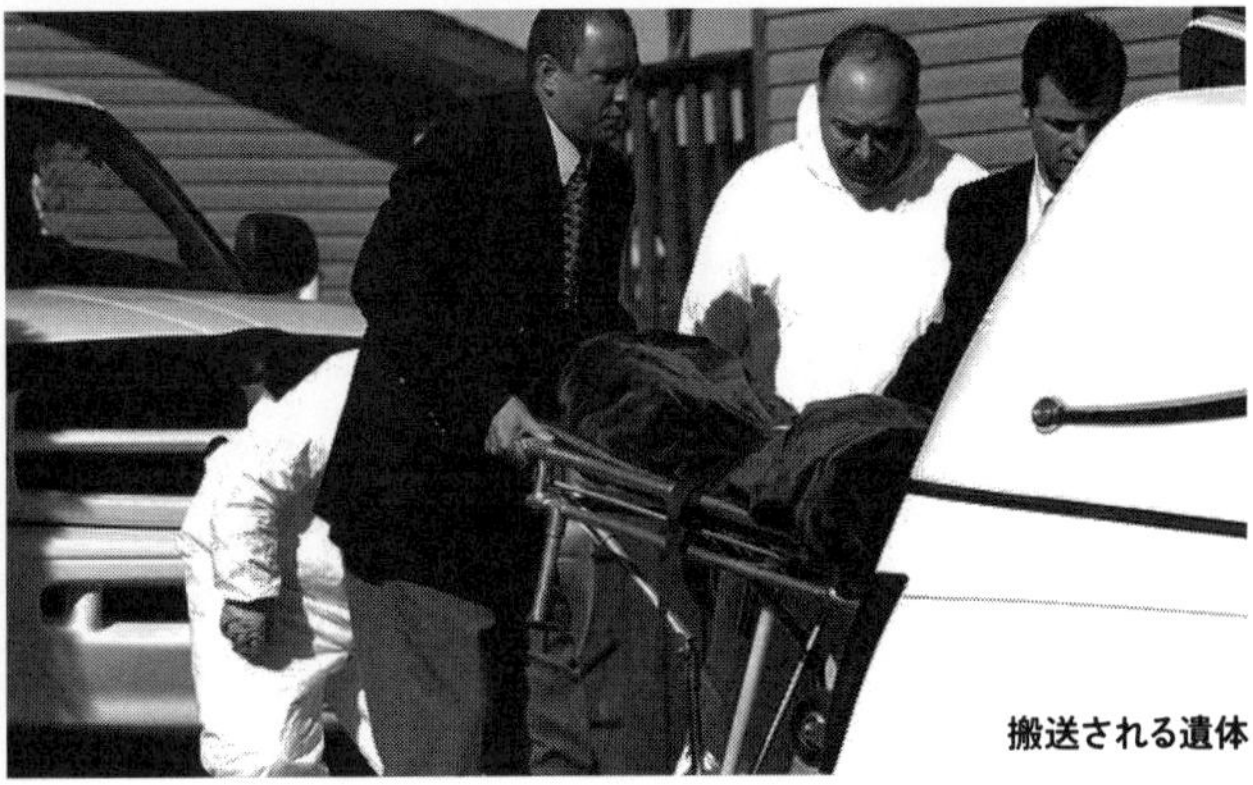

搬送される遺体

学校のロッカーから見つかったジャスミンの絵

　逮捕後もジャスミンは一切反省の様子を見せなかったが、2007年7月の判決公判では犯行時の年齢を考慮され懲役10年に。服役期間中の大半が精神カウンセリングに費やされ、2016年5月に出所した。一方、ジェレミーは2008年12月に最低25年は仮釈放のない終身刑を宣告され、2024年5月現在も服役中である。

キム・エドワーズ&ルーカス・マーカム

14歳の恋人カップルが、彼女の母親と妹を殺した理由「トワイライト・キラーズ」事件

2016年4月15日、イギリス・リンカンシャー州スポルディングの地元警察に、「2日前に家を出た子供が戻ってこない」という電話が入った。行方不明になっているのはルーカス・マーカムという少年（当時14歳）で、電話は彼と一緒に暮らしていた叔母からだった。彼女の話によれば、ルーカスにはキム・エドワーズという同い年の恋人女性がおり、警察の調べでキムもまた2日前から学校に姿を見せていないことが判明する。警察がさっそくキムの自宅を訪ねたところ、昼間だというのにカーテンが閉め切られ、インタホンを何度鳴らしても反応がない。何か不吉な予感を覚えた捜査員は窓をこじ開け屋内に侵入。と、1階のリビングでルーカスと思われる少年がくつろいでいた。彼にキムの所在を尋ねると「今、トイレに行ってる」と答え、続けて「それより2階を見てきたら？」と意味深な言葉を口にした。言われるがまま階段を上った警察は、2階寝室のドアを開け驚愕する。キムの母エリザベス（同49歳）の惨殺死体がベッドに転がっていたのだ。さらに隣の部屋で、キムの妹ケイティ（同13歳）の遺体を発見。警察は、キムとルーカスが2人を

殺害したものとみてその場で尋問、自供したため緊急逮捕する。このとき、キムは警察官に対し、「ママが死んでくれてよかった」と話したそうだ。いったい、この家で何が起きたのだろうか。

キムが最初に母エリザベスに憎しみを覚えたのは2006年1月、4歳のとき。テレビの見すぎを注意されたのだが、母の怒り方は尋常ではなく、おまえは別れた夫（キムの父）そっくりだと声を荒らげキムを拳で殴打した。実はエリザベスは夫のDVが原因で二度の離婚を経験。そのストレスからキムを鬱憤のはけ口にしており常日頃から彼女に理不尽な怒りをぶつけていたのだが、手をあげたのはこのときが初めてだった。

キム・エドワーズ(右)とルーカス・マーカム。2人は親からの愛情がないまま育った同じ境遇に惹かれあう共依存の関係だった

キムが母親に強い恨みを持つようになった原因は他にもあった。彼女は1つ下のケイティと仲の良い姉妹だったものの、母の接し方はまるで異なった。キムに冷たく横暴な態度を取るのに対し、ケイティの一挙手一投足を褒めちぎった。エリザベスにとって長女はストレスをぶつける対象、次女は癒しの存在だったのだが、幼いキムにそんなことが理解できるはずもない。彼女には、何かにつけ妹を優遇し、顔も見たこともない父親にそっくりだと罵る母への憤りしかなかった。葛藤を抱えたまま時間だけが過ぎた2014年3月、一つ

10歳のころのキム（左）。中央が母エリザベス、右が妹ケイティ

事件の前年、2015年に家のキッチンで撮影されたエリザベス

の事件が起きる。この日、キムは児童相談所に母から虐待を受けていると相談の電話を入れた。これを受け職員が自宅を訪ね事情を聞いたところ、エリザベスはキムには虚言癖があると彼女の話を全面否定、さらにはケイティまでも姉は嘘をついていると口にした。信頼し、彼女だけは真実を語ってくれると信じていた妹の裏切り。キムの失望は計り知れなかった。

翌2015年、キムは通っていた中学でマーカスとクラスメイトになる。彼は多動症を伴う、いわゆるADHDを患っており、教室でいきなり大声を出し暴れだすなど、周囲からは問題児とみられていた。が、彼

キム(右)とケイティは傍目には仲の良い姉妹に思えたが…

は幼くして母を亡くし、父親は育児を放棄したアルコール依存症。親からの愛情を注がれずに育った点ではキムと共通しており、2人はほどなく恋人同士となる。

しかし、母エリザベスはまだ互いに稚すぎると交際に猛反対。ある日、2人を自宅の庭に並べ、別れるよう強く促す。キムにとってルーカスは心を許せる唯一無二の存在。その仲を引き裂こうとする母の言葉に彼女は大きなショックを受け、その日の夜、鎮痛剤の過剰摂取による自殺を図る。何とか一命は取り留めたものの、この出来事で母との関係は完全に破綻し、最悪の結末を迎えることとなる。

2016年4月9日夜、母と口論になったキムはルーカスが叔母と暮らす家に逃げ込み、頭を冷やした後、自宅に戻った。と、台所でエリザベスがゴミ捨ての準備をしている。普段なら特に気にも留めないが、そのときは違った。母がキムの私物をゴミ袋に入れ、一部をケイティに渡していたのだ。あまりの仕打ちに再びルーカスのもとに戻るキム。後に彼女はこの日の気持ちを「もう私は家族の一員ではないと感じた」と語っているが、キムのそんな絶望にルーカスはいたく同情し、やがて2人して母と妹の殺害を決意するに至る。

同月14日深夜、キムはバスルームの窓からルーカスを家に導き入れた。ナイフの入った袋を持参していた彼がキムに「何も心配はいらない」と声をかける。実は犯行は2人で行う予定だったが、土壇場で家族を殺すことに躊躇したキムが、ルーカスに全て1人で実行するよう依頼、承諾を得ていた。彼はまずエリザベスが眠る2階の寝室に足を運び、ドアを開けるや、叫び声を出させないよう枕を彼女の口に押し当て、喉元にナイフを突きつけた。突然の激痛にエリザベスは目を覚ますも、体重を乗せ何度もナイフを奥まで突き入れるルーカスに為す術もなく、そのまま事切れる。死亡を確認すると、次にケイティの部屋へ向かい、彼女も同じように喉を滅多刺しにして殺害。当初、キムとルーカスはこの後、自分たちも後追い自殺する予定だったが、憎き母親がいなくなったことで考えが変わる。2人して風呂に入り、冷蔵庫のアイスを食べ、リビングで映画を観て、セックスを楽しん

事件現場となった自宅

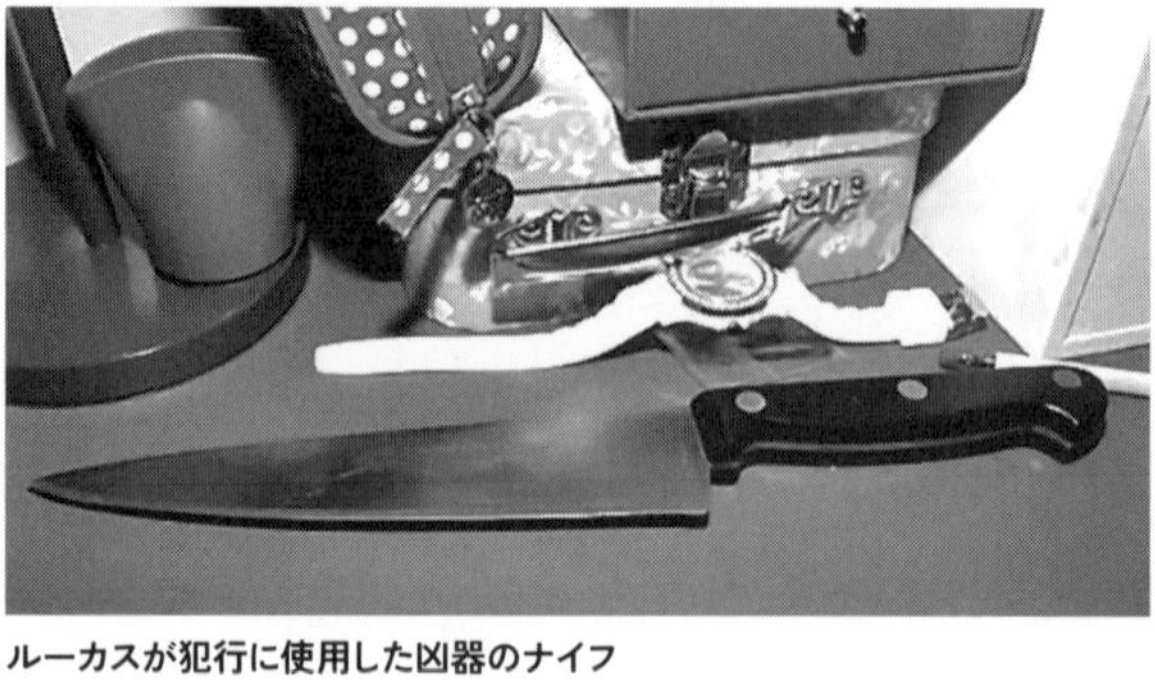
ルーカスが犯行に使用した凶器のナイフ

殺害後、キムとルーカスが1階リビングのテレビで観た2008年のアメリカ映画「トワイライト～初恋～」

キム(右)とルーカスのマグショット(2016年4月)

だ。ちなみに、このとき彼らが鑑賞した作品が女子高生と吸血鬼の禁断の恋を描いた「トワイライト〜初恋〜」だったことから、本事件は後に「トワイライト・キラーズ」と呼ばれることになる。

　事件が公になると、14歳カップルが母親と妹を残忍に殺害し、その後、1日半にわたり2階に遺体があるにもかかわらず異様な行動をとっていたことにイギリス全土が震撼。一方、警察に勾留されたキムは取り調べで犯行動機を次のように語った。

「私は小さいころからママと仲が悪く、ママはいつも妹を可愛がっていた。妹を殺したのは怒りじゃなく嫉妬。ママを殺すことが楽しみで楽しみで仕方なかった。私はママが私にした仕打ちの復讐をしただけ。当然の報いだと思う。付け加えるなら、ママはいつも私が自殺するんじゃないかって不安がっていたけど、これで心配する必要がなくなったんじゃないかな」

　２０１６年11月、裁判所はキムとルーカスに17年半の禁固刑を宣告。２人は投獄され２０２４年5月現在も服役中の身にある。

ドミトリー&ナタリア・バクシェーエフ

30人以上を殺害した恐怖のカニバリズム夫婦
ロシア・クラスノダール人肉食い事件

2017年9月11日、ロシア南部の都市クラスノダールで道路舗装をしていた作業員の男性が、路上で落とし物と思われる1台のスマートフォンを発見した。所有者の手がかりを探そうと、スマホの中を確認した作業員は驚愕する。アルバムのフォルダーに、切断された人間の頭部や、手首を楽しそうに口にくわえる男の姿など、おびただしい数のグロテスクな写真が収められていたからだ。作業員が仲間を呼び警察に通報しようとしたとき、犬を連れた1人の男が近づき「この辺りでスマホの落とし物を見なかったか？」と尋ねてきた。男を見て作業員らは再び凍りつく。その男こそ写真に映っていた人物だったからだ。彼らは恐怖を必死に抑えながら平静を装い、男の姿が見えなくなってから警察に通報。同日、その男ドミトリー・バクシェーエフ（当時35歳）と妻のナタリア（同42歳）が逮捕される。

ドミトリーは孤児院で育ち、5歳のとき里子に出された。少年期は引きこもりに近い状態で動物だけが友人だった。10代で溶接工の職に就いたものの、強盗などの罪で服役すること4回。その後は建設作業員など日雇い仕事に従事していた。一方、ナタリアも幼いころに母親を亡くし、高校卒業後、クラスノダール高等軍航空学校の調理員として働いた。２人がどんなきっかけで知り合い、何が動機で殺人を始めたのかは不明だが、遅くとも１９９９年には犯行を開始。クラスノダールを中心に性別や年齢関係なく、鎮痛剤で眠らせたうえ殺害、遺体をバラバラに切断した、特筆すべきは彼らにカニバリズム（人肉食）の嗜好があったことで、遺体の一部を自分たちで食べ、一部を冷蔵庫に保管したり、生理食塩水に漬け瓶詰めにしていた。

ロシアを震撼させた食人鬼夫婦、ドミトリー・バクシェーエフ（左）と妻のナタリア

２人はナタリアが勤務する士官学校の寮で同居しており、彼らの部屋からは常に異臭が漂っていたそうだ。学校スタッフが中を確認しようとすると、ナタリアは血相を変え彼らを門前払いにしたばかりか、学校の生徒にも人肉を混ぜた食事を出していたというから驚く。

こうして彼らの犠牲になったのは、２０１７年までに少なくとも30人以上にのぼると言われる。この間、２人は２０１３年に結婚。ナタリアが主でドミトリーが従の関係だった。年齢差もさることながら彼女は荒々しく支配的な性格で、ドミトリーを公衆の面前で罵倒することも日常茶飯事。自然、犯行もナタリアが指示役で、ドミトリーが殺害の実行役を担っていた。

２０１７年９月８日、バクシェーエフ夫妻は近所に住む顔見知りのエレナ・ヴァフルシェワ（同35歳）を誘い、彼らの自宅近くの廃屋で酒盛りを始めた。酔いも回ってきたころ、エレナがドミトリーの側に座り親密そうに何かを囁いている。嬉しそうに反応するドミトリー。その様子に嫉妬を覚えたナタリアの怒りが爆発し、勢いのままドミトリーに殺害を指示。彼はためらうことなくバッグに入れていたナイフでエレナの胸を2回突き刺し殺害する。その後、頭部を切断、皮を剥がしたうえ、手首もバラバラにし一部を自宅に保管、残りを近くの森に投棄した。ドミトリーがスマホを落とすのは

犠牲者のエレナ・ヴァフルシェワ。左はドミトリーのスマートフォンに保存されていた彼女の頭部

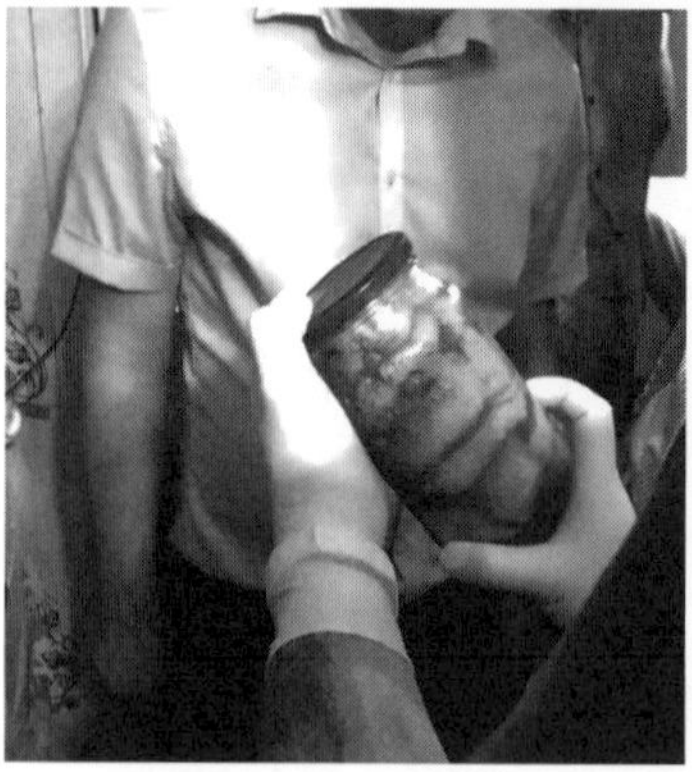

夫婦が暮らしていた部屋はゴミ屋敷と化し、室内から人間の肉片を詰めた瓶詰めが見つかった

3日後の同月11日。拾った作業員が見たのは、エレナ殺害後に撮影された写真だったのである。

逮捕後、警察が家宅捜索した2人の部屋はひどく汚れ、ゴミや衣類で埋め尽くされていた。冷蔵庫からは人間の肉片が見つかった他、人肉入りの缶詰、犠牲者の写真や殺害行為を撮影したビデオ、殺害・解体の具体的な手順が書かれたメモなども発見された。彼らがエレナ以外にも多くの人間を殺害していることは明らかだった。しかし、2人が検察に起訴されたのはエレナ殺害の1件のみ。裁判所は2019年2月にナタリアに殺人教唆の罪で懲役10年、同年6月にドミトリーに対し懲役12年の判決を下した。

事件が明るみになると、世間は震撼し、同時に刑の軽さを非難する声が湧き上がり、2人が過去に起こした犯行を明らかにするよう警察や検察に多くの意見が寄せられた。しかし、2020年2月16日、ドミトリーは以前から患っていた糖尿病を悪化させ獄中死（享年37）。ナタリアは2024年5月現在、刑務所に収監されている。

公判中、ドミトリー（上）とナタリアは
鉄格子の檻に入れられていた

オーブリー・トレイル&ベイリー・ボズウェル

出会い系アプリ「ティンダー」で釣った女性を凌辱・殺害・解体
シドニー・ルーフ殺人事件

2017年11月15日、米ネブラスカ州ネーリーに住む当時25歳の女性、シドニー・ルーフが行方不明になった。この日、彼女は勤務先である同州リンカーンのホームセンター「メナーズ」で仕事を終え、18時に店を退出。このときの姿を監視カメラが捉えており、それを最後に消息が途絶えた。翌日、出勤してこないシドニーを心配した同僚が彼女の家族に連絡。16日になって失踪届を受けたリンカーン警察がシドニーが1人で住むアパートを捜索したところ、本人の姿はなかったものの、アパート敷地内にシドニー所有の車が停まり、部屋に財布やメガネが残されていたことから、本人の意志による失踪ではなく、何者かに誘拐・拉致されるなど事件に巻き込まれた可能性もあるとみて捜査を開始する。

ほどなく有力な情報が警察にもたらされる。シドニーの友人女性が、監視カメラがシドニーの姿を記録した30分後の15日18時半ごろ、本人から「これからティンダー（世界有数の出会い系サービス）で知り合ったオードリーという女性と会う」と電話があったという。友人女性はシドニーが登録していたティンダーのプロフィールから彼女の知り合いに「オードリー」がいることを掌握。彼女が何か事情を知っているものと、悟られないよう出会いを希望するメッセージを送ったところ、オードリーから電話で話したいと番号を記したメッセージが返ってきたそうだ。

これを聞いた警察は、電話番号と、シドニーの携帯電話の電波が最後に確認された位置情報からオードリーが住む同州ウィルバーのアパートを特定、部屋の中を捜索したものの、手がかりになるようなものは何も見つからなかった。ただ部屋には漂白剤の強い臭いが蔓延しており、これをアパート2階の家主に確認したところ、臭いは15日の夜から発生しており、住人の中にはその異臭に耐えきれず嘔吐した者もいたそうだ。

その後、オードリーの部屋はベイリー・ボズウェル（当時24歳）とオーブリー・トレイル（同52歳）の共同名義で借りられていることが判明。オードリーがオーブリーの名をもじった名前である可能性が高まる。

警察はこの2人がシドニーの失踪に関与している疑いが強いとみて、リンカーンの街に配置された監視カメラの映像を確認。結果、11月14日17時8分にオーブリーとベイリーがリンカーン市内のホテルにチェックインし、翌15日午前10時25分、シドニーの職場から遠

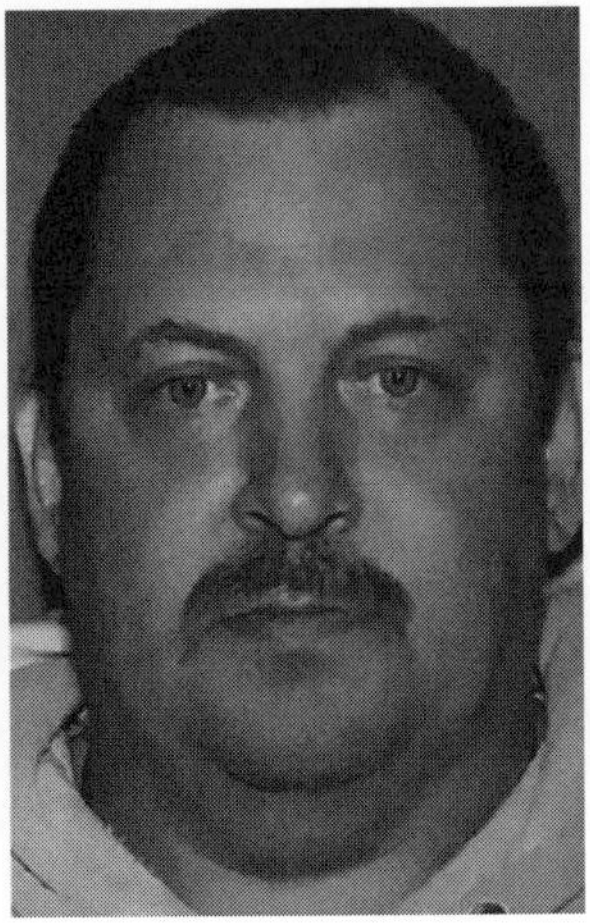

オーブリー・トレイル（左）とベイリー・ボズウェル。28歳も離れた年の差カップルだった

失踪したシドニー・ルーフ

く離れていない別のホームセンターに行き約30センチの鋸《のこぎり》、カッターナイフ、3・8リットル漂白剤1ガロン、大量の黒いゴミ袋などを購入していたことが判明し、さらに約1時間半後の12時1分、偶然にもオーブリーとシドニーが店内ですれ違っている映像も見つかる。こうした状況から警察はベイリーがシドニーを誘い出し、オーブリーと共謀して自宅アパートで彼女を殺害、死体を別の場所に遺棄した可能性があるとして、その行方を追った。

ベイリーは1993年、アイオワ州リヨンで生まれ育った。美人で高校時代はバスケットボール部で活躍する校内の人気者だったが、心には常に暗い影が差し込んでいた。幼いころ実の父が殺され亡くなったことが大きなトラウマとなり、10代半ばから人知れず薬物を乱用。高校卒業後に結婚したものの、夫のDVが原因で離婚したことにより薬物への依存度は高まり、2016年には違法薬物の所持・使用で400ドルの罰金を科せられている。売買春専門の出会い系サイトでオーブリーと出会うのはこのころだ。

オーブリーとベイリーが住んでいたネブラスカ州ウィルバーの自宅アパート

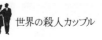

1965年生まれのオーブリーは幼少期から両親に虐待されて育った。いったん祖父に預けられた後、再婚した母のもとに戻され、そこでまた継父から酷い虐待を受ける。児童養護施設や少年施設を転々として10代半ばから犯罪の道へ。強盗や人身売買などで刑務所を出入りし、ベイリーと出会った当時は偽造した小切手で骨董品を入手し、質屋で換金する詐欺を主な生業としていた。一方、彼には狂信的な願望があった。セックスカルト集団のボスとして多くの女性を抱え、変態的なグループセックスを楽しむというものだ。読心術に長けていた彼はベイリーを一瞬で支配下に置き、彼女にティンダーを利用させ若い女性を誘い出したうえで、次々に己のグループに所属させる。といっても、女性たちがすんなり思いどおりにはならないので、彼女らに週200ドル（約2万4千円）の報酬を与えた。結果、2017年の夏までには全米で12人の女性が小遣い目的でグループに入り、彼の意のままに変態プレイを行っていたという。

2017年11月15日午前、監視カメラが捉えたホームセンターのレジで凶器や漂白剤、ゴミ袋など購入品の精算を行うオーブリー（左）とベイリー。下は同日12時1分、店内でオーブリー（中央）と被害者シドニー（右端）が偶然すれ違った瞬間

ベイリーとシドニーが知り合ったのは2017年11月初旬。相手が女性とあってか安心したシドニーは身の上話など2

シドニーの行方に繋がる情報提供を求めるチラシ

Facebookのライブストリームでシドニー失踪との関与を否定するベイリー(中央のサングラス)とオーブリー(左奥)

00通以上のメッセージをやり取りした後、同月14日に初めて対面、ベイリーの家で時間を過ごす。このとき2人は性交渉を持ったらしい。翌15日も会う約束して、職場を終えたシドニーをベイリーが車で迎えに行き自宅へ。その後のことは裁判でも明確になっていないが、己の意にそぐわぬシドニーの態度に怒りを爆発させ、2人で殺害に及んだらしい。ただ、15日の時点で犯行に使用したと思われる鋸やナイフ、証拠隠滅用の漂白剤を購入していることから殺害は事前に計画されていた可能性が高い。

チラシやSNSで失踪したシドニーに関する情報が求められる一方、メディアはオーブリーとベイリーに疑惑の目を向けた報道を展開、警察も失踪から13日後の11月28日に彼らを要注意人物にみなしていることを公にする。対して2人はフェイスブックのライブストリームで、シドニーに会ったことは認めたものの、ベイリーとドライブをして友人の家まで送り届けただけと失踪に関する疑惑は一切否定した。

2017年12月4日、シドニーの遺体が見つかったネブラスカ州エドガーの現場と、彼女の遺体の部位が入れられていたゴミ袋の一つ(左)。心臓は未だに発見されていない

しかしリンカーン警察は30日、別の詐欺容疑で2人を逮捕・拘束。シドニーの誘拐、殺害に関して厳しい追及を開始する。犯行を裏づける物的証拠は何もなかった。押収したオーブリーのバッグからメキシコに逃亡するための具体的な計画書が見つかったものの、彼らは一貫して無罪を主張し続ける。事が大きく動くのは逮捕から4日後の12月4日。FBIと警察による捜索チームが彼らの携帯電話の位置情報を追跡、移動場所をくまなく捜索した結果、2人の自宅アパートから車で西に1時間の場所に位置するネブラスカ州エドガーの砂利道沿いでシドニーの遺体が発見されたのだ。遺体はバラバラに切断、15個の黒いゴミ袋に部位が入れられ遺棄されていた。このとき、ゴミ袋からは大人のおもちゃ、ゴム手袋、サウナスーツ、漂白されたベッドシーツなども見つかっている。

警察は遺体の切り傷と、2人が購入した鋸やナイフの刀型が完全に一致することを確認し、彼らを改めて追及。動かぬ証拠を前にされても2人はしらを切り続けたが、年が変わった2018年1月14日にオーブリーがシドニーの殺害を自供する。ただ、その内容はシドニーを交えたグループセックス中に彼女の首を締め、誤って窒息死したというもの。遺体の損壊と遺棄は認めたものの、殺害は故意ではなく、偶発的なものだったと主張した。オーブリー曰く、変態プレイを撮影した動画を販売するのが目的だったという。

同年6月11日、検察はオーブリーとベイリーを第一級殺人と死体遺棄・損壊の罪で起訴。裁判では前出の監視カメラの映像が流され、検察側の証人として出廷したホームセンターの従業員が、遺体発見現場の近くで見つかった漂白剤とゴミ袋のバーコードが、購入時のレシートのバーコードと一致すると証言した。

審理が進むうち、徐々に不利な状況に追い込まれたオーブリーは2019年6月、突然、法廷で暴れ出し「ベイリーは無罪だ。俺はおまえたちを呪う」と隠し持っていた小型ナイフで自分の首を切る。法廷が騒然とするなか、彼は取り押さえられ病院へ救急搬送。命に別状はなかった。

同年7月、過去にオーブリーのグループに所属していた3人の女性が、匿名と自分の姿がわからないよう法廷に囲いを作ることを条件に証人として出廷する。その中の1人、ネバダ州ウィルバー在住の当時22歳の女性は次のように供述した。ティンダーでベイリーと知り合ったのは2017年夏。ほどなく彼女のパートナーだというオーブリーを紹介され、彼に服や化粧品を買い与えられ、毎週200ドルの小遣いをもらうようになった。3人で一緒に車で旅に出ようと誘われ、これに同意。当初は何も問題なかったが、そのうちグループセックスで変態プレイを強いられるようになった。オーブリーは自分を「バンパイア」と名乗り、グループの女性を「魔女」、ベイリーは彼のことを「パパ」と呼んでいた。しだいに、オーブリーの言動は狂信化していき、より大きな力を得るには2人の魔女を長時間拷問し、殺害しなければならないと口にし、自

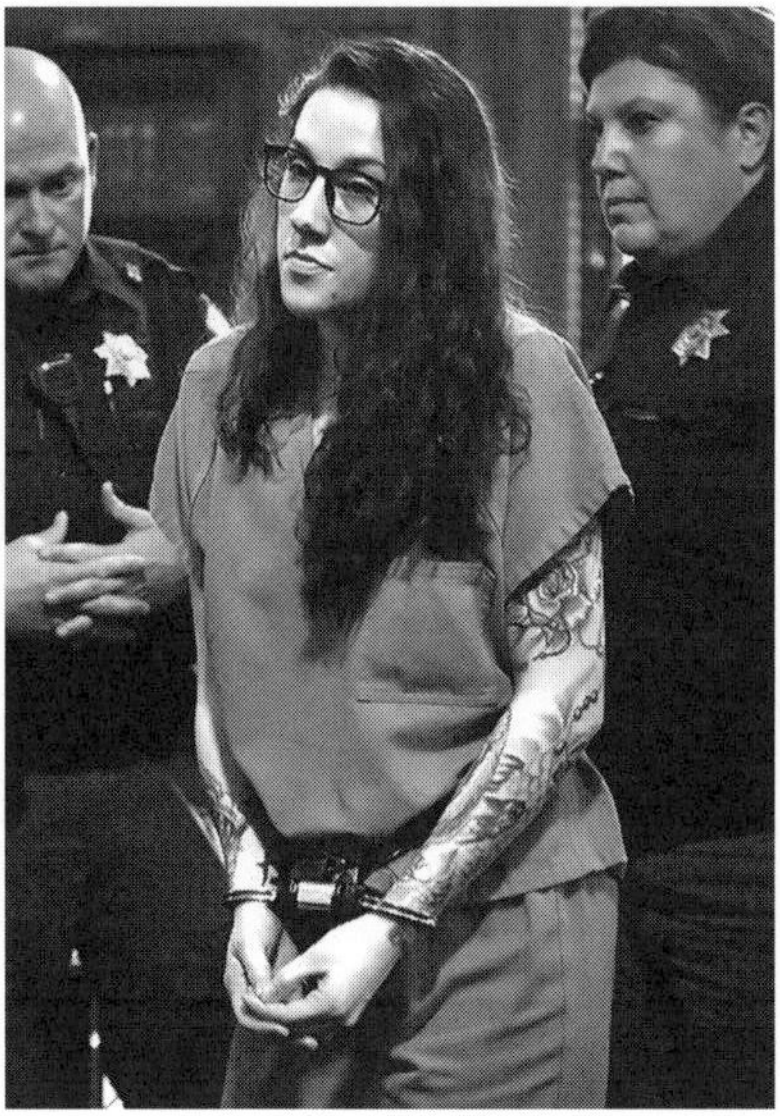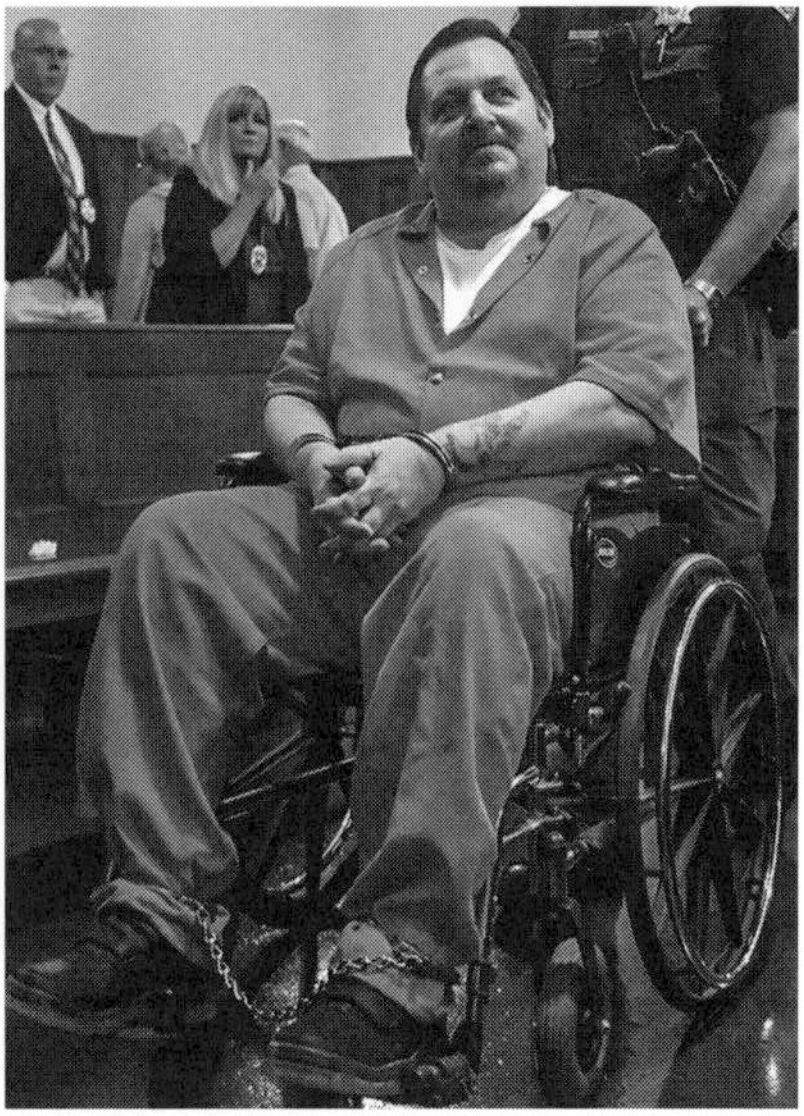

裁判に出廷したオーブリー（右）とベイリー（2018年8月）

らもこれまで何人もの女性を殺害したと豪語。その言葉に恐怖を感じ、今後毎月送金することを条件に、ベイリーにグループからの脱退を懇願、ミズーリ州ブランソンで解放された——。ちなみに、彼女がベイリーと初めて会ったネバダ州ウィルバーからミズーリ州ブランソンまでは実に約1千200キロ。当時、オーブリーとベイリーは詐欺容疑で指名手配をかけられ全米を逃亡中の身だった。

2020年10月、陪審員はオーブリーとベイリーに対し第一級殺人などで有罪を評決し、翌2021年6月、3人の裁判官からなる合議体はオーブリーに死刑、ベイリーに終身刑の判決を下した。量刑に差があるのは、オーブリーが主犯で、ベイリーは彼の従属的な立場にあったとみなされたからだ。

2024年5月現在、オーブリーはネブラスカ州テカムセのテカムセ州矯正施設、ベイリーは同州ヨークにあるネブラスカ女性矯正センターに収監されている。

世界の殺人カップル
Murderous Couples of the World

2024年5月28日　第1刷発行

編　著　鉄人ノンフィクション編集部

発行人　尾形誠規

発行所　株式会社　鉄人社

〒162-0801 東京都新宿区山吹町332 オフィス87ビル3F
TEL 03-3528-9801　FAX 03-3528-9802
https://tetsujinsya.co.jp/

デザイン　鈴木 恵（細工場）

印刷・製本　モリモト印刷株式会社

主な参考サイト

Wikipedia　Murderpedia　殺人博物館　Ranker　Time　Cordoba　LeMonde　NY Times
Daily Mail　Daily Star　The Sun　Sky News　The Mirror　サバミリマップ　世界の猟奇殺人者
Torend!　マトリョーシカ　凶悪事件のデータベース　死刑確定囚リスト　CriminalMinds
NEUTRAL　le nouveau DETECTUVE　デイリー新潮　Herald Sun　ati　TOCANA
441notepad　Medium　朝日新聞デジタル　デスラジオ

主な参考YouTube

あるごめとりい　あるごXXX　語り部sheep　GRO FILING-グロファイリング　プーカ
The Eclectic Collection　クリミナル　世の中の闇　やばいやつら【ゆっくり解説チャンネル】
ゆっくり都市伝説くん　Justice Calls True Crime　カルト研究室　Coffeehouse Crime
story teller 01　Siouxland Scanner

ISBN978-4-86537-275-5　C0076

本書へのご意見、お問い合わせは直接、弊社までお寄せくださるようお願いします。